農とアナキズム

三原容子論集

三原容子

CIRA-JAPANA

アナキズム文献センター

第一部　私の考える〈アナキズム〉

第二部　農本的アナキズムの思想と運動

I　石川三四郎

II　加藤一夫

解説・解題

本書収録にあたり、基本的には初出の表記を尊重し、用語の統一は行っていません（「アナキズム」「アナーキズム」等）。ただし、数字については洋数字に統一し、参考文献につきましても一部の表記を改めました。また、明らかな間違いや誤字についても訂正しています。

第一部　私の考える〈アナキズム〉

アナキズムの〈イメージ〉と私の考える〈アナキズム〉

【初出…1993年12月、1994年1月発行『リベルテール』205号・206号】

以下の文章は、1993年9月15日、名古屋にて、橘宗一君の墓前祭の集まりで参加者を前に話した際に用いたメモに手を入れて文章の形にしたものである。

1923年9月16日、満6歳の宗一君はおじの大杉栄、おばの伊藤野枝とともに憲兵隊で虐殺された。1927年に父の手で建てられた宗一君の墓碑には、はっきりと「……大杉栄、野枝ト共ニ、犬共ニ虐殺サル」と刻んであった。40数年後に草におおわれた墓が発見され、以後世話人の方々のご努力によって墓碑の保存がはかられた。1975年から毎年9月15日に墓前祭と記念講演会が開催され、大杉・伊藤に縁ある人、アナキズム運動関係者、労働運動・市民運動に関わる人など多くの男女が墓前に集まり、かつての虐殺や今日の状勢を改めて考える機会となっている。

†

今年は大杉栄・伊藤野枝・宗一虐殺70年という節目の年ですが、こうした会に参加する人々が特に思いをあらたにするばかりでなく、ふだんは社会運動や墓前祭に縁のない広く一般の人々にも大杉栄らが関心を持たれるようになったことがとてもうれしく思われます。それは70が切りのよい数字だからでは決してなく、70年を機になされた多くの方々の努力によるものです。とくに東京では「大杉栄と仲間たち」の展覧会が開催されて千数百名が訪れ、マスコミにもこれを機会に何度か大杉らを取り上げてもらえたようです。また静岡の墓前祭実行委員会は、48名からの寄稿による『自由の前触れ』という記念誌を発行されました。名古屋の墓前祭は今年が19回目で毎年恒例となりましたが、「恒例」というのは実に本当にたいへんなことです。ご尽力くださった各地の方々に心より感謝します。

多くの人々の努力によって、大杉栄とともに今まで長く忘れられていた「アナキズム」がその存在を主張し、新たな関心が集まりそうな予感がします。「アナキズム」への関心が大きくなりそうな昨今ですので、今日はアナキストやアナキズムのイメージの問題について考えていることをお話しようと決めました。

集まっている方々には、アナキストと世間から呼ばれている人、または呼ばれていた人、その子孫、アナキズムを研究している人、市民運動や労働運動に関わっている人などが多く、おのずから、アナキズムに対するイメージも世間一般の平均的意識とはかなり異なっているだろうと思いますが、今後なにかの参考になれば幸いです。

大阪で今年7月末に見た劇のことから話を始めたいと思います。新聞にかなり詳しく公演の紹介が出ていました。見出しは「大正時代の波乱の群像」、「関東大震災の混乱時に社会運動家の大杉栄・伊藤野枝らが殺害された事件から一年、東京の街は復興されだしていた」との書き出しで、作・演出・主演の人がインタビューで、「アナーキスト、女優志願、作家といった、その時代に生きた人々を登場させる」と語っていました。伊藤野枝の前の夫でニヒリスト・ダダイストと評される辻潤に強く共感しているらしいことも読み取れました。

ちょうど大阪に用事で出かける日でしたが、それ以上に、劇団の名前が「黒手組」とアナキズム色を匂わせるものでしたしアナキストが登場する劇だというので、アナキズムに関心を持つ者としては、アナキストをどんなふうにとらえて演じてくれるのかという興味いっぱいで、わざわざお金を払って見に行きました。私はタダ券なしで見にいくということは普段ありませんし、劇というものにはまったく縁がなく、演劇としての良し悪しがさっぱりわかりません。アナキズム研究に少々係わっている者として、「アナキズム像」に対する興味で出かけて行ったのです。

辻潤、宮島資夫が実名で出ていました。ほかに中浜鉄や古田大次郎らギロチン社のメンバーらしき人たちが登場していました。劇を見ていて気分が悪くなりました。アナキストらしき登場人物がすべてニヒル（虚無、何もない）、人生はむなしい、なんとでもなってしまえ、という態度で描かれているように思われたからです。刃物が出てくる、殺すつもりではなかったのに強盗殺人を犯してしまう……、そのあたりはギロチン社の小阪事件を参考にしてイメージを作ったのかもしれません。投げやりでやけっぱちなしぐさ、酒が出てくる、カフェーが出てくる、女が出てくる、そんなふうに私はその劇を見ました。何を破壊してよいかわからないが何でも破壊してやれ、といった後ろ向きの雰囲気を感じ、それに共感できず、作者・演出家がいったい何を見せたかったのか、わかりませんでした。

それ以上に後味が悪かったのは、観客の多くが若い人だったことです。「彼らの多くはアナキストやアナキズムについてあまり本を読むことはないだろう、その人たちは、たまたま見たこの劇によって、アナキズムとはそういうものなんだと思うだろうなあ」と考えたからです。アナキズムに対する理解がはばまれたような気がしました。

その後、最近出版された本を読んでいたら、街の彫刻や絵にひどい落書きがされているのを「アナキズム的な雰囲気」と表現してあるのを見つけました。大混乱になっている無秩序の状態を「アナーキー」と表現したものをしばしば見ますが、「アナキズム的」と「イズム」（主義）までつけて使われることがあるのか、と少しショックを受けました。一般にアナキズムやアナキストという言葉には、わけのわからない困ったやり方というイメージがあるようです。

それに加えて、マルクス主義に負けて消えていった思想というイメージもついています。十数年前、私が石川三四郎に導かれてアナキズム関係の勉強を始めたころ、周囲の人々、大学の先輩同輩のほとんどは、何らかの形でマルクス主義の影響を受けた人でした。大部分は私の研究意欲に対し、時代遅れの化石のようなものを今さら学んでどうするのか、といった態度をとりました。私としては、日本の未来、世界の未来、人類の未来にとって、アナキズムこそが重要な意義を持つだろうという予感があったからこそ、世間で受けのよくないことを承知でアナキズム研究に入ったのですが、周囲からは変わり者と見られたようです。

その後世界状勢や思想界の状勢が大きく変化してきましたが、「アナキズム」はまだまだ相変わらず否定的イメージが強いようです。歴史的にも、暴力や無秩序という悪いイメージをもった言葉として敵対者によって使われ始めた言葉なのですから、舞台登場以来背負っている十字架だとも言えますし、反体制的な傾向を持つかぎり体制側からひどく言われるのは当たり前です。マイナスイメージを持たれないように世間に媚びて変質しようということになっては元も子もありません。しかしそれでも、世間一般に持たれているイメージは、やはり問題があると長年思っておりました。

しかし、この劇は、私に新しい別のショックを与えました。辻潤に強い共感を覚える作者・演出家による劇です。あれこれ読んで勉強し、わざわざ演劇にしようという人が作ったものです。そのような劇でさえも、社会に対してすねたような消極的な描き方がなされているということに対してのショックです。作者はアナキズムに対してというよりも、辻潤という人物に対して強い共感を覚えている人のようなので、ニヒルなイメージで描かれるのはある意味では当然かもしれませんが、いっそう「アナキズム」のイメージについて何とかしたい、という思いが強まりました。

世間に流布しているイメージはどこから来たのでしょうか。革命前のロシアのニヒリストとの混同もあるでしょう。何かの事件があると当局とマスコミは大いに自分たちに都合のよいイメージを宣伝します。事件として報道されるのは、「爆弾」や「テロ」という「事件」ばかりです。わざわざこわい顔をした写真も掲載されました。そうした事件報道から来ているという面もあるでしょう。また一方では、アナキストを自称する青年たちの中にニヒリズムの傾向があったことも否定できません。しかしそうしたイメージが「アナキズム」そのものだと受け取られたら、それはまちがいだと私は思います。

それなら「アナキズム」というのは本当はどのようなものなのでしょうか。どのように受け取られれば私は満足するのでしょうか。私は、抽象的に理念として「アナキズムとは何ぞや」を考えるのではなく、歴史的に具体的に「アナキズム」という名称によってどのようなことが主張されてきたか、「アナキズム」という名によって闘われてきた運動はどのようなものだったか、を見ることによってアナキズムの本質や可能性を探ろうという方針でやって来ました。さまざまなアナキズムのバリエーションを見てきて、今になってかえってわからなくなってきたような気もします。

ここにご参加の皆さんには「釈迦に説法」であることを承知の上で、歴史上の日本のアナキスト幾人かを挙げて、今の時点で私なりに「アナキズムというものはこういうものではないだろうか」と考えていることをお話したいと思います。諸般の事情から準備時間がとれず、急ごしらえなので失礼かと思いますが、アナキズムについてはほとんど討論の機会がないので、「それはちがっているよ」などのご指摘をいただけたら、今後の私にとって、これ以上のよい勉強はないのでよろしくお願いします。

日本にはアナキストはたくさんおりましたし、その中で自分の考えを著作に著した人もたくさんいましたが、ほんのごく一部をつまんで見てみたい。

(1) 大杉栄

先に紹介した『自由の前触れ』では、大部分の方が大杉という人物と彼の思想について書いていています。死後70年という現在、各書き手が描いたそれぞれの大杉観があっておもしろいと思いました。私も書かせていただきましたが、何を書いても自由ということでしたので、大杉の「道徳」について書きました。

大杉は〈この世の中には支配する者、支配される者があるが、そういう世の中を維持するために都合のいい道徳が働いている。主人に喜ばれる、主人に従う、主人を崇拝するという奴隷根性が、気が付かないうちに身体に染み込んでいる、本当の自分というものを生きていきたいと思ったら、そういう現代の道徳と闘うしかない。政府や経済体制ははっきりと敵として見えやすい、道徳はそれらよりも厄介な敵だが、我々が自由人であるにはどうしてもこの闘いに勝たねばならない。〉というようなことを主張しました。

大杉の書いた「鎖工場」では、鎖を作っては自分のからだに巻き付けるという作業を繰り返し、ますます身動きできなくなっていくのに、それを苦しいとも思わず、むしろ喜んでやっている人々の姿を印象深く描写しています。

実は、進んで主人に喜ばれる、従う、崇拝する、という道徳は、大杉が書いて70年以上たった現在、よりいっそう強く人々にしみついています。自分を抑えて会社のために、家のために、夫のために、子のために尽くそうという道徳が、意識できないくらいに馴染んでしまっています。そういう道徳あってこそ成立する「和」というものが、日本人の美徳だとまで言われています。支配される側の人間は支配する側の人間の都合のよい方へ誘導されて、人間よりも道具や人形にさせられているように思います。

大杉栄は、もちろんマルクス主義批判やアナキズムの宣伝活動や労働組合の運動に熱心に取り組んだ人です。しかし、その運動の根底にはこういう「道徳と闘う」とでもいうような人間観があったと考えます。社会へ向かっての反逆と個人個人が自分を大切にするために行う闘いがセットになっていたことを忘れてはならないと思います。大杉の思想を一言で言うならば、自主自治の精神ということ、体制云々や経済云々よりも第一に人間・個人・生活を置くことが核となっていて、もっとも大切な人間が人間らしく生きることを妨げるものに対して断固として闘う思想と言ってよいのではないかと思っています。

⑵　岩佐作太郎

明治のころからの活動家ですが、とくに大杉の死以後に影響力をもっていたアナキストです。若いころから「老人」と呼ばれていたそうです。岩佐は次のように語っています。

人間はどう生きて行かねばならないか、それは簡単なことで、面倒な理屈はいらない。茶碗と箸の持ち方を知っている者なら誰でも理解できる。人類は社会的な動物だ、仲間の中にひとりの困る者もないように助け合うものなのだ。「働かざる者食うべからず」とか「各人の働きに応じて分配せよ」と説く者がいるが、そのような考え方は人類のあり方からしたらまちがっている。必ず「各人の必要に応じて分配せよ」でなくてはならない。クロポトキンの言う「相互扶助」の社会を実現しなければならないと。

岩佐には、人間には相互扶助の生活を営む本性があるということに対する、素朴なまでに深く強い確信がありました。政治とか組織とか理論とかは不要、人間というのは、そのままですばらしい生活を共同して営む能力がある、ということです。大杉の死後、多くの青年が岩佐を慕い彼の説に共感しました。岩佐の文章は明解であり青年たちには説得力があったようです。

ただしかし気になるのは、これは当時の運動の状況とも関係しているのですが、広い範囲の人々に訴え、新たに仲間を獲得しようとする志向がなかったのではないかということです。仲間うちの常識には理屈は一切不必要です。「なあ?」と同意を求めると「そのとおり!」で済むし、茶碗と箸の持ち方と同じくらい誰にでもわかるように思われてきます。しかしながら、世の中の人々は頭が悪いからとか、正しい説を聞いたことがないからという理由で、自分たちのアナキズムに同意しないわけではありません。それぞれに考えて日々を生きているわけです。そういうところまで思想を届けようとする姿勢があっただろうか、俺たちはわかっている仲間だ、あいつらはわからん奴らだということで済ましてしまっていたのではないか。人間の相互扶助的な面を強調した点には同意しますが、発展への姿勢が弱かったように思います。

⑶　石川三四郎

石川三四郎がアナキズム陣営の中で活躍したのは、大杉が殺されてからあとです。大杉が一番活躍していた時代には、石川はヨーロッパへ亡命してペンキ職人や農業手伝いをやっていました。日本へ帰って活動したのは、普通選挙法が通過して社会運動関係者の大部分が政党樹立運動へ進んでいき、思想界ではマルクス主義が盛んな時代でした。

当時はマルクス主義が圧倒的に優勢な時代でしたから、どうしても自然にマルクス主義陣営に対抗しようという傾向が生じてきます。マルクス主義では、歴史発展の段階はこれこれである、現代はその段階の中のこういう段階であるから運動はこのようにしていかねばならない、そういう理路整然とした説明がありました。それに対して、アナキズムの側ではどのように対抗したのでしょうか。

岩佐たちはそのような理屈を言う態度自体を排斥したように思えますが、一方でマルクス主義に反論する中で、相手と似たような形の理論を生み出していく傾向も見られました。つまり、マルクス主義ではこの点についてBと説くが、私たちはAであってこのところが違う、あの問題についてマルクス主義ではDだが私たちはCである、という整理をして主張していくわけです。そうなると結局、歴史段階をどう見るか、運動はどのような階級と共闘を組みどのような階級と対立して闘うのか、将来社会ではどのような社会組織・経済組織をとるのか、といった同じ土俵の上にたつ理論を語っていく傾向が生じます。

たとえば、マルクス主義では労働者が革命を担う一番の階級だとしているが、農業こそが人間の生存にとって絶対的に重要な営みであって、工業とは重要性の比較ができない、農民こそが社会に不可欠で将来社会の中心に置かねばならないという主張も出てきます。

あるいは、労働者が中心になって運動を進めていかねばならないというのはマルクス主義と同じですが、前衛党の指導の下に闘うというのはおかしい、労働組合自身が革命運動の際も革命後の理想社会の運営も担っていくのだ、というサンジカリズムの主張もあります。これに対して、八太舟三らはサンジカリズムとマルクス主義は兄弟の思想だとして批判していました。

いずれにせよ、当時のアナキズムには、日本の社会運動で強い力を持っているマルクス主義を意識した動きにならざるをえなかったということがあり、それが教条的な傾向（教条的というのは融通のきかない公式主義的ということですが）をもたらしたと思います。アナキズム運動史の不幸な一面だと考えます。

アナキズムというのは社会体制や、経済体制や、運動の形態と重要な関係を持っています。しかしそれらだけで語り切れるものではありません。たとえば、大杉が強調したような、自分自身の身体や頭で考えることの重要性というようなことは、マルクス主義と対抗して論争している中ではなかなか出てきにくいものです。相手の土俵に上がってしまったら、その相手の土俵（つまり思考の枠組）はもともとあまり人間というものに重きを置かず、政治や経済の方を重要なテーマとするものでした（もっとも元祖のマルクス自身にはより人間的な志向があったそうですが……）。アナキズムはしばしば、はっきりしない思想だとか、体系的なすっきりした理論になっていないとされますが、それだからこそ持っている、または残している、人間が丸のままになっている傾向が、そのような土俵の上では主張されにくくなります。文学、とくに詩の運動の中では対抗関係の中でも多少出てきたように覚えていますが……。

石川三四郎もそのような時代のアナキズム運動の中に生きた関係で、マルクス主義との対抗を強く意識した著作も多く書いています。しかし、石川の本領は、やはり人間の本質とは何か、人間の生活、暮らしはどうあるのがよいか、という人間の根本的基本的なところについて述べたものだと思います。体制が変われば万事解決するというものではない、人間は自分自身との闘い、永久革命が必要であると主張しました。人間が個人を大切にし、同時に自然と調和しながら生活していくのには、あまり大きくない規模での農耕生活、土を耕す暮らしがよいという提言（「土民生活」と書いてデモクラシーと読みます）もあります。今日でも振り返ってみるべき価値のある思想だと思います。

⑷　女性アナキストたち

女性のアナキストについては、有名な代表的な思想家がいるいないにかかわらず、取り上げたいと思いました。それは、私が女だからという理由からではなくて、アナキズムというものが持っている今日から見て優れていると思われる点が、女の問題によく表れていたと考えられるからです。女の問題だけでなく、他のいろいろな差別問題（平等な人権の保障の問題）、部落差別や民族差別、障害者差別、学歴差別などに関係することです。

女たちが、男なら経験しないで済む、きびしくつらい差別を受ける状態に置かれているということは、現在の社会のありように疑問を持っている女なら誰でも感じ理解できることだと思います。女性差別以外の差別を受けている人はそれぞれに、差別を受けない人なら経験しない排除や圧迫や侮辱を受けています。問題はその体験や気持ちをどうとらえるか、どのように差別を撤廃していくかということですが、戦前からついこの前まで、マルクス主義の女性論というのは基本的に、女の隷属状態は、労働者農民が受けているそれと同様に、社会主義革命・共産主義革命によって解決される、というものでした。

今から20年近い昔、私の学生時代、まだフェミニズムというカタカナの言葉が登場していない時代でしたが、もちろんソビエト連邦の内情については報じられないのでわからなかったのですが、日本共産党・民青やその他のセクトとは無縁の同級生の間でさえ、「社会主義体制になったからと言って女の問題がすべて解決するわけではないだろう、しかし、保育所の問題、就職の問題など、ましになるだろう」と語り合った記憶があります。社会主義革命は「女の状況がましになるだろう」という夢を含むものでした。

女の問題だけではありません。大学生の当時、中国では文化大革命によって少数民族の文化を大切にしているという情報を耳にしていましたし、ソ連国内でのきびしいユダヤ人差別のことなどはまるで知らず、社会主義体制になれば「民族問題もましになる」と、マルクス主義に抵抗のあった私さえが信じていました。資本主義の仕組みが働かなくなると、差別の一部は存在意義が小さくなってゆるんでくるという面もありますが、そんなことだけでなくなるようなものではないと、今では考えています。

さて、女のアナキストとして有名な人々には、大杉栄のつれあいで一緒に虐殺された伊藤野枝がいます。野枝は、当時も今も、世間に浸透している従順で控え目な女性の理想像からははずれている点で、男たちから見たらちょっと抵抗を感じる女性かもしれません。おかしなことをおかしいと言う、すなおで正直な生き方が文章にそのまま表現されていて、私が一番好きなアナキストです。少し時代を下ると、女性解放を掲げて発行された雑誌『婦人戦線』に集まった人々、高群逸枝、望月百合子、松本正枝、八木秋子らが活躍しました。高群逸枝は婚姻史の研究などでも有名ですし、望月さん、松本さんは、お元気でご活躍中。八木秋子は『婦人戦線』よりも、のちの農村青年社の活動家としての方が知名度が高いようです。

彼女たちは、アナキズムの社会が実現したら女は解放されるなんて、女の運命を男女共通の社会革命まかせにしませんでした。恋愛でもセックスでも結婚でも出産でも、女だからこそ受けなくてはならない思いやつらさにこだわって、それを表現したところが大事な点だと私は思います。男にはわかってもらえないこと、当事者だからこそわかること、これを社会革命一般におまかせするわけにはいきません。女の立場の独自性は男にはなかなか理解しがたいことで、アナキスト同志の男たちからさえも「つまらんことを言う者たちだ」と鬱陶しがられたようですが。

立場のちがうものにはわかりにくい、自分たちの本当の気持ち、あり方を大切にする、それが大切にされる社会にしたい……。ほかの差別問題にも言えることですが、特定の主義や理論や団体に個人を当てはめるのではなくて、個人や人間の方から出発することというのは人権問題の基本です。あの当時、それが示せたのは、彼女たちが当時のフェミニズムの流れを受けていたことと同時に、アナキズムとの関連があったからだと考えます。

どんな分野についても、普遍的な（いつでもどこでも当てはまるような）理論を、だれか有能な一握りの人間が構築できるはずがありません。しかし、マルクス主義にはそれを「科学的」などの言葉で認めてしまう傲慢なところがあるように思います（アナキズムにもそのような傾向が皆無であるとは考えませんが）。もし彼女たちがマルクス主義の陣営によっていたら、先に述べたような女の特殊性というものは後ろに引っ込めて男女一般の革命にお任せし、ともかく革命が成就すれば……というおめでたい主張に終わっていた可能性が大きかったでしょう。

社会的に有利な立場にある側ではわかりにくいことを不利な立場にある側だからこそ身をもって主張できるということ、また有利な側は無意識のうちに不利な側の人格を低く扱う場合が多いことなど、いわゆる社会革命理論では拾いきれず、しかも生きていく中で人として重要な問題がたくさんあります。資本家と労働者、男と女、その他のさまざまなケースで、アナキズムは不利な側の人間性の味方となるのではないでしょうか。アナキズムには主義や理論より個人・人間を大切にしようという土台があって、社会的に不利な立場の者の自己主張を、さらに解放を支援する働きをするのではないでしょうか。広く応用できる問題ではないかと考えています。

以上まとまりなくお話してきましたが、現在私は「アナキズム」といわれるものには次のような特徴が共通して流れているのではないかと考えています。さまざまなバリエーションがありますが、この特徴に当てはまればアナキズムであって、はずれればアナキズムとは別物になるのではないか、というものをまとめておきたいと思います。

まず「①、人間本来のあり方を一番大事にしようということ」です。人間が本来持っているものというのは、個人や自己、論者によっては農村の共同体的生活が本来のあり方だと主張するでしょう。人間ひとりひとりが基本で、しかも、その人間というのは他者なしには生きられずお互いに助けあって生きるものだ（連帯・相互扶助）ということは、ほぼ共通しています。

しかし、①だけでしたら、多くの宗教者も説教していることです。アナキズムは「みなさん、人権重視を心がけましょう、ひとりひとりを大切にしましょう」と呼びかけるだけの思想ではありません。もう一つの不可欠な特徴は「②、①をそこなうものに対して、反抗、抗議、破壊という闘いに立ち上がること」です。反逆の仕方にはいろいろあります。従来の道徳に反するような行為を意識的に選択すること、政治や経済の組織に対抗して活動すること、自分自身の主張を発表すること、社会的な押しつけに対して「ノー」と言うことなど、さまざまな方法があるでしょう。

マルクス主義などの対抗物をあまりにも意識する時、つまりアナキズムを反マルクス主義の思想だ、運動だ、と考える時、アナキズムの側には無理がかかってきます。社会運動の歴史上マルクス主義の持つ影響力が非常に大きかった今までは、やむを得なかった面がありますが、今後はそういうことにはとらわれずに自由に考える方向へ進むべきだと思います。

ちなみに、「人間本来のあり方」などと言うと、「何が本来のあり方か?」、「人間は利己的なものだ、殺すのは性分だ、いじめいじめられるのが好きなものだ」という反論もあるかも知れません。本来のあり方については、どの説もみな証明も反駁もむずかしいものです。個別の問題で言えば、「女は本来男に従うように生まれついている」とか「人間は民族によって優劣がある」などの考え方は、幸いなことに明確にまちがいが証明されるようになりましたが、はっきりしない問題の方が多いようです。人間以外の動物ではこうだからと人間もこうだと言わんばかりの著作もありますが、「科学」のように見えても安易に頼らない方がよいと考えます。

私としては、人間のこれこれのあり方が本性だ、本能だと、無理に証明する必要はないのではないかと考えて、実践的に「人間のありのまま（本性）ってステキだ！」という思想で生きています。「自由・平等・友愛」という古くからのスローガンがありますが、解釈によってはこれで十分だと思います。人間が自分を大切にして生きること（自由）の快さをアピールし、差別のないこと（平等）の快さをアピールし、考え方や立場の違いを認め合いながら心と心が温かくつながること（友愛）の快さをアピールし、そういうものを邪魔するものに対してしっかりと勇気をもって「ノー」と伝えていく、邪魔物がなくなるように少しでも少しでも行動を選択していく、ことさらに「アナキズム」という名称をつけるつけないにはこだわらない、現在のところはそういう方針でいます。私の今持っているアナキズムとはそういうものです。

大杉栄と「道徳」

【初出…1993年9月発行、大杉栄らの墓前祭実行委員会編『自由の前触れ　関東大震災七〇年・大杉栄・伊藤野枝・橘宗一虐殺記念誌』】

大杉の文章は今日でも新鮮であり、今風に書き直さなくても、文体も中身も十分通用する。古い時代の翻訳なのに、翻訳文も読みやすくわかりやすい。どもることで有名だったというが、文章は鋭く、説得力があり、しかもなめらかだ……。「大杉栄」の名を聞くと常に、私にはまず第一に、彼の文章の好ましい印象が思い浮かぶのであった。その「好ましい印象」を再確認したくて、数年ぶりに大杉の書をひもといた。以前より少し年を取った私は、再び新鮮さを味わうことができた。

あの牢固と見えたベルリンの壁が壊され、ソビエト連邦が崩壊し、マルクス主義が時代遅れ思想とさえ言われるようになった今日、そしてまた人権問題への関心が高まって、かつてのようには、知識階級の男たちが人類の代表者顔をして物を書けなくなった今日、古い書物の多くが時代の制約を強く感じさせる存在となった。その中で相変わらず大杉の文章が新鮮に感じられるのはなぜだろうか（但し、大杉の文章にも比喩表現等の問題箇所（「時代の制約」）があることを否定しない）。

大杉の晩年の文章には、社会運動の「アナ・ボル対立」のまっただ中で、日本やロシアのマルクス主義者を痛烈に批判したものが多い。ソ連の内実が暴露されてきた今日、大杉の「先見の明」を評価することも可能だ。しかし私が新鮮に感じるのはそのような政治的な話ではない。大杉は当時、もちろん「アナ」の側にいたのだが、そのような政治的選択をとった土台となる彼の思想に、私は時代を超越した今なお新鮮な主張を見るのである。

大杉は「道徳」に反抗する。自分自身を含め、人間に染み込んだ「道徳」の欺瞞性を鋭く指摘する。なぜ「道徳」は欺瞞的なのか。

現在の社会には、支配する者と支配される者が存在している。人々が平等の状態で存在しているのではない。「道徳」の問題を考える時、この事実がたいへん重要である。

此の征服の事実は、過去と現在と及び近い将来との数万或は数千年間の、人類社会の根本事実である。此の征服の事が明瞭に意識されない間は、社会の出来事の何ものも正当に理解する事は許されない。（「征服の事実」72頁、以下、引用はいずれも『近代日本思想体系』の『大杉栄集』による）

現在の「道徳」は、このような社会を維持するために都合よく作られている。人間はそれに適応することによって自己を抑えつけ、自分自身を失った状態——経済的政治的にのみでなく精神的にも奴隷状態——におとしめられてしまっている。

主人に喜ばれる、主人に盲従する、主人を崇拝する、これが全社会組織の暴力と恐怖との上に築かれた、原始時代からホンの近代に至るまでの、殆んど唯一の大道徳律であつたのである。そしてこの道徳律が人類の脳髄の中に、容易に消え去ることの出来ない、深い溝を穿つて了つた。服従を基礎とする今日の一切の道徳は、要するに此の奴隷根性のお名残りである。(「奴隷根性論」67～68頁)

鎖で縛られてゐる事も知らんでゐるやうな奴が大勢ゐる。よし知つてゐても、それが有りがたいものだと思つてゐる奴も大勢ゐる。有りがたいとまでは思はないが、仕方がないと諦めて、やつぱりせつせと鎖を造つてゐる奴も大勢ゐる……(「鎖工場」79頁)

たとえば夫婦関係でも、妻に要求される道徳は奴隷の道徳であると指摘している。

同じ人間の男と女とが主人と奴隷に分れ、所有主と玩弄物との関係にある間、奴隷又は玩弄物に向つて夫夫ならずと雖も妻妻たり的の道徳を説くが如きは、是れ実に奴隷又は玩弄物に取つて忍ぶべからざる侮辱である。斯くの如き道徳の遵守せられる間、奴隷は永久に奴隷たらざるを得ない。玩弄物は永久に玩弄物たらざるを得ない。(「本能と創造」59～60頁)

こうした状態にあっては、自己を本当に充実させたい、自己を発揮させたいと思う者は、それを妨げる現在の社会体制と闘い、現在の道徳と闘う以外にないし、闘いの中にこそ自我の真の発展がある。

此の努力と闘争[自我と周囲との峻烈なる闘争]とのない所に、自我の真の発展は見出され得ない。自我の強大は此の努力と闘争との中にのみ求めらるべきものである。自由と創造との理想の進行には、人格の鍛練には必ず此の闘争の野を経なければならぬ。(「生の創造」85頁)

人間の自由を抑圧する作用を社会体制だけでなく道徳にも見ること、そしてそれとの闘いによって人間らしさを取り戻すことを、大杉は獄中で学んだらしい。

監獄には、何度も減食や暗室の制裁を受けたり、刃物で切られたりしながらも、看守に刃向かい続け、多少の逸脱行為(歌を歌う、室内を歩くなど)を許される自由を得た人々がいた。大杉は「羨ましくて仕方がない。/さうだ! 僕はもつと馬鹿になる修業を積まなければならない。」(「続獄中記」52頁)と彼らを詩によんだ。自由を勝ち取るために体当りで不合理な規則にぶつかり、闘いに傷つきながらも人間として誇り高く生きている囚人を目の当たりにした大杉は、そこに真の人間らしさを発見したのだろう。

実際僕は、最後に千葉監獄を出た時、初めて自分が稍々真人間らしくなつた事を感じた。世間の何処に出ても、唯一者としての僕を、遠慮なく発揮する事が出来るやうになつた事を感じた。

（「続獄中記」42頁）

大杉が「道徳」の否定にこだわったのは、何でも一律に既成のものを否定しようという破壊的志向からではない。既成「道徳」が人間をしばり、人間を人間でなくすると考えたからであった。本当の自我を発揮するために闘うということに、血のかよう人間の、あたたかく生き生きした生き方を見たからであった。大杉の文章の底には、性善思想（人間の本性は善であるという考え方）があり、人間への厚い信頼感が流れている。文章の「好ましさ」、気持ちよさには、こうした大杉の人間観の裏打ちも関わっているかもしれない。

闘いの対象は多いが、中でも「道徳」は手強い相手である。

政府の形式を変へたり、憲法の条文を改めたりするのは、何でもない仕事である。けれども、過去数万年或は数十万年の間、吾々人類の脳髄に刻み込まれた此の奴隷根性を消し去らしめる事は、中々に容易な事業ぢやない。けれども真に吾々が自由人たらんが為めには、どうしても此の

事業は完成しなければならぬ。（「奴隷根性論」67〜68頁）

大杉が労働運動の進展の中で共産主義の指導者たちに反対したのは、彼らの思想が、現体制と同じように「征服の事実」を前提とした支配や指導や服従の関係の上に立っていたからであった。大杉の手元には、革命ロシア崇拝の幻想を破壊するような現実に関する情報が入って来ていたが、たとえもし情報がなかったとしても、大杉はロシア賞賛の側にまわらなかっただろう。

70年前、80年前の大杉の文章が今日でもまだ新鮮であるというのは、実は、今日もなお事態が変わっていないということである。治安維持法もなく、憲兵もいない今日、かえって社会体制や「道徳」の鎖は見えにくくなっている。大杉の文章はかえってその力を増したように思われる。

1993年7月9日（日本近代史）

「農本主義的アナキズム」の再検証

【初出…1996年1月発行、西村俊一・木俣美樹男編著『地球環境と教育』（創友社）】

1　土に向かった人びとと現代

現在、人間は、二つの重大問題に直面し、その早急な解決を迫られている。一つは自然と人間の関係の問題であり、いま一つは人間と人間の関係（つまり社会関係）の問題である。

まず自然と人間の関係としては、何よりも鉱工業生産の増大に伴う資源・エネルギー消費の拡大の問題がある。今日では、それが生命体の生存条件を危うくする「エントロピー拡大」[*1]を加速するものと広く知られているが、現実には生産抑制策をとる動きはどこにも認められない。多くの人間が目の当たりにした悲惨な公害問題に対してさえ、それへの取り組みの必要が広く認識されるには、長期にわたる曲折を経なければならなかった。しかし、人類の存続を願うかぎり、自然と人間の関係を根本的に見直し、論理的に要請される選択肢を早急に実行に移す必要は明らかである。

次に、社会関係の問題としては、階層・階級、人種・民族、性、心身の状態などにまつわる差別や南北格差の問題がある。たとえ人類が存続しても、不当な扱いを受け使い捨てられる人間が残されるかぎり、それは十全の正当性を保ちえない。したがって、このような社会的差別の原因を取りのぞき、人間の共生が可能な社会システムを構築することは、自然と人間の関係を再編成する問題に劣らず枢要な問題なのである。

従来、反公害運動関係者が社会問題に無頓着であったり、逆に社会問題に強い関心をもつ者が環境問題に無頓着であったり、ということがあった。しかし、どちらか一方を無視することは、もはや許されない。幸い、実際の社会運動はここ20年余りの間に、同時に両方の問題に取り組む方向へと大きく変化してきている。これは、日本の環境保護運動の大勢が、特定党派の指導に従う形のものから、個々人の発意を重視するものへと変化してきたことをも意味している。このような社会運動の流儀の変化は、何も日本に限ったことではない。フランスのエコロジスム運動に典型的にみられるように[*2]、環境問題と同時に運動そのもののあり方や将来の社会のあり方を考えるのが一般的になってきているので

＊1　槌田敦『石油と原子力に未来はあるか』（亜紀書房、1978年）などを参照。
＊2　アンリ・アルヴォン、左近毅訳『アナーキズム』（文庫クセジュ、白水社、1972年）など。

ある。

しかし、歴史を遡れば、社会運動におけるこのような志向は、まったく新しいものとは必ずしもいえない。ここで直ちに想起されるのは、大正・昭和前期におけるいわゆる「アナキズム」や「農本主義」の運動である。それならば、今日の新しい流儀の運動をさらに望ましいものにしていくために、それらの先行思想や運動から一定の示唆や教訓を引き出すことも試みられて然るべきであろう。そこで、本節ではこうした意図をも込めながら、それらの思想内容と運動の軌跡を再検証してみたいと思う。

ちなみに、「アナキズム」は、一般に「無政府主義」と訳されてきた。これについては、一人ひとりの個性を大切にし、自由で平等な社会をめざす思想として、好意的に評価する者も少なからずあったが、実現可能性のないユートピア思想であり、マルクス主義との論争に敗北した過去の思想であるという否定的評価を与える者が優勢であった。しかし現時点では、こうした否定的評価を、長期にわたったマルクス主義支配の結果として疑うことが可能な地平が開けている。今やわれわれは、それがいかなる内実をもつ思想であり、いかなる問題を含んでいたかを偏見なしに問い直し、さらにはそれが人間の共生を可能にするヒントを含んでいるか否かを虚心に吟味してみることもできる。

また、「農本主義」は、農業を基本とする社会の実現を標榜し、昭和前期に至って大きな影響力を発揮した思想であった。確かに、農業は人間にとって唯一の継続可能な生産方法であるから、自然と人間の関係からみるかぎりでは、望ましい方向を示す思想であったともいえる。しかし、国民大衆を国家主義、天皇崇拝、精神主義などの方向に導く働きをした歴史的事実は、とうてい否定することはできない。そのゆえに、それを好意的に評価する者は少なく、これまではもっぱら否定的評価の対象とされてきた感がある。しかし、そもそも農業を基本とする社会の実現をめざすことが、必然的に国家主義や天皇崇拝と結びつくのであろうか。それとも、あの時代に特有な条件によるものなのであろうか。この問題も、客観的に再検証してみる価値がある。

ところで、以上のように再検証の枠組みを整理してくると、この枠組みにはめこみにくい一群の思想家が存在することに気づくであろう。その典型は、「農本的アナキズム」の思想家石川三四郎である。社会通念としては、「アナキズム」は反体制的イメージを伴い、「農本主義」は体制的イメージを伴うものとされてきているが、それでは両者を合体した「農本的アナキズム」なるものは成立しうるのであろうか。石川は、自ら「アナキスト」を称し、日本のアナキズム運動を代表する思想家であったが、同時に自ら農耕生活を続けた人物でもあった。綱沢満昭は、「はたして、『農本主義的アナーキズム』というようなものが存在可能なのか。あらゆる権力を拒絶しようとするアナーキズムが、天皇制と結果的には癒着する運命をたどるしかなかった農本主義と結合するなどということは、論理的にはまったくあり得ないことではある」[*3]と書いている。この点で、石川は確かに、他に類例をみないユニークな思想家であったといえるかもしれない。また、北沢文武は石川を評して、「たとえ敵対する立場にあるとしても、その前には脱帽したくなるような人物」[*4]とし、「石川君も愚な人だ。……連れがあつ

＊3　綱沢満昭「農本的なる石川三四郎」（『農本主義と近代』、雁思社、1979年、185頁）。
＊4　北沢文武『学問と愛、そして反逆　石川三四郎の生涯と思想　上』（鳩の森書房、1974年、4頁）。

ても、無くつても、自流自侭の路を歩かずに居られぬ者は、或は時々或は一生、荊棘の中を歩むのは覚悟の前でなければならぬ」[*5]という徳冨蘆花の言葉を石川の生涯を要約した言葉と受けとめ、石川伝の下巻を『愚かな彼、愚かな道』という皮肉なタイトルを付して、その「偉大な生涯」を讃えている。これも、石川がユニークな思想家であったことを示すものといえるかもしれない。

それでは、はたして「アナキスト」でありながら「農本主義」的であるのは異様なのだろうか。この石川のユニークな思想を理解するには、石川と親密な交友関係を結んだ周辺の思想家や生活者に目を向けてみるのも一法であろう。そこからは、石川は少数派ではあったが、決して孤立した奇人などではなく、周辺の人びととともに、当時の日本の一つの思想潮流を成していた事実が浮かんでくるのである。従来の社会運動史研究や思想史研究には、社会運動の評価に「体制的」「反体制的」という単純な二分法を適用し、常に「反体制的」な運動に好意的評価を与えることで自他を満足させる安直さがみられた。また「反体制的」な運動についても、いかにマルクス主義理論にまで「進んだ」かを計り、「アナキズム」的立場に立ち続ける者に対しては、正しい認識に「到達できなかった」と断罪してはばからない粗暴さを伴っていた。そのため、特に社会運動史研究や思想史研究の分野では、しばしば重要な部分を無視あるいは黙殺する過ちを犯すことになったのである。さすがに今日では、こうした過ちは是正されつつあるものの、それが「アナキズム」や「農本主義」に関する研究の大幅な遅れをもたらしたのは、遺憾の極みであったといわざるをえない。特に、そうした単純な二分法にはなじまない一群のインテリ農業志向者たちの中には、その存命中かなり社会的影響力を発揮していたにもかかわらず、まったく取り上げられないできた者も少なくないからである。彼らが生きたのは、明治維新以後、一身不乱に追求してきた国家確立という目標がある程度達成され、日本の青年たちが初めて、いかに生きるべきかという問題に直面した時代だった。彼らは、キリスト教、仏教、トルストイズム、アナキズム、社会主義などのうずまく中で大きく揺れ動きながら、自らの生き方を選択していった。その求道の生活経験の総体を、体制―反体制、マルクス主義―アナキズムといった単純な二分法でとらえようとすること自体が無理な話ではあるまいか。

そこで、この際は、特にこの石川とその周辺の若干の農業志向者に焦点を当て、彼らの思想を検討してみたいと思う。それは、次の二つの目的を果たすためである。第一には、いわゆる「農本主義的アナキズム」なるものの歴史的存在を示すことである。そのためには、それぞれの人物について、トルストイやクロポトキンの影響、農耕生活の収支、家庭生活と子どもの教育方法などいくつかの面について言及すべきだろう。しかしそれは、紙数の関係から必要最少限度にとどめるしかない。「農業志向者たちの生活と思想」において、石川三四郎は長い亡命生活を経験するなど特異な点があるので独立の項を設け、その他は、「トルストイの影響を受けた人びと」としてまとめて扱う。第二には、可能なかぎり事実に立脚し、その現代的意義を問うてみることである。一般に、エコロジーや「農」

＊5　徳富蘆花「序」（石川三四郎『哲人カーペンター』東雲堂書店、1912年。本書は黒色戦線社の『石川三四郎選集』第5巻に復刻して収められている）。

の思想に対しては、その実行可能性の評定を急ぐ傾向がみられる。しかし、その含む意味や問題点をまっすぐ受け止め、その上で、それぞれの時代的制約や普遍性に照らして慎重に検討してみる必要がある。この手続きは当然、後の「意義と危険性」に関する指摘につながるものである。

2　農業志向者たちの生活と思想

(1)　思想的背景

彼らはなぜ農業実践を選び取ったのか。直接的には次項以下で見ていくように読書による影響が大きいが、当時の時代背景も関連している。思想的背景として2点指摘しておきたい。

一つは都市と農村の格差に関わる問題である。明治維新以来急速に国家主導で推進された「近代化」は、まず都市を変えていった。新しい工場や銀行・会社が都市に設立され、新時代を担う人びとの多くが都市に住み、中等高等教育機関の多くもそこに作られた。交通通信機関や文化施設、衣食住の新生活様式もまず都市で発達し、ますます都市の経済・文化活動を活発化していった。都市と農村との経済的文化的な格差が拡大する中で人びとは続々と都市へ集まり、大志をいだく農村青年は向都熱をあおられ、同時にその反面である不満・被差別意識、ひいては反商工・反都会意識もつのらせていった。[*6] その都市の中で、権力と文化と富とをもっとも集中させていったのが東京である。農村部との格差は特に第一次大戦期頃から拡大し、１９２３年の関東大震災による市街地の壊滅的な打撃にもかかわらず、政府の積極的な救済復興策により、東京は再び以前にもまして繁栄をきわめていった。

都市と農村の格差の拡大する時代は、都市が拡大する時代でもあった。東京市は1932年10月、旧15区に周辺郡部を一挙に合併して合計35区の「大東京」と呼ばれる巨大な市域を持つに至る。江渡《えと》狄嶺《てきれい》の住む高井戸村はこの時の合併で杉並区となり、続いて1936年、徳富蘆花や石川三四郎、鑓《やり》田《た》研一らが住む千歳村も世田谷区に編入された。東京郊外は、明治から昭和にかけて様相を一変させていった。市街地向けの野菜や草花が栽培されるようになり、やがて都心に出る交通機関の開通で宅地化が進む。その様子を1907年から千歳村に住んだ徳富蘆花は、「東京が日々攻め寄せる」*7と書いている。

1925年12月に、下中弥三郎・石川三四郎・渋谷定輔・中西伊之助らによって創立された「農民自治会」は、その「趣意（あるいは趣旨）*8」（下中の起草）で、次のように農村と都会の格差の不当性を訴え、農民の決起を促している（全文）。

ある田舎には、春、夏、秋、冬、汗水たらして作りあげた六俵の米を三俵、四俵、時としては五俵までも地主に納めて不平らしいことも言ひ得ない小作農民がある。

＊6　農村青年の向都意識については、鈴木正幸「大正期農民政治思想の一側面（上）」（『日本史研究』173号、1977年1月）参照。
＊7　『みみずのたはごと』（1913年）。
＊8　農民自治会機関誌『農民自治』（第1号のみ『自治農民』）第1～4号に掲出。

またある田舎には自分の貧乏は、天道様になまけた罰だと心得て、日出三時間前、日没三時間後、よけいに働くことを天道様に誓ひを立て丶働いて働いて働きぬいた果てが、過労衰弱と栄養不良で窮死した老農がある。

帝劇、ラヂオ、三越、丸ビル、都会は日に贅沢に赴くに引かへ、農村は相かはらずかびた塩魚と棚ざらしの染絣、それさへ、もぐらのやうに土にまみれ、寒鼠のやうに貧苦に咽ぶ無産農民の手には容易にはいらない。

もともと、都会は、農村の上まへをはねて生きてゐる、農民の汗と血の塊を横から奪って生きてゐるのである。日に日に贅沢になってゆくに、それを養ひ生かしてゐる方の農民が飢えて死なうとしてをる。何といふ謂はれのないことであらう。

このやうに、馬鹿にされ、こきつかはれしぼりとられながら、我等農民はなほいつまでも黙って居ねばならぬだろうか。

いやいや決してそんな理屈のあらう筈がない。

我等農民も人間だ。生きねばならぬ。人間らしい生活を立てねばならぬ。縁の下の力持をすることはもうやめだ。いつまでも他人の踏み台にされてゐてはたまらない。諸君起たう、みんな手をたづさへて起たう、それは天道様から見て、まっすぐな正しい道なのだ。

また、この農民自治会にも関わった犬田卯《しげる》（農民文学運動の雑誌『農民』の中心人物）は、論文集『土の芸術と土の生活』の中で、資料1（次頁）のような「農村搾取系統図」を示して「農村の耕作労働階級、即ち自作小作、自作兼小作の人々が、如何に都市ブルヂヨワジーに巧みに搾取せられてゐるか」を説明している。[*9] この図には明記されていないが、工業生産物の相対的な高価格化と農業生産物の相対的な低価格化（シェーレ（鋏状価格差））が都会の隆盛と農村の窮乏化における重要な原因であったことは、今日ではよく知られている。また、「都市ブルヂヨワジー」のみでなく都市の「労働者」も農民を搾取することを論じた文章も多く見られる。[*10]

ことは経済的な問題だけではない。学校教育の内容や雑誌や新聞などを含めた文化は、全面的に都会中心となっており、それにあこがれる学校卒業生や若者たちを吸収していった。下中弥三郎は学校教育は「農村を亡ぼす」もので無意義であり全廃すべきだと主張し、[*11] 農民自治会の「標語」には「三、都会文明を否定し、農村文化の建設を期す」と明言したのであった。都市と農村の格差を重要視し、

＊9　犬田卯『土の芸術と土の生活』（農民文学社、1929年、45頁）。

＊10　鑓田研一「労働者も農民を搾取する」（1）～（3）（第三次『農民』第2巻第4～6号、1930年4～6月）。1920年代の『小作人』『自由連合』などのアナキズム系雑誌の論文にもみられる。三原容子「戦前アナキズム運動の農村運動論――その一　自連派――」（『京都大学教育学部紀要』第31号、1985年3月〈本書所収〉）参照。

＊11　下中弥三郎「農村教育改造の基調」（『農村教育研究』1928年9月号、『下中弥三郎教育論集　万人労働の教育』平凡社、1974年所収）。下中の学校無用論については、「学校無用論と教育運動――下中弥三郎と江渡狄嶺を中心に――」（教育史学会研究紀要『日本の教育史学』第33集、1991年10月〈本書所収〉）参照。

農村を弱者・被害者と見る見方は、農業の倫理的な正しさの主張と表裏一体になっていたように思われる。農業は泥と汗にまみれて働いても金銭的に報われることが少ないが、精神的倫理的に価値ある仕事であると、金銭的な劣位状態が、けなげさと正しさをより引き立てるのである。[*12]

もう一つは、マルクス主義の問題である。20世紀初めごろから次第に翻訳・研究の進められたマルクス主義は、1920年代・30年代には現代社会に問題を感じる多くの青年たちに強い影響力を及ぼした。ところが、農を志向した者たちには思想的に遍歴した者が多いにもかかわらず、彼らの多くはそちらへ向かわなかった。なぜだろうか。

理由の一つは、農業の歴史的位置づけの理論の問題である。農業をもっとも重要で正しい仕事とする彼らの考え方と、マルクス主義の文明観とには大きなずれがあるように思われる。19世紀後半

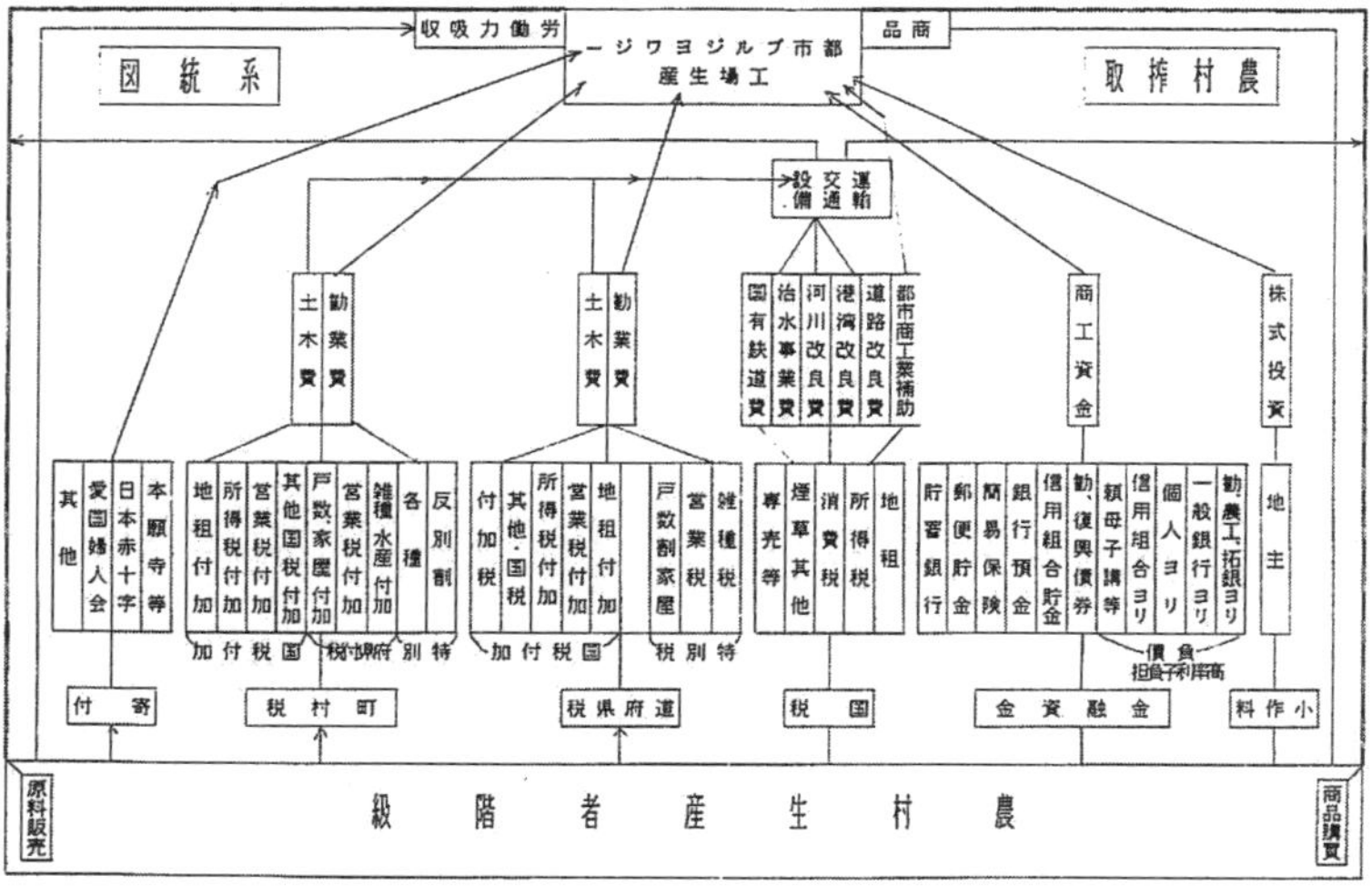

の工場労働者勢力の台頭を背景として登場したマルクス主義は、工業化や生産の増加を無条件で進歩と見なす思想の一つである。農業はより工業的性格を持つ方向へ変わっていくべきものであり、農民は将来の社会や革命の主力とは見做されない。農業をことさらに重要視するのは時代逆行であると見る傾向がある。[*13]

もう一つは農業の宗教的要素、あるいは農業の精神的なすばらしさをどのように捉えるかという問題である。現代に生きている筆者は農業の重要性として、まず自然科学的な環境問題が頭に浮かぶ。エントロピーの問題、森林の保水力の問題、水田の土壌保持能力の問題、CO2の問題、土壌生物の浄化力の問題……。しかしそれだけでなく、自然科学的な各要素とは別に、物質や数字に還元できない生きた自然を相手とする営みのすばらしさにも思いを寄せる。木々のざわめきや草のそよぎ、新芽の生命力や、塵芥を栄養と化す土の包容力など、神秘的な力、心を洗う作用を感じるのである。当時は現在以上に農耕の営みに一種の宗教的な力を感じたことだろう。マルクス主義の「科学」指向、宗教排除の姿勢は、彼ら農業志向者たちの農耕へ寄せる思いとはそぐわないものがあったのではないか。

＊12　都市と農村間、先進工業国と第三世界間の、富の不平等の問題を含む、人間と環境の関わりの歴史については、最近刊行されたクライブ・ポンティングの『緑の世界史（下）』（朝日新聞社、１９９４年）がよくまとまっている。

＊13　私のマルクス主義観には、石川三四郎の影響が強い。ソビエト連邦を理想の「祖国」と呼ぶような古い文献を参照することが多かったのでそのイメージも影響している。新しい時期の資料を読んでも従来のイメージが改まらない現状であり、ご教示を乞いたい。

(2) 石川三四郎

①『平民新聞』から亡命生活まで

1876年、埼玉県児玉郡旭村に生まれた。1903年、幸徳秋水・堺利彦の両先輩に続いて『万朝報』を退社し、明治社会主義者の代表的な活躍舞台である「平民社」に加わった。1900年に洗礼を受けていた石川は、マルクス主義の紹介が少しずつ進みつつあった当時、多くの同志が「階級闘争」の鼓吹へ社会主義政党の結成へと加わる中で、その流れに乗ることを拒否した。

石川にとって社会主義運動とは、「個人の才能を自由に発展せしめんとする」[*14]もの、「同朋相愛、万民平等の精神に充てる」[*15]ものであった。一方、「政党」には「小才士、俗物が、世話、奔走、応接の間に於て胡麻を摺るに宜しき所」という悪いイメージを抱き、政党によって革命はできないと考えた。[*16]階級闘争については、「社会主義は徹頭徹尾、同朋相愛の人情に基くものなり、決して階級戦争の為めに存するに非ず、若し吾人が、徒らに運動の成功を急いで、労働者の利慾を徴発し、殊更らに階級憎悪の念を助長するあらんか、吾人の運動は遂に盲動に終らざるを得ざる也」[*17]とした。目的(同朋相愛の理想社会)と手段(憎悪の念を含む闘争)の不一致を認めることができなかったのである。

すばらしき理想的社会が、理想とは逆の敵対心や憎悪の念やかけ引きを伴う手段によって達成され得ると認めるには、その間を結合する理論が必要である。それが当時マルクス主義によってもたらされた歴史理論であった。すなわちその発展段階理論によれば、現在社会の階級闘争状態は、まもなく社会革命における労働者の勝利によって理想社会へ移行するとされる。それを認めればこそ、理想にそぐわない手段も容認することができるのである。しかし石川には受け入れられなかった。石川が政党や政治的手段を汚れた世界と見なした背後には、理想へのこだわり、政治に関する見聞内容が影響しているだろうが、田中正造や足尾鉱毒事件との関わりも見のがせない。田中正造は、1900年に議会と政党を見かぎって代議士をやめ、水没の運命を背負った谷中村の問題に全身全霊をかけて取り組んだ。石川は入獄（1907年）までの数年間、田中の後ろについて運動に協力しながら、彼の人柄や生き方、田中の周辺に伸びる政府関係者の汚い手口などに、深く考えさせられることがしばしばだった。

この時点では目的と手段をつなぐ理論をほとんど直感的に拒んだ石川であったが、のちにその歴史理論の検討作業にかなりのエネルギーをさいている。1933年発行の『歴史哲学序論』などの論稿は、マルクス主義の歴史理論をくずすため、その基礎となっているとされる、歴史は進歩していくと考える「進歩史観」や、その上に立って登場して科学的証明のお墨つきを与えた「進化論」を反駁する作業の成果である。石川は歴史の段階的な進歩という考え方を否定し、歴史の変遷の原動力として人間の意志・希望の持つ力を重要視した。段階的発展論の否定は、マルクス主義歴史観を否定すると

＊14　「クリスチアン活動の新方面」（『石川三四郎著作集』第一巻、青土社、1905年、以下『著作集』①のように表す、40頁）。
＊15　「新紀元の新題目」（『著作集』①、76頁）。
＊16　「堺兄に与へて政党を論ず」（『著作集』①、1906年、125〜136頁、引用は127頁）。
＊17　「階級戦争論」（『著作集』①、1906年、111〜112頁）。

同時に、日本で最も影響力が強いアナキストのクロポトキンの描く社会革命によって理想社会がもたらされるとする楽観主義的な歴史観を否定することでもあった。こうして石川は、独自に永久革命論ともいうべき史観を立てるにいたった。すなわち、社会革命によって万事解決するのではなく、人間の闘いは永久に続くと考える。石川の歴史観が、マルクス主義陣営のみならずアナキズム陣営をも含めて社会運動に広くみられた歴史段階説、進歩の歴史観とは異なっていたことをここで押さえておきたい。

さて、先にも触れたように、石川は社会主義運動に献身する中で、谷中村の移転問題に深く係わった。社会主義者の中で積極的に関わったのは、キリスト教社会主義者といわれる石川・木下尚江・逸見《へんみ》斧吉ら『新紀元』『世界婦人』に集まる人びとであった。石川は田中正造と昼夜行動を共にし、調査研究に協力した。足尾鉱毒事件では、銅山の煙害や鉱毒水たれ流し被害に対して企業主と政府がともに無責任な対応に終始し、山々を枯らし田畑を潰し、人々の健康を奪い、あげくのはては洪水被害を防ぐためと称して谷中村一村を遊水池に沈めてしまった。石川はこの谷中村関係の運動に参加する中で、先述のように政府や政党の醜さを怒りをもって実感するとともに、鉱工業生産の発展の陰で自然と人間の上に起こっているさまざまな恐ろしいドラマをも目撃したのであった。それが石川の頭脳中の原風景となり、工業の発展した薔薇色の未来を描くことができなくなったと思われる。まだ煙が盛んに吐き出される工場の煙突が誇りとされる時代においては、特異な体験であった。周辺の社会主義者の歴史観から解放され、生産力発展信仰から解放された石川は、それらにとらわれない方法で、自分自身の人間観・世界観を形成する必要に迫られることになった。

1907年、石川は『日刊平民新聞』の筆禍で入獄し、多忙な活動から隔離された獄中で、古代から現代に到る西洋の社会運動の歴史を勉強し、また人間というものの本質について静かに思索する機会をもった。その中で自分が「アナキスト」という運動家の範疇に属することを確信し積極的にマルクス主義批判を開始した。出獄後まもなくのヨーロッパ亡命は、アナキストらの助言によるものであり、滞欧中はアナキストらとの親交を深めることになった。また人間に関する考察では、自然の中で自然に準拠して生きる人間という像をつかんだ。次に述べる「土民生活」の基礎が立てられたのであった。

ここで、獄中から亡命時代にかけての石川の思想形成に影響を与えたエドワード・カーペンターとエリゼ・ルクリュについて付け加えておこう。

カーペンター（1844〜1929）[*18]は、イギリスの社会主義運動と縁の深い詩人であるが、自ら鍬をとっての農業やサンダルの生産にたずさわり、同性愛者であることを公言していた。また、かつて数学や天文学を専攻していたカーペンターは、複雑な現象から多くの事柄を捨象して、少しの事実を取り出して法則立てて説明する近代科学のあり方を批判している。近年、従来の科学の局部主義を

＊18　石川三四郎『哲人カーペンター』（東雲堂書店、1912年、『石川三四郎選集』第5巻所収、黒色戦線社、1983年）、都築忠七『エドワード・カーペンター伝　人類連帯の予言者』（晶文社、1985年）などを参照。

批判し、自然界の全体的把握をめざすエコロジー（生態学）的思考が提唱されているが、[19]その先駆というべきである。石川は、獄中の読書によって彼の名を知り、出獄後は日本での紹介につとめた。亡命中には、何度かシェフィールドに近いミルソープまで会いに行っている。石川はカーペンターから、今日の病的文明以前の健康な野蛮時代には、人間と自然・個人と社会との調和がとれていた、という原始憧憬の歴史観や、日常生活における理想と手段とが一致する生き方、近代科学の問題などについて影響を受けた。

エリゼ・ルクリュ[20]（1830～1905）は『地人論（人と地）』の大著がありブリュッセルの大学で教壇に立っていたこともあるフランスの地理学者で、クロポトキンと並ぶ無政府共産主義運動の闘士である。石川はフランス滞在中に甥のポール・ルクリュの家に長く世話になった。石川はルクリュから、一元的な発展段階説とは対照的な歴史の多元性複雑性、無限で広大な世界において地球を耕作しながら理想に向かって進む人間のあり方、社会思想における「美」（ルクリュは「裸体美」論を主張している）の問題を学んだと思われる。

②土民生活の主張

さて、1920年にヨーロッパから帰った石川を待っていたものは、亡命以前とはうって変わった社会運動の隆盛であった。アナキズム運動においても、大杉栄を筆頭に多くのアナキストが活躍し、労働運動の分野ではアナキズム色の濃いサンジカリズムが盛んになりつつあった。なお、石川は

1921年から22年、再度ルクリュの蔵書搬入のために渡欧し、本格的な活動は二度目の帰国以降になる。

帰国後の石川は講演や執筆によって「土民生活」を提唱する。「土民生活」は石川の造語で、カーペンター著『Toward Democracy』からとったものである。浅薄なイメージのある「デモクラシー」の語をカーペンターが使用することに不審を抱いた石川は、その語源が、実はギリシャ語の「デモス〈土につける民衆〉」であることを教えられて感じ入り、「デモス」を「土民」とし、「クラシー」を「生活〈クラシ〉」としゃれて、「土民生活」としたのである。「土につける」とはどのような意味か。土、地球、地、自然などとさまざまに表現されるが、ここでは〈自然〉と表しておこう、〈自然〉にのっとって生きるということである。〈自然〉は実在の生物界や天文界すべてを含むが、それらは無限で、複雑で、自由・平等・相互扶助の性質を持っていると石川は見なしていた。〈自然〉に対するこうしたイメージは、石川の社会理想＝アナキズム社会を実在の自然に投影した、直観的希望的観測ともいうべきものであるが、結果的に、多種類の個が互いに役立ち合い、互いに欠かせない関連をもって生存している姿、つまり今日のエコロジー〈生態系〉とかなり近いイメージになっている。

「土民生活」＝〈自然〉にのっとる生活は、一面では、実際の自然と一体になって農耕生活をはじめとする土着〈土に着いた〉の生活をすることである。亡命時代、石川は塗装工など種々の職業を経

＊19　立花隆『エコロジー的思考のすすめ』（中公文庫、1990年）の第1章がわかりやすい。

＊20　石川三四郎『エリゼ・ルクリュ　思想と生涯』（国民科学社、1948年。『石川三四郎選集』第5巻所収）。

験したが、もっとも長期間携わったのがフランスでの農業であった。運送業を営む家に生まれ東京で書生や社会運動に関わってきた石川は、初めはジャガイモが土の中にできることすら知らないほど農業に無知だったが、やがて一人前のフランス農民となっていった。耕作や収穫の喜びも、第一次大戦下の非常時に食料を生産する生活の強みも体験した。こうして帰国後は熱心に農耕生活のすすめを説くようになったのである。帰国後の石川は自ら農耕生活を始めようとしたが、その希望がかなえられたのは1927年、鑓田貞子の紹介で鑓田家に近い東京郊外千歳村の土地を借りて移り住んでからであった。既に50歳を過ぎ、フランスでの農業とは勝手が違っていたが、念願の土民生活の開始であった。以後、戦時中の疎開を除き、死ぬまでここに住んだ。

もう一面は、社会思想的問題として、人間の社会を〈自然〉と同じような自由・平等・相互扶助の性質を持つ社会にすることである。石川の目には「どんな生物でも、鳥獣は勿論のこと、小さな虫けらに至るまで、同胞相扶けて自由平等の共同生活を営んでゐる」[*21]、「われわれの宇宙生活にはただ相互関係のみ存在して、強権的中心のない」[*22]と写っていた。「土民生活」は、〈自然〉と共に生きる農耕生活と、理想的な〈自然〉に合致する社会をめざすことの両面を融合させたものであった。「人間といふものは地に生れ、地に生きて、地に葬られていく生物であります。……地からいろいろの感化を受けてをります。地から離れる時には真の美も道徳も経済も失はれてしまふのであります」[*23]という言葉は両面の意味で読まれなければならない。

2の(1)で見たように、都市と農村の経済的文化的格差を問題視して農業の重要性を主張する動きが、第一次大戦以後さかんにみられた。「土民生活」を提唱する石川も、農民自治会の創立に加わりその一翼を担っていた。社会の現状を批判して農耕を社会の中心とすべきであると主張した団体の多くは、当事者の意識とは別に、周囲から「アナキズム系」の団体と見なされがちであった。ところが昭和恐慌以降、農産物価格が著しく下落しシェーレ（鋏状価格差現象）の激化、東北地方を中心とする凶作の中、1932年には一挙に農民救済問題が注目を浴びるようになり、「農本」という言葉で人々が思い浮かべるイメージは、全国的に農民救済請願署名運動を展開した長野朗《あきら》の自治農民協議会を初めとする「農本主義団体」によるものとなったのである。ちなみに、特高警察の報告書も同年分から「農本主義団体」の項を新設して詳しく調査している。彼らは農業こそが社会の中心であるべきであることを説いて、従来アナキズム系の人々が説いてきたところと重複する所があった。このとき、農本的な主張を説いてきたアナキストたちには「農本主義団体」と混同される可能性が生じたのである。[*24]

その年、石川は「此ごろ農本主義といふものが唱へられる。二十年来、土に還れと説いて来た私にとつては、とても嬉しい傾向に感じられる」と一応喜びながらも、「私の考へ且つ実践して来た土民生活の思想と、今日流行の農本主義とは些か相違するところがある」[*25]として、農本主義と土民生活思

＊21　「自由連合の話」（『著作集』①、1927年、263頁）。
＊22　「無政府主義の原理と其実現」（『著作集』①、1949年、431頁）。
＊23　「農民自治の理論と実際」（『著作集』①、1927年、437頁）。
＊24　三原容子「『農本的アナーキズム』と石川三四郎」（『本山幸彦教授退官記念論文集　日本教育史論叢』、思文閣出版、1988年3月〔本書所収〕）参照。
＊25　「近世土民哲学」（近代日本思想大系『石川三四郎集』、筑摩書房、40頁）。

想の違いを3つ挙げた。

1　農本主義は治者、搾取者の側から愛撫的に見た「農民愛撫主義」「温情主義」で、「土民」とは「懐柔的教化に服さず、征服者に最後迄反抗する民」のことであり、農民だけでなく「地球を耕し……天地の大芸術に参加する労働者はみな土民」であって、性格が異なる。

2　農本主義は農民のみによる社会改造を考えているが、土民思想は農民と他の職業とが土着した有機的連帯を理想とする。

3　農本主義は現在の強権統制をそのままにすることを考えているが、土民思想ではその打破をめざす。

石川は土民思想には現体制打破の志向が含まれていることを強調したかった。このことは、石川がアナキストの一人として自他ともに認められていたことと無関係ではあるまい。すなわち、自由・平等・相互扶助（連帯）とそれらを妨げるものに対する反逆というアナキズムの反体制的性格が、「農本」について語る際にも効いているのである。

そこで、この「アナキズム」と農耕を中心とする社会構想との関連について見てみておく必要があるだろう。マルクス主義は農業を低位のものとしてみていたが、アナ・ボル（アナはアナキスト、ボルは本来ロシア革命の際のレーニンが指導した党派「ボルシェビキ」を表すが、マルクス主義勢力一般をさして使われた）対立の一方の陣営であったアナキズムは農業をどのようにみていたのだろうか。

実はアナキズムは、これこそがアナキズムだと言えるような体系や始祖的な人物が存在しない思想である。アナキズム陣営とされた人びとは運動の中で反体制的・反マルクス主義の立場で活動していたことから、対抗関係の中で、おおよそ反権力、反体制、反政党、反指導者、反資本主義といった性格を共通点として持っていたにすぎない。そのような曖昧さであったから、アナキズム陣営内にはさまざまな派や個人がいたし、アナキズムか否かの境界線となるとまったく定かでなかった。当事者の意識はともかくとして、反体制であってマルクス主義陣営にいない者はしばしばアナキストに分類されることになる。農民自治会も『農民』も当時アナキズム系と見做される事が多かったが、犬田卯のようにそのレッテルを拒む者もいた。

以上のような曖昧な思想ではあるが、しかしながら日本でのアナキズムには農耕を重視する方向に進む傾向を持っていたように思われる。一つには、石川のマルクス主義批判にうかがわれるように、アナキズムは明確な歴史の発展段階説をとらないため、農業を工業よりも、農民を労働者よりも遅れていると考えるようなことはない。また、自分たちの生産・消費・娯楽などは自分たちの意思・決定で行おうという自治重視の考え方から、生活の第一の必需品である食料の生産を重視するということもある。さらに、日本のアナキズム運動にもっとも影響力の大きいクロポトキンが、『麺麭の略取』や『田園・工場・仕事場』などで農業の重要性について強調していることも影響している。[*26] 加えて、日本のアナキストの多くが、クロポトキンの影響もあって、理想のアナキズム社会の構成要素として「共同

＊26　三原容子「日本におけるクロポトキンの影響について」(『労働史研究』第5号、1991年〔本書所収〕)参照。

体」を重んじたことも関係している。彼らにとって相互扶助が現在も残る社会と言えば、農村の共同体であり、その存在によって、農村を都市よりもすぐれていると考えたのである。[*27]

ここで簡単にまとめるならば石川は、日常生活において、また社会運動として、〈自然〉にのっとる生活を理想とし自ら実践につとめた。彼の〈自然〉とは、農耕生活の環境・対象であると同時に、アナキズムという思想の一面でもあったのである。

(3) トルストイの影響を受けた人々

以下で取り上げる人々について「トルストイの影響を受けた人々」という表題をつけてみた。いわゆる「農本主義」の国家主義的色彩とは無縁な農業志向者の動機を探っていくと、トルストイの大きな影響を認めることができるからである。ここでいうトルストイの影響とは、伯爵トルストイが自らの消費生活が農民や貧民たちの労働生活の上にあることを痛く反省して、自分の生活の資を自分の労働で得る生活こそが正しく心身にとっても健康的であると考え、自ら農耕生活を実行したことが広く知られ、後に続く者が出たことである。[*28]

本稿のテーマと関係の深い、トルストイに関する日本での主要なできごとを挙げてみよう。

①1901～2年にロンドンで、トルストイの英訳本が青い表紙の「フリー・エージ叢書」29冊として発行された。丸善では仕入係の思い違いで大量に発注してしまったところ、発注分がさばけたばかりでなく、1年ほどの間に2万部近くを売ってしまったという。洋書を購入する人口からすれば驚

異的な販売数になる。江渡狄嶺《えとてきれい》と加藤一夫がこのシリーズに親しんだことがわかっている。

②1905年、『イワンの馬鹿』（初訳は「馬鹿者イワン」）が内田魯庵の訳で出た。戦争の愚かさと農耕労働の神聖さを、子どもでも楽しめる形で説いた話である。この話は多大の反響を呼び、トルストイの名を以前にもまして広めた。1910年のトルストイの家出と死は、新聞の号外が出るほどの扱いを受けた。

③1907年、『自然と人生』『不如帰』などのベストセラーを生んだ売れっ子作家の徳富蘆花は、千歳村粕谷の地に移り住んで百姓仕事を始めた。蘆花は前年にトルストイをヤスナヤ・ポリヤナの地に訪ねており、この生活はまったくのトルストイの影響によるものであった。実際には農民のまねごと程度の作業にすぎなかったが、蘆花の行動の影響力は大きく、粕谷の生活を描いた『みみずのたはこと』（1913年）は次々に版を重ね、以前に出した本も売れて、蘆花とトルストイの名を高くしたのであった。[*29] 蘆花を通じてトルストイを知った者は数知れない。蘆花会編『徳富蘆花　検討と追想』（岩

＊27　三原容子「戦前アナキズム運動の農村運動論――その一　自連派――」参照（本書所収）。

＊28　トルストイの日本への影響については、法橋和彦「日本におけるトルストイ」1～20（『トルストイ全集月報』1972～1978年）、柳富子「明治期のトルストイ受容」上中下（『文学』、1979年3・4・10月）などで追究されている。

＊29　阿部軍治『徳富蘆花とトルストイ』（彩流社、1989年）参照。「とにかく彼［蘆花］は日本におけるトルストイの原則の実践者の第一号であることは間違いなかった」（283頁）とする。

波書店、1936年）には数十名が文章を寄せているが、その中に石川三四郎、加藤一夫、鑓田研一、木村荘太の名もある。江渡狄嶺はないが親友の堀井梁歩[*30]が一高時代に毎週のように蘆花宅を訪れ留守番や畑仕事をしていたことを記している。

④1916～17年、雑誌『トルストイ研究』が発行された。かなり専門的で読みやすくはない雑誌であるのに、創刊号は翌日に売り切れ第5刷まで出たという。加藤一夫・鑓田研一は常連の執筆者、江渡狄嶺も書いている。

文豪トルストイは、日本の多くの文学者・思想家に多面にわたる影響を与えた。そのうちの農業志向への影響を受けた者だけでも数限りない。本稿は、ほんの紹介、入口のみということになろう。なお松本健一は、「下中のまわりにいた農本主義者たち、石川三四郎、江渡狄嶺、中里介山、武者小路実篤らが、いずれもトルストイアンだったこと、つまり明治三、四十年代にトルストイの熱狂的な信奉者だった……」[*31]と、彼らが「トルストイアン」だったとしている。石川三四郎は、社会主義運動、とくにキリスト教社会主義の運動の中で十分にトルストイを知っていただろうが、資料の上からはトルストイに心酔したことは見えず、著書『西洋社会運動史』などにもほとんど取り上げられないので、同列に論じることには疑問の余地がある。

●江渡狄嶺（1880～1944年）

1932年の漫画「新東京市区漫画大観[*32]」（資料2＝56頁）には、杉並区のところに「インテリ・プロの晴耕雨読」とある。早くに晴耕雨読をはじめた蘆花は世田谷区であり、この「インテリ・プロ」というのは、どうやら江渡狄嶺をさしているようである。帝国大学を中退した「百姓」として、高村光太郎設計による夭逝した子どもたちをまつるお堂「可愛御堂」を自宅敷地に立てた人として、子どもを小学校にやらない親として[*33]、ベストセラーの著者として、知名度が高かったことからそう判断するのである。

江渡の著書は『或る百姓の家』(1922年、総文館)、『土と心とを耕しつつ』(1924年、叢文閣)、『地

＊30　本名は堀井金太郎(1887～1938年)、秋田県生まれ、第一高等学校中退、一時期アメリカの大学に留学、帰国後1916年より雄物川河川敷で農業を始める。農民自治会にも参加、『農民新生への道』(平凡社、1926年)は、農民自治会が選挙戦術としてとった「非政党同盟」戦術のモデルであるアメリカのノン・パーチザン・リーグを紹介したものである。他に『土の精』『大道無学』『野人ソロー』『草の葉(訳書)』などがある。評伝に、狄嶺の弟子の柳沢七郎の編著による『梁歩の面影』(いづみ苑、1965年)がある。

＊31　松本健一「下中弥三郎の思想的陥穽」(『季刊世界政経』64号、1978年1月、57頁)。

＊32　『東京朝日新聞』1932年5月8日付(石塚裕道・成田龍一『東京都の百年〈県民100年史〉』山川出版社、1986年より重引)。

＊33　江渡は、一番上の娘が就学年齢に達した1914年以来、4人の子ども全員を学校に行かせず家庭で教育した。三原容子「学校無用論と教育運動――下中弥三郎と江渡狄嶺を中心に――」参照(本書所収)。のちに学校教育全面否定を改めて「単校教育」の実践をすすめたことについて、「単校教育と武田武雄―複式学級の長所を発見した訓導」(『狄嶺会だより』第65号、1991年8月)に書いた。なお、三原容子「江渡狄嶺の二つの時代　実行家から社会教育家へ」(『論争』第5号、1991年8月〔本書所収〕)は、江渡の顕彰が進む中での偉人像化を危惧して記したものである。

涌のすがた』（1939年、青年書房）の三部作と、死後に講義録をまとめた『場の研究』（1958年、三蔦苑）以外に多数のパンフレットなどがあるが、主要部分は狄嶺会編集『江渡狄嶺選集』（1980年、家の光協会）にまとめられている。書誌に八戸市立図書館『郷土の思想家　江渡狄嶺　その人と年譜』（1972年）、狄嶺会編『江渡狄嶺書誌』（1973年、1981年増補再版）があり、研究誌に『江渡狄嶺研究』（第一号、1959年〜、不定期刊）がある。

さて、江渡もまた、農民自治会の関係者である。農民自治会の実務を担当した竹内愛国は、1916年頃、石田友治の『第三帝国』の編集を手伝っていた時代に、石田の畏友の江渡を知り強い感化を受けた。竹内は1925年秋、のちに農民自治会運動の重要な担い手となるグループ「土を慕ふものの会」を、江渡やその親友の堀井梁歩、

後述する加藤一夫らの賛同のもとに結成した。農民自治会の小山敬吾は「百性愛道場主江渡狄嶺は学歴といふ財産を捨てゝ一介の土百姓となつてその生活良心を三十年来生し抜いた人である。……虚偽の立場を捨てゝ貧と病と戦ひつゝ生産者として民衆と苦しみを共にし来つた氏の人格識見には限りなく尊いものがある」[*34]と江渡をたたえている。全国委員の一人、青森県五戸の菊池源吾もまた農民自治会設立以前から江渡に教えを受けていた人物であった。

江渡は青森県八戸生まれ、旧制二高から東京帝国大学法科大学へ進むが卒業に至っていない。1911年より作家徳富蘆花の世話で千歳村船橋に土地を借り、13年には高井戸村に移って、妻と亡き友人の弟小平英雄との3人で農業生活を始めた。1914年頃から高田集蔵の雑誌『村落通信』などにぼつぼつ文章を発表していたが、その後『東京朝日新聞』に「変つた百姓」として紹介され、『或る百姓の家』、『土と心とを耕しつつ』と、半農生活の中で書いた2冊の随想集が続けてベストセラーになった。

江渡は、なぜ農業を志向したのだろうか。当時エリート中のエリートであった帝国大学卒業という学歴を得なかったのは、小山が言うように「百姓」になるため積極的に辞めたのではなく、諸般の事情で卒業できなかったというのが真相である。「帝国大学」と土を耕す「百姓」との間には、当時は社会的な地位に大きなギャップがあり、江渡も訂正しなかったから、実際以上に美化されて伝えられ

＊34　小山敬吾ら「読物と其著者」(『農民自治』第13号、1927年11月)。

るようになったのであろう。しかしながら、自ら農業を志向したのは確かである。江渡の前半生は、正しい生き方とはどのようなものであるかを追究することに当てられた。仏教・キリスト教・社会主義・トルストイ・クロポトキン……、江渡は内外の書を読みあさり、話を聞くためには僧侶・牧師・社会主義者・アナキスト……と、どこへでも出かけていった。求道の果てにトルストイの影響を受けて、思想と生活が一致する良心的な生き方をすべきであると考えるようになり、また最も正しい生活は人を搾取することのない農業であると考えるようになったのである。さらにクロポトキンの著書が、トルストイの主張が社会的経済的にも根拠を持つことを教えてくれたと江渡は語っている。[*35]

1911年、まず蘆花の紹介で千歳村船橋で、翌々年には高井戸村原へ移って、人間の最も正しい良心的な生活のあり方である農業生活にたどりついた。農場の名は「百性愛道場」、温室フレームを試みたり、野菜・花卉・果物の栽培、養鶏などを行った。重要な労働の担い手は小平英雄であり、妻のミキや娘の不二であって、彼らなしでは立ち行かない経営ではあったが、飲酒癖のある江渡自身も農業技術を農業補習学校に学び、作物の収穫や市場出荷に汗を流した。やがて、農民自治会に参加した青年たちをはじめとする読者たちは、江渡の家を訪ねて教えをこうようになる。「一、午前中の家庭訪問は出来るだけ避くること、二、初訪問の時は、先づ名前と用事を告げられる、一時間以内に用談を済ますこと。用談は卒直、簡単、明瞭……」などと「訪問道徳」[*36]を掲示しなければ生活が乱されるほどになった。

1926年頃、思索期を終えて「只管」＝自分の場に立つことを軸とする「場論」に到達し、以後農民自治会の依頼による長野県内各地の巡講を皮切りに各地に講演に出るようになり、また手紙による遠隔地の弟子に対する指導も行った。近所に住み生前を知る大西伍一は、「……しだいに交友の範囲を狭め、社会運動家とは遠ざかり、仏教に救いを求めて道元に深く帰依。自宅に家塾「牛欄寮」を開いて求道の青年を集め、また各地を巡遊して自説「家稷」の道を説いたり、道元の遺訓を祖述した」(『日本近代文学大事典』)と記したように、半農生活を送るインテリというよりは弟子たちを教え導く指導者の生活であった。思想内容を弟子たちに教えるための曼陀羅のような説明図が多数残っている。

●加藤一夫(1887〜1951年)

近年、『原始』『科学と文芸』『一隅より』『自由人』などの加藤一夫関係の雑誌が復刻出版され、さらに『大地に立つ』も復刻の予定にある。戦争犯罪の問題を扱ったドラマ「私は貝になりたい」の原作者加藤哲太郎の父としても知られる。大正から昭和戦前期に「民衆芸術」「トルストイ」「社会主義同盟」「アナキズム」「農本主義」など、その時代時代の表舞台で活躍した思想家、評論家であった。和歌山県西牟婁郡生まれ、田辺中学、和歌山中学から明治学院神学部を卒業したが、牧師にならず

＊35　江渡狄嶺『或る百姓の家』(１９２２年、１６７〜１７４頁)ほか。
＊36　『江渡狄嶺研究』第17号(１９７１年12月)、裏表紙裏より。『江渡狄嶺書誌』グラビアには文面の異なる自筆「御来訪の方々へ」の写真がある。

翻訳や執筆を生涯の主な仕事とした。[37] 加藤は、「最も深く最も痛切に自分を動かしたのは矢張トルストイである」[38]と語っている。中でも感激したのは、のちに翻訳を出版した『我等何を為すべき乎』[39]であった。中学時代にはあまり興味がなかったが、明治学院時代にフリー・エージ叢書を読むなどしてだんだん親しみと尊敬が増し、1911年頃、トルストイの伝記を読んで、「この時自分は真面目に自分の生活を変へねばならぬと思つた。で、トルストイの精神をうけついで、なるべく他人の力によつて生きる寄生的生活をやめて自分で生きよう、自分の事は自分でしようと思つて、洗濯ものまで二三度は自分でしたりなんかもした」[40]という。この時に志した半農生活は1916年に実行された。

その年結婚した加藤は、住み込みの龍田秀吉（のちの三上秀吉）と妻とともに東京郊外北豊島郡高田村鶉山（現豊島区）で半農生活を始めた。加藤29歳、前年から西村伊作の後援で『科学と文芸』を編集し、トルストイの『我等何を為すべき乎』（洛陽堂）の翻訳を出版。原稿料を稼ぎ、読者や共鳴者も獲得し始めた時代であった。「結婚早々、私達は、その頃はまだほんの一農村に過ぎなかつた目白の方面に一軒の借家を求め、下落合に半段ばかりの畑を借りて、ママ事百姓を始めた」[41]。『科学と文芸』の編集後記に「種を蒔きそこね今畑に少しばかりの豆しかない。去年は大根が大分とれた。百三十本程友人達にあげ、六十本程売り、家でも百二、三十本食つたりつけたりした」[42]などと書いている。鶏も数十羽飼っていた。まもなくもっと畑の近くに住むため落合村下落合へ移った。[43] しかし、この時の半農生活は長く続かなかった。それは、「野良の仕事が如何に楽しく且つ健康であらうとも、半日かかつて農夫の一時間の仕事もなし得ない私達の百姓は、私達が百姓の技術を心得ないことと相俟つて、殆ど無効果であつたのは云ふまでもない。従つて田園の労働はそれだけ私の読書や創作の時間を削ぐやうな事になつて、私の生活は益々行詰まるばかりであつた」[*44]からである。

同じ時期、加藤は「民衆芸術論」の論者の一人としても知られている。加藤の「民衆芸術論」は〈生命には力強い働きや性善的な性質があり、その人間性をそのまま発揮するべきであって、その自由を妨げるあらゆる障害を打破すべきである〉という人間観に基づいて、本然的な人間性を発揮し束縛からの解放をめざすものだった。1920年にアナキスト団体「自由人連盟」を結成して多くの青年を

＊37　小松隆二「土の叫び地の囁き—加藤一夫の生涯と思想」(『三田学会雑誌』78—4、1985年10月)に生涯がまとめられている。三原容子「加藤一夫の農本的アナキズム」(『加藤一夫研究』第2号、1987年12月〔本書所収〕)は加藤の農本的思想の時代背景を、三原容子「加藤一夫の思想——アナキズムから天皇信仰への軌跡——」(『社会思想史研究』第14号、1990年10月〔本書所収〕)は思想の変遷の内在的筋道を、それぞれ追究したものである。

＊38　加藤一夫「トルストイに対する自分の態度」(『トルストイ研究』3—1、1918年1月、3頁)。

＊39　「トルストイの「我等何を為すべき乎」を初めて読んだ時の感激を今もなほ私は忘れることが出来ない」(加藤一夫『土の哲学』、建設社、1934年、7頁)。

＊40　(38)と同じ(6頁)。

＊41　加藤一夫『土の哲学』(建設社、1934年、17頁)。

＊42　『科学と文芸』3—2号、(「編輯室より」)、1917年3月、57頁)。

＊43　加藤不二子「加藤一夫の歩いた道で—〝失われた耕地〟『科学と文芸』の故郷」(『加藤一夫研究』第3号、1989年3月、40頁)。

＊44　『土の哲学』(建設社、1934年、17頁)。

まとめ、同年暮れには社会主義者の大同団結をはかって結成された日本社会主義同盟の発起人に、堺利彦や大杉栄らとともに名を連ねた。社会運動の分野でも、同様の人間観から個々人の自我を侵害する国家権力や資本主義に対する闘いを挑んでいったのである。[*45]

畑仕事を再開したのは1927年3月、神奈川県都筑郡新治村中山へ転居した時であった。友人と設立した春秋社（前身は1918年設立の「トルストイ全集刊行会」で『トルストイ全集』刊行が成功した）で、自分の発案による『世界大思想全集』の企画が当たり、金銭的にゆとりができた加藤は、豪勢な西洋館を建設した。[*46] この家にはトルストイの娘トルスタヤも訪れている。1931年10月には、近くの都岡村川井に「農本共働塾」も開いて、専従を置き、青年と農本社会の建設を目指した。[*47] これも春秋社の盛業の継続を頼みとしたものであった。顧問という名目で実際上経営者の一人であった加藤は、中山と東京を往復する生活を続けながら、自説「農本主義」の実践を試みた。

この間に加藤が主張していた「農本主義」（加藤がこの言葉の創始者だという[*48]）は、前の時期に比べて変革思想の色が希薄になっている。人間の生きるべきあり方について、自我を抑圧する国家や制度や虚偽の自分を打破していこうとする外向きから、ひたすら自己の充足・完成をめざす内向きの方向に変わってしまうのである。加藤は人類の生活が「農」を本とすべきである理由を次のように説明する。

一つは、農業は食料や原料を生産する人類の生活の根本的な営みだからである。農業以外の商工業は農業生産物の加工や流通を扱う、二次的な重要度の低い産業ということになる。

もう一つは「農は自然と融合し、自然と共に宇宙的生活を生きる事」[*49]であるからで、ここでいう「自然」は「価値以上……道徳以上……それ等（価値、道徳─筆者）を含めての更に更に大なる生命……絶対である」[*50]という宗教的なものである。

加藤にとって農業は、人間が選択すべき、道徳的に正しい営みであった。こうした正しい農業生活＝「大地に立つ生活」「農本社会」を、『原始』、『農民』、『大地に立つ』、『農村社会研究』、『農本社会』などの雑誌で主張し、青年読者を獲得した。１９３１年には日本村治派同盟に参加、３３年には『農本主義理論編』『農本社会哲学』を刊行し、「農本主義」のオピニオン・リーダーの一人としての歩みを続けた。

しかし、春秋社の好調な経営は長く続かず、やがて加藤は会社の債権者のもとを駆け回らなければならなくなり、ついに１９３２年６月川崎市小杉の質素な家に移った。中山を離れなければならない

＊45　三原容子「加藤一夫の思想──アナキズムから天皇信仰への軌跡──」（『社会思想史研究』第14号、１９９０年10月、１０６─１０８頁（本書所収））。

＊46　売れ行きの見通しがよく（「吉祥寺より（編集後記）」、『原始』、１９２７年３月、59頁）、前借をして建てたのだが、当時は成金のうわさを立てられたらしい。加藤一夫「手紙代りに」（『大地に立つ』創刊号、１９２９年10号、７頁）。

＊47　農本塾については、加藤一夫『貧者の安住』（不二屋書房、１９３５年、52〜70頁）参照。

＊48　加藤一夫『新農本主義』（冨岳本社、１９４７年、１頁）。

＊49　加藤一夫『農本主義　理論篇』（暁書院、１９３３年、３２６頁）。

＊50　（49）と同じ、20頁。

事情を、加藤は次のように反省する。「此の村では私は私の生活を立て、行く事が出来ない。若し私が、多少の貯へをもつて居たならば尚こゝに止まつて経済の建直しをする事も出来たであらう。若し私が、真に農民的生活を送つて居たならば、文筆労働者の受難期なんてものに脅かされる事がなく、悠々と畑を耕して居る事も出来たであらう。私の悲みは実に、私が最も善いと信じて居る此の百姓生活に我ものとする事が出来なかつたと云ふ事である。」[*51]。出版社の好況を当てにして中途半端な農耕生活を送っていた加藤は、無産者の生活を始めねばならなかった。そして一年後、「今になつて私ははじめて、ほんたうに心の底から、自分といふものの虚しいこと、自分は自分の知慧や力で生きてゐるのではなく、ただ生かされてゐるものだといふこと……自分はたゞ、その大きな活かす力と宇宙の大きな組織とによつて保たれてゐるにすぎないのだといふことを悟つたのだ」[*52]として、自分の心境を「出家」と表現した。今までは生活態度や心境に無理があったが、今や喜びと感謝の念に満ちて行えるようになったのだと、感激をもって語られ、決して転向と意識されていない。以後、キリスト教の神が『古事記』の三柱の神であることや[*53]、天皇が神であることを論証し[*54]、自分を生かしてくれる宇宙神とキリストや天皇とを合体させ、侵略戦争を含めた現状を全面的に肯定していく。

加藤は農本主義を東洋本来の思想であって、西洋の唯物文明の思想に対立するものであると二項対立的に考えていた[*55]。しばしば指摘されるように、西欧ルネサンス以降の人間中心的で科学主義的な思考によって自然を対象として見る態度と、自然と一体となる東洋の態度とは、根本的に異なる面を持っており、加藤の指摘は正しさを含むものである。しかしながら加藤の場合は、この二項対立を単純に拡大適用して、農本主義の日本・天皇をいただく日本を一方的に正しいとし、唯物文明を代表する米英やそれにだまされている中国民衆を誤りとする図式を建てて、戦争の正当化に多大の貢献をしていった。

●鑓田研一（1892〜1969年）

管見の範囲では現在のところ、鑓田研一に関する研究は見ていない。農民文学・農民運動関係、キリスト教関係、伝記の他、ハウツー物も含めるとおびただしい数の著訳書がある。妻はアナキズム女性運動、消費組合運動（今日の生協運動）に活躍した貞子である。

山口県岩国に生まれ、神戸中央神学校卒。短歌は金子薫園門下である。1914年頃より短歌や評論を『新潮』などに発表、1918年『トルストイの生活と芸術』を大阪トルストイ研究会から出し（未見）、1916〜18年、雑誌『トルストイ研究』には多くの翻訳を発表した。京都・福井での牧

＊51　加藤一夫『貧者の安住』（不二屋書房、1935年、10〜11頁）。
＊52　加藤一夫『私は出家した』（学芸社、1936年、2頁）。
＊53　加藤一夫「基督教の日本化」『私は出家した』所収　374〜385頁。
＊54　加藤一夫『日本信仰』（恒星社、1938年）、同『天皇信仰』（龍宿山房、1941年）など。
＊55　三原容子「加藤一夫の思想――アナキズムから天皇信仰への軌跡――」（『社会思想史研究』第14号、1990年10月、109頁〔本書所収〕）。

師生活を経て1924年に上京し、教会史の翻訳などをしながら『農民』『農民自治』などの雑誌に農民運動・農民文学運動の理論・評論を発表した。農民運動関係の論文集に『無産農民の陣営から』がある。1934年以降、賀川豊彦・徳富蘆花・河上肇ら多数の人物の伝記を出版した。鑓田の執筆分野は広いが、社会思想・社会運動の分野の評論はトルストイの「無政府重農主義」を問題として述べたものと、そこから発展して独自に「無政府重農主義」「農民自治主義[*56]」の理論を構築したものにほぼ限定される。

加藤一夫は鑓田の『伝記小説賀川豊彦』の跋で、著者を「神学校を出でて教会に牧し、トルストイに私淑して田園に隠れ、更にクロポトキンに共鳴して農民運動の一先駆となつた」と紹介している[*57]。鑓田によると、1915、16年~18、19年のトルストイ研究熱最高潮のころ、「私は大阪で百島《ももしま》操《みさお》氏と二人で「大阪トルストイ研究会」を組織して、講演会を催したり、折柄来朝したトルストイの第四子レオ・トルストイの歓迎講演会を土佐堀の基督教青年会館で催したりした。小規模ではあつたが出版もやつた[*58]」という。雑誌『トルストイ研究』については、「雑誌全体の空気が、何等かの意味でトルストイを難じなければ自分の見識にかかはると云ふやうな調子になつて来」て流行が下火となっていったが、「彼の無政府重農主義が問題にされたことは一度も無い[*59]」、そこで反駁文を書いたが結局廃刊で発表されなかった、と述べている。

鑓田の主張によれば、トルストイの社会思想の中心点は「無政府重農主義」であった。啓明パンフレットの『トルストイの新研究　その無政府重農主義について』は、アナキズムとマルキシズムとトルストイズムの三つの特質を比較対照することによって、トルストイズムはクロポトキンらの無政府共産主義と同様に、あらゆる国家形態を否認し、道徳的には共愛主義（相互扶助主義）、経済的には社会主義をとっており、トルストイとクロポトキンには多くの近似点がある、と結論している。

では鑓田の「無政府重農主義」は現在の社会をどのようにとらえ、理想社会はどのようにあるべきだというのだろうか。「僕たちは農村と都会との根本的関係を科学的に認識して、其の上に凡ての理論を打ち建てゝゐる」と誇る鑓田は、「現在の資本主義社会に於いては、農村と都会とは絶対に（絶対に！）対立する。農村は絶対生産体であり、都会は絶対消費体（商業都市）若しくは相対消費体（工業都市）である。……農村と都会との以上の如き対立に対する認識から出発しない者は、農村と都会との関係問題を論じたり、農民と労働者との提携問題を論じたりする資格を持たない」[*60]と断言する。なぜ資本主義社会では農村と都会が対立するのか。「資本主義は取りも直さず重工主義であり、重工

＊56　個人的立場では「無政府重農主義」を用い、戦線としては「農民自治主義」が使用されるという。『無産農民の陣営から』（「序文」、全国農民芸術連盟出版部、１９２９年）。

＊57　鑓田研一『伝記小説賀川豊彦』（不二書房、１９３４年）。

＊58　鑓田研一『トルストイの新研究　その無政府重農主義について』（啓明パンフレット第15冊、啓明会本部、１９２７年5月、2頁）。

＊59　(58)に同じ(3頁)。同じ内容で「トルストイの道徳論と其の批判」(『教育の世紀』5―4、１９２７年４月)、「トルストイの重農主義」（『農民』１―１、１９２７年10月）などがある。

＊60　(56）に同じ（１４６頁)。

主義は農民を搾取することに依つてのみ成立し得るのだからである。」と明解である。将来は重農主義の社会にしなければならない。「重農主義的経済組織の下に於いては、農業生産が本となり、農業生産が原料品を提供してくれる範囲内に於いてのみ工業生産が行はれる。かゝる経済組織を人的に安定させ得るのが、無政府主義――自由又は自治の原理に力点を置いて――である。しかしまた、無政府主義を経済的に安定させ得るものは重農主義のみである」[*61]。運動も「農民が主体となり、労働者は其の同盟軍となるべきである。……労働者自身の立場は飽くまで同盟軍としてのそれを乗り越えてはならないのである」[*62]。そしてまた、こうした見解をクロポトキンも語っているという。[*63]

鑓田は、千歳村八幡山の家で畑を耕作しながら執筆生活を続けた。農業や農民運動の評論執筆以外にキリスト教関係の仕事や翻訳の仕事に忙しかったようである。[*64]

●木村荘太（1889～1950年）

木村荘太の『林園賦』（1935年）の中の「心の繋がり」と題した多くの知人友人の文章を集めた中に、「隣人の友社」（中里介山）の木村紹介がある。「徳富蘆花はよく書いたけれどもよく耕したかどうかはわからない。江渡狄嶺はよく読むことは読んだが書くこと、耕すことは余り得意ではない。そこへ行くと本書の著者はよく読み、よく書き、よく耕すことに於て三拍子そろったものだ」[*65]。また石川三四郎は、木村が「生活で子供を育てる」方針をとり、学校へはやらないで二人の子どもに畑をあてがって勝手に使わせ、また各教科も順次教えていることを紹介している。[*66]

木村は東京に生まれた。父は大手の牛肉店いろはを営み三十人の子を認知しているという家庭であった。荘太は父にとって四番目の男児であり、姉に「婦女の鑑」などを発表した女性作家木村曙、弟に画家の木村荘八らがいる。文学の道に進み、島崎藤村、武者小路実篤、福士幸次郎ら多くの若き作家との交流がある。1913年には、当時辻潤と同棲していた伊藤野枝への恋愛があった。1918年、武者小路が「新らしき村」を始めたときに妻とともに参加し半年で出たことがある。[*67] 関東大震災後の1923年12月、千葉県の成田に近い三里塚の地に移って農耕生活を始めた。農耕生活の中で書かれた木村の文章は、『農に生きる』(1933年)、『晴耕雨読集』(1934年、『農に生きる』の改訂増補版)、『林園賦—新農場生活記』(1935年)に収められている。それらによって、木村が

*61 (56)に同じ(147頁)。
*62 (56)に同じ(148頁)。
*63 鑓田研一「農業と工業との関係について」(『農本社会』第4号、1932年5月)。同「クロポトキンと農民運動」(『黒旗の下に』第6号、1933年4月)。
*64 この時期、平凡社の『新興文学全集』や『社会思想全集』の一部巻、『ユウセビウス信仰史』など、多くの訳業がある。
*65 木村荘太『林園賦—新農場生活記』(建設社、1935年、226頁)
*66 (65)と同じ(210頁)。
*67 木村艸太『魔の宴』(朝日新聞社、1950年)は木村の自伝である。この書の出版を直前にして木村は自殺した。現在『近代作家研究叢書』(日本図書センター)と『日本人の自伝』(平凡社)に収められている。

なぜ農耕生活を始めたのか、どのような生活をしていたのかを見てみよう。

木村を農耕生活に導いたものはトルストイとクロポトキンであった。トルストイについては徳富蘆花を通じて影響を受けた。蘆花は「東京の町中に育った私に、自然の風物情景に対する愛を吹き込んで、その美に眼を瞠かせた」と言う。また、「只、一言、私をトルストイに導いたものが、蘆花の著作であつたと云へば、それだけで十分だらうと思ふ」[*68]としている。しばらくトルストイに熱中した。

クロポトキンへは島崎藤村に導かれた。「…生きかたを尋ね求めて、私が探り着いたようになっていたもののなかには、…藤村氏にもはじめて会つたころ勧められて一部を借りて読んだりしていた、クロポトキンの影響によるものなども生きていた」[*69]。藤村は木村に「手の仕事は心を静かにさせるものです。私は原稿紙も、木版で、いま自分で刷つて見ています。頭の仕事と、手の仕事。これを読んでいなかつたら、読んで見てご覧なさい」と言って、クロポトキンの洋書『農場、工場、仕事場』、特に「頭脳労働と手工労働」の章を読むようと勧めた[*70]という。

こうして木村は、まず「新らしき村」に参加するが、そこに失望したのち、友人の水野葉舟[*71]の開墾小屋を訪ねたのを機に、自分たちも東京郊外の生活をすべて引き払って移ってきたのであった。電気もなくコンサートなどの文化とも無縁の地へ移る意図を木村は次のように述べている。「とにかく、田舎で土を耕す人達に伍して、自分も手足を働かして生き、その合間に勝手に考へたいことを考へたり、したいことをしたりして生きてゐられたら、都会に住むよりは気持よく、安心が出来るだらうと思つて来た」[*72]。「私は気持がいゝ、生活をするがためには、隣人や同胞の搾取の上に自分の生活を出来るだけ打ち建てたくない。そこで私はそれがためには、托鉢の生活以外には、昔から今までに世にたった一つしかない方法として、田舎で畑を耕して生きて行かうとする生活を選んだ[*73]」。また搾取と無縁の生活をするには「心が澄んで、生活が単純化されて、その一方農耕上の知識や、設備や、技術に今の最も進歩してゐる方法が取り入れられゝば、何も年中朝から晩まで広い大地の上であくせくしなくとも、嘯いて生きて行くに足る生活が得られる筈だといふのが私の今持つて行く信条である[*74]」と帰農五年半後に語っている。搾取せず、搾取されない気持ちのよい生活を木村の場合はほぼ実現させたように思われる。

木村はよりよい農業に向けて前向きだった。これは、農業のやり方によって長時間労働の必要がな

＊68　蘆花会編『徳富蘆花　検討と追想』（岩波書店、1936年、201〜202頁）。
＊69　（67）に同じ（196頁）。
＊70　（67）に同じ（75頁）。
＊71　本名盈太郎、1883〜1947年、文学者。江渡狄嶺とも親しくしていた。子どもを（男児を除き）学校へやらずに家庭で自分と妹とで教えていたことが、水野葉舟「教育と生活」（『教育即生活論』文教書院、1922年）に見える。三原容子「学校無用論と教育運動——下中弥三郎と江渡狄嶺を中心に——」（『日本の教育史学』第34号、1991年〔本書所収〕）でも触れた。1924年2月より三里塚に移り住み、一町ほどの借地で農業を始めていた。
＊72　木村荘太『農に生きる』（暁書院、1933年）は1927年から33年のエッセイを集めたものである。（32〜33頁）。
＊73　（72）に同じ（123頁）。
＊74　（72）に同じ（124頁）。

くなり、筋肉労働と知識的労働との調和のとれた生活ができるようになるというクロポトキンへの共鳴によるものでもある。産卵能力の高い鶏の育雛を工夫して能力検定で優秀な成績をおさめ、多角的有畜農業をめざし、村の青年たちと印東養鶏改良組合を作っている。農業の合間には成田山新勝寺の図書館へ通う生活が次第に確立されていった。「動物――大小動物から、家禽の類ひまでを野外で取り扱つて、頭と手足の適度なる働きとが調和する世界。都会的インテレクチユアル・ライフと、田園的なマニユアル・レイバとが伴ふ世界」、その理想は都会からの田園的―機械的へと目指す方向と、田園からの都会的―文化的へと目指す方向の交差点であり、そうした二つの交流は、今の趨勢では田園で果たされる傾向があると[*75]、9年余り農耕を続けてきた木村は述べることができた。

3 その意義と危険性

(1) 意義

これまで見てきた、農耕志向者全員に共通する意義について考えてみたい。

①歴史的意義

(2)の①石川三四郎のところでアナキズムの特徴に触れた時、アナキズムの曖昧さについて述べた。いうなれば「理論以前」の状態である。トルストイの影響を受けて農耕生活に入って行った人びとも、その思想は「人道主義的」とでも呼べる、やはり「理論以前」の状態にあった。社会主義者の足尾鉱毒事件への反応を例にとって「理論以前」状態の「功」の面をまず第一に指摘しておきたい。

足尾鉱毒事件では、誰もが日々の報道を目にするような一時の世論高揚期を除けば、地道に田中正造や谷中村民の運動を支援し続けた人びとは、頭で社会運動の理論「イズム」を理解しそれによって運動の意義の大小を見るような人ではなく、生活の残酷さや強者の残虐性や正義の蹂躙という現実をナイーブに受け止めることのできた人たちであった。

初期社会運動における『平民新聞』は、農民の問題より労働者の問題を重視する傾向があって、同じ時期の足尾の二つの問題のうちでは、鉱毒問題よりもむしろ足尾銅山の労働者の暴動に積極的に関心を示した。[*76] 社会主義の中心的人物の幸徳秋水と堺利彦は谷中村の問題を小さな問題と考えていたので、それればかりを説く田中正造を迷惑がっていたという。[*77] 大杉栄は、学生時代から鉱毒の問題をよく知っていたが、長い間、人ごととして済ませていた。しかし、谷中村問題を初めて説明を受けて憤り興奮する伊藤野枝の手紙によって、理知や理屈によって社会運動を理解するのではなく、憤りやあわれみなどの感情を理解することの大切さを覚ったという経験をしている。[*78] 足尾鉱毒事件は、後代になっ

＊75　(72) に同じ (367頁)。
＊76　隅谷三喜男「鉱毒問題と社会主義運動との交錯」(『田中正造全集』の「月報」14、1979年)。
＊77　たとえば、石川三四郎「田中正造翁の思い出」(『田中正造と足尾鉱毒事件研究』5、1982年、177〜179頁)。
＊78　大杉栄「死灰の中から」(近代日本思想大系20『大杉栄集』、筑摩書房、1974年、150頁)。

てようやく重要性が認識されたが、かつてはそれを認識する理屈・理論がなかった。そうした問題は、正義感や好奇心などのナイーブな感性によってこそ受け止められたのではないか。社会の中で起こっている諸問題のうちの特定の部分しか受け止められない理論は、かえって認識を妨げる作用があるのではないだろうか。[*79]

農業への志向、自然の中で生きる人生という問題も、このような「理論以前」状態の中でこそキャッチされた。逆に言えば特定の理論で社会の現実を判断する習慣を持ってしまった者には受け入れにくいものであった。理論の存在が常によい方向に働くとはかぎらず、理論がなかったからこそ切り捨てず受け入れたということは、重要なことではなかろうか。

第二には、たとえ理論までは昇華していなくとも、他の思想グループとの間の明確な境界はなくとも、農業の生活がもっとも正しい生き方であると考えるという一つの特徴を持った思想が歴史的に存在したということを強調したい。この存在を認めることから、今後の歴史研究に向けて多くの新しい課題が出てくるのではないだろうか。あったものをあったがままに、この思想のバリエーション、他の思想集団との人的関係、理論的関係などを追究して行く必要があろう。戦前の国家主義の色がついているから避けるとか、「自然にやさしい」から全面的に賛同するというのではなく、さまざまな視点からの検討がなされる必要がある。

②現代的意義＝普遍的意義

人間は他の生物とは異なって、農業という営みを開始して人口を増加させ、地球の景観を変えてきた。そしてその後、再生不可能な燃料や資源を利用して、生産と消費をぐんぐん拡大させてきた。しかしながら、ある一定の条件の環境がなくては生存できないという事情は変わることがない。生存に適した太陽光線や空気、水、土壌などがなくては生きられず、生きるための資源のすべては地球上から得るしかないし、ゴミの捨て場も地球しかない。

膨大な数の人びとの生活を長期間にわたって保障していこうとするならば、再生可能な形で農業（採集などを含む）を営んでいく以外にないというのは、人間にとって動かすことのできない進路ではないか。土に生きることは、農業が国富の基であるからではなく、伝統的な生き方であるからでもなく、地球に生きる人間が生きていく上で、普遍的に続けられるあり方だからではないだろうか。

1で、自然と人間の関係、人間社会の関係という二つの問題を挙げたが、前者の面においては、基本的に彼ら農業志向者たちの試みを認めたいと思う。しかし後者の面では、いささか問題がないとはいえない。次に問題点を指摘したい。

＊79　この問題については「足尾鉱毒事件と社会運動の思想」と題して、群馬県館林市における、文部省重点領域研究「文明と環境」の「日本エコロジズム」研究班公開研究会（1993年10月）で口頭発表した。

（2）危険性

すでに見たように、石川三四郎の〈自然〉、加藤一夫の「土」など、彼らの思想における「自然」や「土」には、実際に農耕を行うときの土壌や気温や雨といったものだけではなく、社会理想像、哲学的倫理的宗教的なよりどころといった側面を含んでいた。自分の抱く願いを、物を言わない自然に託するのである。まず第一に、このような〈自然〉の理念的な使用には、十分な注意を払うべきである。

最近の住井すゑも、「宇宙の法則」に自分の理想を託して論じる方法を用いている。「法則」はよくて「人為」はまがったことをする、「人間がすべて平等というのは法則であり、それがこの地球、宇宙の法則なわけですよ。ところが、人為によってその平等が否定される。人為が加わらない法則の世界の調和が、人為が加わることで破壊される」のように。しかし、こうした「宇宙の法則」に則った社会にしようという論じ方は、実は差別のない社会をめざす住井のような立場に立つ者よりも、むしろ現在の差別を温存・強化しようとする者によって用いられることの方が多い。たとえば、女に生まれたら結婚し男に尽くし子を生み育てるのが「宇宙の法則」だなどと、まことしやかに語る者たちもいる。[*80] 一定の社会観が投影されて自然観が成立することは、クロポトキンが生物界に「相互扶助」の社会を見いだしたことにも見られるが、「自然」は一定の像にして捉えられるほど小さくも単純でも一様でもないだろう。理想を「宇宙の法則」を借りて論じることは、批判を許さない絶対性に依拠することになりやすい。したがって、「自然」を人間社会に当てはめて使用するときは、抑制が望まれるのである。

次に、農耕志向と国家主義・天皇信仰などとの結び付きにも関わる、「肯定」作用の持つ危険性である。松本健一は、『中里介山』の中で、なぜ数多いトルストイアンがのちに農本主義思想へ赴いたのかの大すじが今読めてきたとして、「トルストイ熱から醒めることによって、政治と宗教の平和的共存をわがくにのムラ共同体の原理のうちに求めていったのだ。そしてそのことによって、かれらは日本的ファシズム思想ともいえる、農本主義思想へと到達したのである」と論じている。[*81] 筆者の指摘したい点と通じるように思う。

土に生きよう、自然に則って生きようとするとき、自然に対して利用し改造する対象として向かうのとは異なり、そのままに受け入れる姿勢を伴ってくる。そして、この「自然」を人間社会と無際限にダブらせて見るとき、社会的事象（人為）の領域までもすべてを感謝の気持ちで受け入れることにつながってくる。ところで、日本において、批判しにくい形で存在してきたものに、ムラ共同体と天皇があった。ムラ共同体の実際生活が崩れつつある時代には理念が一人歩きして夢を見せがちであったし、天皇の問題も、今日と同様、天皇（天皇家）が政治権力とは無関係と見なされるようにシステムと演出が計られていた。こうした通路によって現実の社会のありようを「自然」として肯定すると、

＊80　三原容子「〈書評〉住井すゑ著『二十一世紀へ託す』」（『ひょうご部落解放』第49号、１９９３年１月）。住井は農民文学運動の犬田卯の妻であり同志であった。

＊81　松本健一『中里介山　辺境を旅するひと』（風人社、１９９３年、１２３頁）。

歯止めがないかぎり転向意識なしに事大主義や権威主義へと堕ちていく。

西村俊一は安藤昌益、田中正造、下中弥三郎、石川三四郎、江渡狄嶺らの「日本のエコロジズム（農民自治主義）」の系譜を非常に高く評価し、その特質を「（1）自然との調和、（2）人間の自立、（3）国際連帯への志向、を三位一体として含む社会改造の思想」と説明している。[*82]（1）は明らかに存在したが、（2）と（3）については、課題が残る。下中の国家主義運動は有名であるが、たとえば新日本国民同盟や大日本党への積極的な係わり、また江渡が弟子たちに天皇の尊さを教えたことなどは、どう理解したらよいのだろうか。

先にも指摘したように、彼らの主張は「理論以前」段階であったため、思想の変化を自己評価する際に則るべき原典などはなく、どこまで行けば境を踏み越えてしまうかを判断するよりどころはないに等しい。社会的な行動の規範としての「自然」という理念は、時代の変化の中で自分を律するときには、あまりにも解釈自在なのでよりどころにならなかった。こうした危険性は今日も変わっていない。

今後危険な道へ進むことを防ぐ手立てはあるように思う。硬くて高い理論体系の塔をうち建てる必要はない。守るべきポイントを押さえておくことが必要である。守るべきポイントを否定しようとするものに対しては、肯定の姿勢をきっぱりと捨て抵抗する必要が生じてくる。それでは、何が守るべきものであるか。私見では「あらゆる人間の尊厳」「人権」ではないかと考えるが、論議を待ちたい。石川三四郎や田中正造の姿勢のすがすがしさは、べったりの肯定ではなく、凛とした反逆的姿勢を保っていたからではないかと考えるが、思い入れがすぎようか。

＊82　西村俊一「日本のエコロジズムと教育(6)」(『国際教育研究』第13号、1993年3月、1頁)。

第二部　農本的アナキズムの思想と運動

Ⅰ　石川三四郎

石川三四郎とカーペンター、ルクリュ

【初出…1983年7月発行『石川三四郎選集 第五巻　哲人カーペンター、エリゼ・ルクリュ思想と生涯』（黒色戦線社）】

石川三四郎の名を聞いて「平民社で幸徳秋水や堺利彦らと社会主義運動をした人」とだけ答える人はまだいい方で、柔道家や漱石の小説の主人公と勘違いする人もいるほどだ。まして石川が第二次大戦後にいたるまでアナキストとして活躍したことは、著作集が出て選集が続々と出版されている今も、まだまだ知られていない。そして石川がその偉大さを語りつづけたエドワード・カーペンターとエリゼ・ルクリュも、今日、知名度はゼロに等しい。しかし今日は石川が生きていた時代以上に、カーペンターやルクリュがまじめに読み直されるべき時代だと思う。カーペンター、ルクリュについての日本語の評伝は石川によるものしかない。この復刻版発行を機に多くの人が彼らに関心を持たれることを祈りたい。二人についての説明は石川にまかせて、ここでは石川三四郎がなぜ二人の評伝を書いたかの方面から若干私流の補いをして巻末を汚したいと思う。少しでも参考になればさいわいである。

私は数年前に石川三四郎の存在を知って以来、自分がなぜ幸徳秋水や大杉栄ではなく石川三四郎にひかれるのかを考えてきた。しばしば石川の人格や生き方が評価されるが、それだけならば、石川三四郎でなくともほかに人がいるだろう。やはり「土民生活」の語に象徴される思想内容そのものが石川を他のアナキストと区別させるのである。もともとアナキズム思想は、クロポトキンをはじめとして工より農を重んじる傾向があるように思うが、石川の場合、ことにそれが強く「農本主義的アナキズム」といってよいくらいである。石川は一貫して「土に還れ、土に還れ」と説き、自ら実践したのであった。

その石川三四郎が、それぞれ1907年頃と亡命中に知って以来、さかんに生涯・思想を紹介し高く評価したのがカーペンターとルクリュである。望月百合子氏と発行していた個人紙『ディナミック』(1929年から1943年まで、全五十九号、黒色戦線社より復刻)で、ルクリュ誕生百年とカーペンター死去一年に特集を組んだり、戦争中の1943年にカーペンター生誕百年記念を催したり、最後は惜しいことにルクリュの『地人論』翻訳未完成に心残しながら亡くなった、というように生涯にわたってほれこんだのであった。ほれこんだのは、やはり彼らの思想に共鳴し、同時に思想と矛盾しない自制的な生活を送ることに感激したことによるだろう。以下では石川に対するカーペンター、ルクリュの影響を私なりに解釈してみようと思う。

石川がカーペンターを知ったのは１９０７〜８年の獄中であり、出獄後初めて著書を読んだらしい。当時は日本の社会主義思想が、マルクス主義の紹介が進むにつれて徐々に分化していく時期であった。石川は悩んでいた。社会を変革し理想社会にせねばならぬ。しかしマルクスの歴史理論は信じがたいし、階級闘争などという方法で理想社会が実現されるものとは思えない、かといってキリスト教式に説教を繰り返していてもらちがあかない、いったいどうしたらよいのだろう、と。その解決を求めて猛烈な勉強をした。その成果のひとつがカーペンターの存在を知ったことである。石川がカーペンターによって得たことは少なくないが、そのうちの主なものについて列挙しよう。

カーペンターは自ら鍬をとって半農生活をしていた。またアニミズムに近い考え方の持ち主である。カーペンターの自然と一体になった生活に石川は衝撃を受けた。この場合の自然とは花鳥風月といった情緒的な物ではなく、人間をとりまく大地や四季の変化といった具体的な物・現象である。それまでの社会主義でとりあげられてこなかった、最も根本的で普遍的で不動のもの、後に石川によって「大地」とか「土」とか「宇宙」などとも呼ばれた「自然」こそ、人間の生きる上で準拠すべき存在であると、石川はカーペンターから示唆を受けたのである。理想社会では、自由・平等・相互扶助だけでなく、自然と一体になった生活がなされるはずであり、またそこに至らない現在においても、カーペンターのような生活をできうるかぎり実行していかなくてはならないと、石川は考えた。

またカーペンターは、もともと身体・精神ともに調和のとれた健康な野蛮時代があったが、文明がはじまって統一が破れて、人間と自然、個人と「真自我」、個人と社会がそれぞれ隔てられたと説く。原始に理想像を求めるカーペンターの姿勢は石川の歴史観に影響し、東洋の古代史研究や未開民族、古事記の世界へと石川をさそった。

それでは今後我々はどうするべきか、という問題に関して、カーペンターは、石川が入獄以前から行なっていた「伝道」式運動を権威づける役目をしたのではないか。つまり、革命を必要とするときがあることを認めるが、その準備としても、革命以上に重要なのは、理想を抱きその理想を今日から実行・生活していくことであると石川は達観したのである。階級闘争による理想社会の到来を納得できなかった石川にとって、カーペンターの方法は納得のいく目的・手段の一致であった。

石川三四郎がエリゼ・ルクリュの著作を読んだのは亡命中（１９１３～２０年）にエリゼの甥で後継者のポール・ルクリュ家に長く世話になったのが縁である。本文中にもあるとおり、ルクリュはクロポトキンと並ぶ無政府共産主義の確立者であると同時に、膨大な著作を著わした地理学者でもある。石川に対するルクリュの影響はカーペンターほど衝撃的なものではないが、やはり大きなものである。石川はアナキズム宣伝の方法として、カーペンター流の生活態度による感化や実際運動とともに、歴史や人間性に関する研究を深め発表することも重要視していたが、その重要性を痛感させ、石川の手本となったのが、ルクリュの諸著作であろう。

私はルクリュについては石川が訳したものしか読んでいないが、とくに『地人論』などは、読後にクロポトキンの『相互扶助論』や『倫理学』と同様のある種の感激を起こさせる。人間の本性は「万人の万人に対する闘い」などではなく、特別の権力なしで十分に調和のある生活をしうるものだということを訴えかけてくるのである。ルクリュの場合はそれに加えて、地球の上の様々な地形・風土に生きる人間の生活のあり方を描くことによって人間と自然との調和の絵巻を展開してくれる（『地人論』は『石川三四郎選集』第6巻）。詩人カーペンターとは異なった、十分な実証的研究のもつ説得力を石川も痛感したことであろうと思う。

１９３０年代、石川は史的唯物論に対抗する必要もあって歴史哲学の研究に多くの時間をさき、諸学者の著書を読破しつつ自分の理論を建てたのであるが、その骨格となったのが、ルクリュの歴史論である。歴史の多元性、複雑性、いわゆる進歩論への疑問、無限の世界における人間の生き方等々、石川はルクリュを受けた形で論じたのであった。

そのほかルクリュの「裸体美論」なども石川は自分の薬籠中の物にしている。

カーペンターが石川三四郎の思想形成の上で突破口を開いたものとするならば、ルクリュは、さらに展開させることに貢献したといえるだろう。

最後に石川が何度となく引用する『地人論』の一節を、またまた重複するが引用して拙稿を終わりたい。カーペンターに教えられた自然と人間の関係、ルクリュの進歩論・人間論がよくまとまった部分だと思うからでもある。

「個人的、或は社会的の、生活の或る舞台が幸福を成立するのではない。幸福とは、人が自己の欲する一定の目的に向って進むという意識にある。吾等の起源、吾等の現在、吾等の近き目的、吾等の永遠の理想を達観し体現して、地球そのものと一体になり、又、人類一体の意識を確かりと握り、人類や動物や植物やの各自の生活に適する様にその環境を分配し、整理し、吾等の庭園即ち地球を耕作し、吾等を繞囲する陸と海と大気とを整頓する。すなわち此の如くにして進歩は始めて行われるのである。」

1983年4月26日

石川三四郎の歴史哲学

【初出：1984年3月発行『石川三四郎選集 第四巻 西洋社会運動史』（黒色戦線社）／原題「執筆動機と背後にある歴史観について」】

『西洋社会運動史』が復刻されることになった。ここ数年間の間に『ディナミック』（1975年 黒色戦線社）、『石川三四郎集』（1976年 筑摩書房近代日本思想大系）、『石川三四郎著作集』全八巻（1977～79年 青土社）がぞくぞくと出版され、私たちはようやく石川三四郎（1876～1956年）が残した著作の多くを簡単に手にすることができるようになったが（著作目録が『著作集』第7巻にある）、『東洋文化史百講』全四巻と並ぶ大著である『西洋社会運動史』だけが未完のまま残っていたのである。今回の復刻で黒色戦線社の『石川三四郎選集』が完結し、同時に石川の主要著作のすべてが改めて世に出たことになる。

『西洋社会運動史』は『西洋社会主義運動史』の解説（本書〔初出本を指す〕に採録）で大沢正道氏

が書いておられるように、1907（明40）年に執筆をはじめ、最終の1950（昭25）年の改訂増補版発行まで、半世紀近くにわたって手が入れられた著作である。全体を書き改めたことがないからだろう、明治時代に書かれた部分あり（のちに望月百合子氏によって漢文調を口語体に書き改められてはいるが）、第二次大戦後に書き加えられた部分あり、といった具合で、論調もその時代ごとにややニュアンスを異にしている。石川三四郎の生涯をたどったことのある者にとっては「西洋社会運動の歴史」としてのみでなく、石川のその時点での見解が表われている書としてもおもしろい本である。

本書の学問的価値について私には判断できない。記述の多くの部分が、横文字の参考文献を要領よく縦書きにする、当時ごく一般的だった方法によるものであると思われるし、ひょっとしてその後の西洋史研究で訂正された箇所があるかもしれない。しかし過去においては社会運動の歴史を知ろうとする多くの人に読まれたし、今日においても、残念ながら類書がないので本書を読む以外にはない、という点については、自信をもって断言できる。とくにマルクス主義を軸にする見方以外の歴史観で社会運動史を著わした書は、今後もしばらく出そうにないので、石川三四郎の『西洋社会運動史』は長くその存在価値を失なわないだろう。

〈執筆までの経緯〉

石川が自らをアナキストと認め、アナキストとして行動するようになると、その時期に書かれた部分には自ずとアナキズムの立場が出てくる。しかし、そもそもの初めは「成るべく公平な立場にあって事実を序述したい……西洋人に書けない社会運動史を書きたい」（1927年版序文）と書き始めたものであり、その方針は半世紀後の改訂増補版にまで貫かれている。『西洋社会運動史』は最初の刊行の時、既に菊判800ページもあった。そのような大著をなぜ書こうという気になったのか。その理由をさぐってみたい。

執筆開始は1907（明40）年の獄中である。それまでの数年間、石川は『平民新聞』『新紀元』『世界婦人』『（日刊）平民新聞』の編集執筆に、社会主義宣伝に、（足尾鉱毒事件の）谷中村《やなかむら》の支援活動に、多忙をきわめていた。当時の石川は社会主義というものをどのように考えていたのだろうか。

当時は階級闘争論、総同盟罷工などの西洋社会主義の紹介が徐々にすすみ、日本の社会主義者の間で「社会主義」の姿が次第に明確になると同時に分化していった時期である。たとえば「平民社」の仲間が1905（明38）年にキリスト教社会主義」の『新紀元』派と「唯物論的社会主義」の『光』派に分かれ、1907年2月（石川の下獄は3月）の日本社会党第2回大会では田添鉄二らの「議会政策」論と幸徳秋水らの「直接行動」論が対立した。まだ労働者が少ないこの時期に、社会主義運動をめぐる論議は激しく闘わされていた。

その中にあって、石川三四郎は木下尚江らとともに「キリスト教社会主義」者に数えられた。石川は海老名弾正から洗礼を受けた（1901年）クリスチャンであり、日露戦争勃発前に堺利彦・幸徳秋水の非戦論に共鳴して『万朝報』をやめ平民社に入社（1903年）して以後、社会主義運動に参加していたのであった。石川の「社会主義」はマルクス・エンゲルスらによって展開されたそれではなく、彼の解釈するキリスト教の精神——同胞相愛や万民平等——を各人の精神の中だけでなく、社会的に実現しようとする、言い換えれば地上に天国を作ろうとする考え方であって、理想主義的精神主義的な色彩が強い。『平民新聞』創刊号の宣言には「多数人類の完全なる自由、平等、博愛を以て理想とす」とあるが、それは正義感みなぎる石川の理想と完全に合致するものであった。理想を実現する手段について宣言では暴力を否定して「多数人類の輿論を喚起し、多数人類の一致協同を得る」としているが、石川自身も「輿論を喚起」する以上の方法は全く考えていなかった。講演会、演説会、デモ行進、新聞やパンフレットの発行が主な運動形態であった。

この石川がどうしても同調できなかったのが、堺利彦らの「階級戦争論」（階級闘争論）や政党活動（日本社会党の結成）であった。自由・平等・博愛の世の中を作るために、なぜ「徒らに運動の成功を急いで、労働者の利欲を挑発し、殊更ら階級憎悪の念を助長する」ような理想に反したことをするのか（「階級戦争論」）、なぜ政党などという「才子、俗物が世話懸引を巧みにして、野心を恣まゝにするに宜しき」ものを作るのか（「堺兄に与へて政党を論ず」）。石川には納得がゆかなかった。それらの手段は目的の理想社会と矛盾するように感じられたのであった。

それならばそれらに代わるいかなる方法があるか、という問題になると、石川にしてみても有効な策があったわけではない。社会主義の理想と、それを実現する必要とを宣伝する以外になかった。弾圧の下では努力してもなかなか成果があがらず、石川はひたすら自己に対して運動に献身する覚悟を求めたのであった。

石川が目的に矛盾すると見た堺らの手段も、政党活動や階級闘争は社会主義社会実現のために不可欠な段階であるという理論によれば正当化しうる。すなわち必然的な歴史法則によって、そうした闘争を経て労働者階級が勝利し、社会主義の社会が、さらには共産主義の社会が建設されるとする史的唯物論である。石川が堺らに同調できなかったのは、根本的にはこの理論を受け入れず、却って疑わしいものと見たことによる。その理由としては、キリスト教社会主義は社会主義ではない、我々こそ正統であると称していた、いわゆるマルクス派の人々の傲慢に対するキリスト教社会主義者としての反感や、理想主義の傾向が強く理想と相反すると思われる手段を受け入れにくい潔癖さなどがあげられよう。

マルクスの理論は承服できないが、それに反論するだけの知識もない、壁にぶつかっていた石川にとって、新聞記事による罪で入獄したのはまたとない好機会であったといえよう。1907〜8（明40〜41）年、十三か月の禁固刑であった。下界の実際活動とは隔離された、きびしいが静かな獄中で、石川は同志による図書差し入れの支援を受けながら、たっぷりと勉強することができた。

日本の社会運動は混乱し石川自身進路に行きづまっている。それ以前にも社会主義関係書を読まなかったわけではないが、突破口を開くためには一から勉強して整理しなおそう、実際の運動に正しい方向を示すにはまず過去の歴史をしっかりとおさえておく必要がある、と石川は考え、そこから「成るべく公平な立場にあって事実を序述したい」の言葉がでてきたと思われる。マルクス主義は社会運動においてどのような役割を果たしてきたのか、自由・平等・博愛の社会を実現しようとして過去にどのような努力がなされてきたのか、が明らかになるような歴史が書かれる必要があった。
勉強の過程で石川は、世界の社会運動には二大潮流があり、その一つがかのマルクス主義の系統であってもうひとつが無政府主義（アナキズム）の系統であることを発見し、自分の考えは後者に近く、また今後の行くべき道も後者によることを確信したのであった。

〈石川三四郎の歴史観〉

たとえ「公平な立場」で歴史を叙述しようとしても、過去に起きた事柄のすべてを等しく書きとめることは不可能であり、どうしても著者の歴史観がはいってこざるをえない。初めのうちは参考文献を消化するだけで精一杯だったとしても、何回か増補改訂を加えるうちには、実際運動や新しい研究によって次第に明確な形をとっていく歴史観が『西洋社会運動史』のそこここに表われるようになっていった。

アナキストを自称する石川には当然、史上のアナキストの行動に共鳴し、マルクスらの行動に反発する傾向があるが、単純に所属する集団のレッテルによって称揚したりこきおろしたりしているわけではない。むしろレッテルやイデオロギーとは無関係に、態度や主観的な行動の動機によって偉大さを感じているようである。石川がエリゼ・ルクリュやエドワード・カーペンターを尊敬したのは、彼らがアナキストだからではなくて、立派な人物だと思ったからである。そのことと関連して、社会運動史上常に登場する路線の相違というものにあまりこだわらない。獄中からの書翰で「（議会政策も直接行動も）社会主義といふ大理想を実現すべく何れも一部の手段たるべしと存じ候、此の前提により て各自が自己の好むところに専心せば、少しも互に相妨ぐること有之間敷候《これあるまじくそうろう》」（１９０７年10月福田英子宛）としたような大局的見地、または大理想と努力の必要性のみ念頭にあって当面の運動方針については無頓着な態度がその後もひき続いている。こうした特徴も、石川の歴史観ともいうべきものを見ることによって、多少理解しうるのではないだろうか。

　そこで次には『西洋社会運動史』を少し離れて、主に『歴史哲学序論』（『石川三四郎集』所収）を見ることによって石川三四郎の歴史観をさぐってみよう。なお『歴史哲学序論』は１９３３（昭８）年に初版、１９４８（昭23）年に第二版が発行されているが、各章が書かれたのは１９２２〜３３年頃である。

　まず石川は「進歩思想」と「進化思想（進化論）」を批判する。「進歩思想」とは、およそ「世界歴史開闢以来、各時代は人類の富や、幸福や、科学や、又恐らくは道徳をも増進した。そして尚ほ増進する」（以下の引用は断わらない限り『歴史哲学序論』）とする考えで、古代にはなかった「近代の思想」であり、今日では「単に思想界に勢力を持つばかりでなく、政治上に於ても権威ある思想となって来た」という。ついで「進歩思想の眼を以て諸生物を観察した時に、自ら進化思想が湧いてきた」。進歩思想を土台にダーウィンやスペンサーの自然淘汰・生存競争の進化論が登場することによって、生みの親である進歩思想の隆盛は自然科学の味方を得てさらに一層確固としたものになったという。

　石川は「進歩思想」に対しては「進歩」の意味を問い直し、「進歩思想」に批判的な先学の説を引いて批判し、また「進化思想」に対しては、ルネ・カントン、アンリ・ファーブルらの「進化論異説」を否定の根拠に用いるなどしている。

進化論と進歩思想を批判するために、石川は相当の精力を傾けた。なぜそれらを目のかたきにしなければならなかったのだろうか。石川はマルクスらの説くところを「社会主義の理想は、社会進化の当然の結果として実現される。社会主義運動はこの社会進化の行程に参加するに過ぎない」と要約し、「必然的進歩、自然の進化が否定されると、社会進化の行程に参加するといふ所謂科学的唯物論的社会主義者の考は根拠を失って了ふ」と考えていた。「『必然的進歩』の思想が進化論の順風に帆を挙げて天下を横行し」「一方に於て人の道義心を麻酔せしめ、他方に於て人類を教唆して野獣の如き競争に走らしめたる」状況下、便乗した史的唯物論がはやっているとなっては、その根拠を放っておくわけにはいかなかった。進化論・進歩思想批判の目的は主にマルクス主義批判にあったのである。

当時広く流布していた俗流ダーウィン進化論は生存競争・優勝劣敗を強調するものであったから、所有関係にもとづく階級間闘争によって歴史が進むとする史的唯物論と図式的に似ている。マルクス主義批判のための進歩思想・進化論批判は、一応理論上の説得力をもつものであったといえよう。しかしながら、１９２０～３０年代の社会運動の中でアナからボルに転向していった者の中には、きびしい状勢の下で眼前の闘争をいかにして闘うかという現実運動のレヴェルでの切実な選択として転向した者が多かったのである。やはり石川三四郎の素質が現実闘争の指導者よりも時と場を超越する思想家向きだったということなのだろうか。（なお進化論について一言すると、今日では生存競争を否定し種のすみわけ理論を主張する今西進化論が登場し、ダーウィン進化論に否を唱えている。）

つぎに問題とされるのは「進歩思想」とは親類関係になる「宿命論」である。将来の理想社会到来を歴史の必然とする説である。マルクスらの〈革命→社会主義の社会→共産主義の社会〉の論はもちろんのこと、クロポトキンの、無政府主義は自然法則によって必然的に勝利するという「楽天的宿命論」をも批判する。クロポトキンもマルクスと同様、自説を「科学的」な研究によって裏づけられたものとしているが、石川はこのような思想が「革命は決してなされるものではなく、時機を得て到来するものであって、革命しやうとするのは無益であり、非科学的であり、滑稽でさへある」と同志に考えさせてしまう結果となったという。

そもそも石川は「科学」を疑問視していた。「所謂科学は……最も複雑な現象までをも最も単純な法則に引下げて説明しようとし、そしてそれに関連する多くの現象を切り離して無視するのである」。知的確実さをもたない「科学」がそれをもっているふりをして「偏狭な心と独断」を招いている、と述べている。その「科学」によって人類の将来像を描くことはおかしいと感じられたし、「宿命論」に必然的に伴う機械的人間観は石川のもつ生命の創造・拡充を基礎とした自由の人間観とは到底相いれないものであった。

それでは進歩思想や宿命論を否定する石川は、いったいどのような歴史観をもっていたのだろうか。マルクス・エンゲルスは最初に歴史法則を確立しておいてから、それによって歴史を見る「非科学的」な歴史学をつくったが、「吾々は先づ白紙状態で歴史の事実に直面する。吾々は一切の成心を拭ひ去つて、虚無の心情を以て事実を洞察する。そして、それを帰納し、演繹する」という。

そうした態度で歴史を見ればどのように見えるのか。「歴史は無常である。人類生活の時間上に於ける無常と無強権とを権威を以て、——宇宙間に存する唯一の絶対性を持った事実として——吾々に示すものは世界の歴史である」、さらに「人類の歴史に常に変遷があり、流動があって、古人をして有為転変をかこたしめ、諸行無常を嘆ぜしめたのは強権主義の遂に無力に終る所以を指示するものではないか。……人類全歴史のメロディックの動態的社会生活相は実に無政府的である」（「社会美学としての無政府主義」）とまでいう。青い地球の表面の変化を人工衛星からながめるようにして歴史を見れば、数年数十年、数百年の単位で権力が次々と交替するドラマが展開するだろう。「メロディック」に……。

その諸行無常の歴史の中に「世界の人類が常に闘争を以て追求して来たもの」、それが「美」である。（ここでは簡単に「美」とは人間があこがれる理想のことだ、としておこう）。人類は常に強権、虚偽、欺瞞などに対して闘ってきた。歴史においては人間の無力さよりも、「闘ひの生命観」が動いてみえる、という。石川にとって、歴史は人類が「美」を求める闘争の絵巻、「それ自体が一種の芸術」である。この論の基礎になる人間観に言及する必要があるだろう。石川によれば、人間にはだれでも真善美や自由・平等・博愛の理想をめざして行動しようとする生命の本質（「美的本能」という）がある。一方、生きている限り人間に伴う幻影・錯覚の作用と、人間・生物に共通な保守の原理（生命の原理は変化でなく現状を維持しようとする保守性だということ）によって、美的でないものが作りだされる。たとえば国家、政府、法律、宗教などである。人間は美的本能によってこれらの「無明《むみょう》」と闘いつづける。闘争の相手には人間の社会のみならず、内なる自己の「無明」も含まれる。こうして人間の永遠の闘いが続く。「アナルシスト（特定のグループに属する者の意ではなく上述のような闘いをする人間―引用者）の戦ひは人間とともに永続するであらう」（「動態社会美学としての無政府主義」）、この闘いが歴史の流れの中にみえるというのである。

以上に述べたように歴史は「美」を求めてやまぬ人間の闘争史である。この「美」の内容は、ひとつは石川の自然観（むろん人間観・歴史観とからみあっている）に、もうひとつは過去の歴史事実に関係している。

もし人間に固有の美的本能などというものがなく、その結果美しいものを求めることもない代わりに幻影・錯覚の作用によって無明の世界を生み出すこともないならば、人間のあり方は他の生物と共通したものになるが、それを石川は自由・平等・相互扶助の世界だと考えている。生物界のみではない、宇宙からミクロの原子の世界まで、人為によらない自然は自由・平等・相互連帯の世界であった。そして自然は石川にとって普遍的で絶対的な唯一の基準となるものであった。その性格は自然現象や自然物によって根拠づけられてはいるが、基本的に石川の主観的なイメージによるものであることは疑いない。つまり、あらかじめ石川には自由・平等・相互扶助といった理想についてのイメージがあって、次に自然の偉大さに感激して自然を理想と重ね合わせてみると、すべての事柄がその合致を証拠だてているように思われ、すべての指針がそこから導き出されうるのである。石川が実践的な生活方針として「自然に還れ」「土を耕せ」と唱え自ら実行したのは、石川の見る「自然」は道に迷いやすい人間にとって最良の手本であり、それと共働（農耕）していればまちがいないとする確信があったからに他ならない。ちなみに先に名をあげたカーペンターはアナキストに分類することには無理があるが、半農生活を実践する人物で石川の自然観に大きな影響を与えている。

石川の「自然」の概念は、土壌や気象現象などの具体的な事象をさすとともにアナキズム的理想社会像をも示している。権威的中心が存在しない、自由と平等と相互的連帯関係が支配する、個の充実と多様性といった性格をもっているとされるのである。この意味で、社会の現状が「自然」に背いているという言葉の使い方も行なわれるのである。「自然」または「土」という言葉が異なる二つのことを両者に結びつけながら使用されるので理解しにくい点もあるが、この特徴が、当時石川及びその周辺の人々によって実際に行なわれた農民運動等を理解する鍵となるのではないかと考えられる。人類の求める「美」はまず石川の自然像であり、「自然」のもつアナキズム的性格によって性格づけられるのである。

次はもうひとつの歴史事実である。過去の歴史を諸行無常の中に人類の絶え間ない闘争があるととらえたことは前述したが、第一にこの歴史事実が現在の人類の闘いを鼓舞激励してくれる。人類が闘うこと自体の美しさ（「静態美」に対して「動態美」という）を示してくれる。また『西洋社会運動史』に著わされたような歴史の諸事実は、「未来に対する戒めとなり、懺悔となり、また時に誇りとなる」のである。「歴史の過去が吾々に与へる最大の賜は未来に対する合理的な道義的なユートピアである」

という意義がある。現代の行動を進める上で「歴史の教訓」を無駄にすまいという意味であろう。自然観から演繹して運動方針が出るわけではない。理想を抱きそこへ向って進む我々が理想社会の具体像を描き現実の行動を選択する際によいテキストとなるのは歴史であるというのである。めざす「美」をやや具体的にする役目ということができようか。しかしなんといっても、石川にとっては歴史上美的本能をもつ人類が、手段はともかくとして、常に闘ってきたことが重要だったのではなかろうか。

石川の著作の多くについていえることだが、現在から見て納得のいかないところ、滑稽なところに出くわすことがしばしばある。時代の違いということもあるだろうが劣悪な研究条件が原因のやむをえない結果ということもできるだろう。市井の人石川三四郎は、経済的時間的条件も学問的環境も恵まれなかった。進化論・進歩思想批判や自分の自然観・歴史観・人間観を裏づけるのに使われた、特に自然科学の資料は、資料自体の正誤において、また論証性の面から、今日では全く役に立たないかもしれない。しかし、彼の思想の骨格については、まだまだこれから見直されていくべきではないかと私は考えている。論証の過程がまちがっていても直観によって得た結論が正しく、後の時代に新しい方法によってその正当性が証明されるということはあるだろう。

私の目でとらえた石川三四郎を急いで論じたが、もし石川の著作を読まれる上で多少とも参考となればさいわいである。また、ときにほぐしにくい糸玉のような石川の著作のことである。拙論に対する御批判を歓迎する。（1983・6）

―ちょっと気がついたこと

◎155頁　「共産党宣言」の引用中に三ヶ所「数行省略」とあるが、これは戦前版まで「数行削除」とあったところである。削除されていた他の箇所は皆復原されているのに、ここだけは、なぜか「削除」を「省略」に修正しただけになっている。

◎209頁、エリゼ・ルクリュの書翰について「私は不幸にしてこの書翰を茲に掲載することが出来ない。何となれば之を掲載するのは違法と認められるからである。」としてある。検閲下の文章のまま改訂されていない。

◎834頁　フーリエの墓銘碑の言葉が仏文のままになっている。書名や新聞・雑誌名等、原語のままになっている箇所はたくさんあるが、この場合は訳出すべきところであろう。「引力は運命に比例し、連続は調和を配布する」というような意味か。

◎1036頁　「第十一　自由合意」の最終行に、戦前版まで「……（以下二行削除）……」とあったのがなくなっている。

◎第四篇第二十七章「サンヂカリスト諸人物」ではフェルナン・ペルチエ、エミイル・プジェ、ヴィクトル・グリフェレスの三人が扱われているが、戦前の復興版、普及版では、彼らに加えて、アルフォンス・メレム、ルヴィ、イヴトー、リュケ、ニエル、ジュオーの六人が簡単ではあるがとりあげられていた。他ではすべて増補されているのになぜここだけ削られているのかは不明である。

「農本的アナーキズム」と石川三四郎

【初出：1988年3月発行『本山幸彦教授退官記念論文集　日本教育史論叢』（思文閣出版）】

はじめに

「農本主義」と「アナキズム」とが同時に用いられることがしばしばある。綱沢満昭は農本的とアナキズムの結合は「論理的にはまったくありえない」と言いつつ石川三四郎の思想を「農本的アナーキズム」と表現した。[*1] 農民自治会の運動史を研究した大井隆男も、その主張を「農民自治主義＝農本的アナーキズム」と表現し、[*2] 詩人秋山清は「思えば農本主義がべったりアナキズムと区別不充分だった」と1930年代のアナキズム系詩人間論争を振り返る。[*3] 西川祐子は高群逸枝の思想に「農本的な無政府主義」の表現を用いた。[*4] 権藤成卿の思想もまた「農本主義」とも「アナキズム」とも呼ばれる。[*5]

はたして「農本的アナキズム」とはいかなるものなのか。今日なお「農本主義研究の不在状況[*6]」があり、アナキズム研究もそれ以上に取組が遅れている。ましてや両者にまたがる問題について検討が加えられたことはなかった。個々の人物・団体の思想を表現する時には両者がしばしば共に用いられて来たにもかかわらず、である。

日本のアナキズム労働運動は、大正10（1921）〜11年の全盛期の後、次第に衰退への道を歩む中で、15年に全国的連合を達成した（全国労働組合自由連合会、略称全国自連）。しかし、まもなくアナルコサンジカリズム評価の相違から内部対立が始まり、昭和3（1928）年から5年にかけて労働運動のみならずアナキズム運動全体が大きく二派に分裂していく。[*7] そのうちの一派が自連派である。

自連派がサンジカリズムを否定したのは、労働条件改善などの経済闘争によって労働組合運動が体制化する危険性を重視し、労働組合運動を革命運動にとって否定的な存在と見たからであった。労働

＊1　綱沢満昭『農本主義と近代』、185頁、1979年、雁思社。
＊2　大井隆男『農民自治運動史』、429頁、1980年、銀河書房。
＊3　秋山清「ある農本主義との論争」（『黒の手帖』第三号所収、53頁、1967年1月）。
＊4　西川祐子『森の家の巫女　高群逸枝』、175頁、1982年、新潮社。
＊5　滝沢誠『権藤成卿』、6頁、1971年、紀伊國屋書店。
＊6　綱沢満昭『伝統と解放』、156頁、1983年、雁思社。
＊7　分裂経過については拙稿「一九三〇年代のアナキズム労働運動（上）」（『労働史研究』第三号所収、1986年2月）参照。

組合を山賊の親分（資本家）と分け前を争う子分と見なす「労働組合山賊論」を唱えた岩佐作太郎、「階級闘争説」「労働価値説」の「誤謬」を論じた八太舟三が代表的論者である。彼らはクロポトキンの著書などから得たアナキズムの原理や理想的社会像を重んじ、労働組合運動をはじめすべての非アナキズム的と疑いうるものを除こうとした結果、次第に大衆運動の基盤を失って行った。しかし、アナキストの多数が、こうしたアナキズム純化の方向に賛意を示し、自連派は日本アナキズムの主流的立場にあった。

もう一方の派はサンジカリズムを否定しない人々である。この中にはサンジカリズムによって労働組合運動を闘い続けたサンジカリスト（代表的な全国団体の略称から自協派と呼ばれる）と、自協派と友好的関係はあるものの独自の運動を進めた農民派とが含まれる。自協派は都市の労働組合運動のみに関わり農本的傾向は問題外であるので本稿では取り上げない。

農民派が担った農民文学・農民運動の雑誌『農民』は、第一次（昭和2～3年）、第二次（3年）、第三次（4～5年）、第四次（6～7年）、第五次（7～8年）と、長期間発行された。[*8] しかし、『農民』が農民派と呼べる程の特定の立場を持つのは第二次の頃からである。第二次以降の『農民』は農民文芸を左翼文学の中に位置付けながら、しかもマルクス主義的プロレタリア文芸に対立する立場として確立しようとした。論者の多くが自らをアナキズム系と認めていた。

石川三四郎は、明治期にキリスト教社会主義の立場から社会主義運動に関わった後、欧州（主にフランス）で約8年間の亡命生活を送り、帰国後は敗戦後に至るまでアナキストとして活躍した人物である。労働組合運動の有効性を強調した石川は自連派から敵視されたが、一方自協派への影響力も小さく、農民派との交友関係も深くはない。反自連派にあって運動とは一線を画した学究的アナキストであったという事ができよう。

石川の農本的性格については従来も注目されてきた。それを「社会思想家としての石川のもろさ」[*9]や「ユートピア仰望」[*10]として否定的に捉えるにせよ、土着的であることを評価するにせよ[*11]、有名なアナキスト幸徳秋水・大杉栄との比較対照で自ずから浮かびあがった性格である。アナキズム陣営における農本的思想──これを「農本的アナキズム」と呼ぶことにする──の存在が知られていなかったために、石川個人の特異な性格と見なされてきたのであった。

本稿ではまず、石川三四郎以外にも、多くの人々がアナキズム陣営に属すると同時に強い農本主義的傾向を持っていた事実を、主に昭和3(1928)年から7年間の期間について明らかにし(第一節の⑴)、次に満州事変後の農本主義団体出現で「農本主義」が周知のものとなった時に、彼らが示

＊8　『農民』の歴史に関しては関係者のひとり犬田卯の『日本農民文学史』(1958年、増補版1977年、農山漁村文化協会)が最も詳しい。
＊9　大沢正道「石川三四郎論」(『近代日本思想体系16　石川三四郎集』所収、435頁、1976年、筑摩書房。初出は『思想の科学』1959年7月号)。
＊10　秋山清「解説」(『虚無の霊光』)、314頁、1970年、三一書房。
＊11　前掲『農本主義と近代』、192頁。

した反応を明らかにしたい（第一節の(2)）。その上で、石川の思想を検討し、彼と他の論者とを分けるものは何であったかを探りたい（第二節）。少数派のアナキズム系の中にあって、筆をとった者はさらに少ないという資料的制約の下ではあるが、石川は同じく農本的なアナキズムを論じながら他の論者とは異なった面を持っていたことが窺われるからである。

本稿によって、農本的な面は石川に限らずアナキストの間に広く懐抱された性格であり、石川の特異性は別のところに存在することが明らかにされるであろう。

第一節　石川三四郎以外の人々の「農本的アナキズム」

(1)アナキストの農本主義的傾向――昭和3（1928）～7年

自連派が農民運動においてまず主張したのは指導者指導型運動の排斥と農民の自主的運動の重要性の強調であるが、これはアナキズム運動一般にみられる主張傾向である。

注目すべきは対抗関係にあった左派の農民運動団体、日本農民組合・全国農民組合が地主対小作の対立を強調したのに対して、自連派はより以上に都市と農村の対立関係を重視したことである。[*12] すなわち、「都会は農村を搾取する」とし農村社会を賛美する反都会論である。多くの贅沢品・不要品を生産する都会とは対照的に、農村は生命の糧を生産しているという経済面での賛美のみならず、精神面でも、「美しき相互扶助の精神、自主自治的精神が農村には可成り深く張つて居り、それが都会に遠ければ遠い程資本主義に毒されず未だにその美風を厳存してゐる」[*13] とされた。そのように賛美された農村はそのまま理想的な新社会建設の単位となり、農民は革命運動の重要な担い手となりうると考えられていた。建設への大きな期待を担う農村とは対照的に、都市労働者には都会破壊とその後の帰村が期待されたにすぎない。

自連派の机上的プランを実行に移したのが、自連派の一部が昭和6（1931）年2月に結成した「農村青年社」である。彼らは従来の自連派の運動方法を自連という集中組織による「結成主義」の運動であると批判し、農民自身による自給自足・共産・相互扶助の実行を三大眼目に掲げて、自給自足実践の村ぐるみ運動をめざした。厳しい農村不況を背景に農村在住アナキストの活動によって、運動はかなりの進展を見せた。七年に主要メンバーが検挙された後も、九年に至るまで、結成年に確立した方針に基づいて、各地農村で活動が続けられた。[*14]

農民派については代表的な論者、犬田卯によって見る。犬田は「当時の農民文芸研究会・農民文学会の運動は犬田卯に代表されていた」[*15]と評されるにふさわしい、農民文学運動に献身的努力を続けた

＊12　自連派の農村運動論に関しては時代背景、クロポトキンとの関連を含めて、拙稿「戦前アナキズム運動の農村運動論――その一　自連派――」(『京都大学教育学部紀要』第三一号所収、1985年3号〔本書所収〕)参照。
＊13　『小作人』1927年8月、6頁。
＊14　拙稿「農村青年社について」(『農村青年社資料集』所収、〔本書所収〕)、黒色戦線社(近刊『農村青年社事件・資料集』Ⅰおよび Ⅱ(1991年)、Ⅲ(1994年)、別冊・付録(1997年))。
＊15　南雲道雄『現代文学の底流』、140頁、1983年、オリジン出版センター。

中心的人物である。

他に主要な論者として、独自の「無政府重農主義[16]」を展開し、アナキストを自認していた鑓田研一や、(2)の（ロ）で述べる加藤一夫らがいるが、彼らは大枠において犬田の主張と変わりなく、『農民』の論調をリードしたのはやはり犬田であったと言えよう。

犬田は「アナキズム」と、それを発展させた彼の「農民自治主義」は別のものであると強調し[17]、自らをアナキストと区別している。しかし、彼の農民自治主義は基本的に当時のアナキスト自認者の主張と全く範疇を一つにすることを、あらかじめ断わっておく。

犬田は地主と小作の対立は「部分的皮相の問題」で、都市による農村搾取などに見られる都市対農村の対立、消費対生産の対立こそ「根源基本の問題」であるとする[18]。また自らが生まれ育った農村を「因襲観念の重苦しい、息づまるやうな泥溝[19]」と見ると共に、その中から「土の意識」が生まれつつあると見た。犬田の言う「土の意識」とは、〈大自然との相互交渉による勤労に根差した、自主自立の精神〉の意と解せよう。すなわち彼は農業労働に経済的重要性だけでなく、心身を健康にし人間性の自由な発達を実現する、精神的に重要な価値をも認めていたのである。

以上に見るように、アナキズム運動の中で農村問題に言及している自連派と農民派は、派は異にするものの、都会と農村の対立的関係を地主対小作人の対立関係以上に重視した点で共通していた。村落共同体を理想化する点に自連派の特色が、文学・芸術を重視する点に農民派の特色があるが、共に丸山真男が「農本主義」の特徴として指摘した「反都会的、反工業的、反中央集権的[20]」がそのまま当てはまる。労働組合の活動家を除き、昭和3〜7年頃のアナキズムは農本主義的傾向を持っていたと言えよう。

こうしたアナキズム陣営の性格は、やがて社会状況の変化に対応を迫られることになる。

(2)「農本的アナキズム」の行方――昭和7(1932)年以降

(イ) 農本主義団体の登場とアナキストの対応

内務省警保局の『昭和七年に於ける社会運動の状況』は、前年までなかった「国家主義及農本主義運動」の章を設け、「農本主義団体の状勢及運動状況」を報告している。日本村治派同盟の創立が6年11月、農本連盟の結成が翌年3月、4月には長野朗らが自治農民協議会を結成して第62、63臨時議会に向けて全国的な「農村救済請願運動」を開始する。五・一五事件への愛郷塾塾生参加も注目された。

＊16 鑓田は、社会の富の第一創造者である農業を本位とすること(重農主義)とアナキズムとを結合して、経済的には重農主義を、社会構造上は自由・自治の原理に力点を置く無政府主義をとれば、人間・経済の両面が安定すると主張した。鑓田研一『無産農民の陣営より』、1929年、全国農民芸術連盟出版部、参照。
＊17 前掲『日本農民文学史』、135〜138頁。
＊18 犬田卯『土の芸術と土の生活』、随筆・雑文編65頁、1929年、農民文学社。
＊19 同前、主張編23頁。
＊20 丸山真男『増補版現代政治の思想と行動』、46頁、1964年、未来社。

このように7年には農本主義団体が一躍世間の関心を集め、翌8年には、「今日ニ於テハ『農ヲ以テ本トスル』テフ素朴ナル意義ニ於ケル重農主義的乃至偏農主義的農本主義思想ハ殆ンド世人ノ常識化サル、ニ至レリ」[*21]と報告されるに至った。

これらの団体の特徴を綱領等によって見てみよう。まず、「農本社会とは……人類の社会生活上農業が根本基調であることを認め社会組織も統制原則も文化形態も一切が農業を基本として成立するところの共同社会……相互扶助の公益社会である」[*22]（日本村治派同盟、宣言）、「イ、我等は鍬と鎌を持つ農村人の全国的結成を期す。ロ、我等は共働と自治の精神により農本社会の確立を期す。ハ、我等は全人類の完成と其生活の安定を期す」[*23]（農本連盟、綱領）等のように、農業・農村を本位とすることを主張し（Ⅰ）、これに伴い農本的社会の特徴として「自治」や「相互扶助」等のアナキズムに共通する語を多用する（Ⅱ）。このⅠ・Ⅱの点は第一節の(1)で見た「農本的アナキズム」と重なること明らかである。

また、一部の団体が、「皇室の藩屏として全民衆が皇室を捧持する時我が国体の基礎は君民共治万代不易となる」[*24]（自治農民協議会、宣言）、「我等は日本国体に基き自治的農本政治の確立を期す」[*25]（日本農民協会、綱領の一）のように「国体」「皇室」を明示し（Ⅲ）、同時に、これらの語を明示する団体は、その存在を根拠にして、日本が他国より優れているという考え方をとっている（Ⅳ）。

すなわち農本主義団体の特徴をまとめれば、

Ⅰ　農業・農村本位

Ⅱ　自治・共同
Ⅲ　国体重視
Ⅳ　日本優越視

の四点に整理することができよう。Ⅰ・Ⅱは全団体が、Ⅲ・Ⅳは一部の団体が持つ特徴である。また、Ⅰは「豊葦原瑞穂の国」「農は国の本なり」の神話によって、Ⅱは国家を家族の類推で見ることによって、それぞれⅣに結合し、Ⅲは、もっと直接的にⅣと結合されることが多い。

こうした農本主義団体の登場に対して、農本的アナキズムの側は、農本的性格に対して否定するものと肯定するものに二分解していった。

まず農村青年社に加わらなかった自連派の主流は、機関紙編集者らを中心に7年頃より従来の反都会論を否定するようになる。この変化は自連派陣営衰退を背景とした、大衆闘争重視主義へ、さらに「日本無政府共産党」指導による革命構想への路線転換の一環でもあるが、[26]自派が新登場の農本主義団体

＊21　内務省警保局編『昭和八年に於ける社会運動の状況』、848頁。
＊22　内務省警保局編『昭和七年に於ける社会運動の状況』、914頁。
＊23　同前、915頁。
＊24　同前、917頁。
＊25　同前、926頁。
＊26　拙稿「一九三〇年代のアナキズム労働運動（下）」（『労働史研究』第四号所収、1987年7月）参照。

と混同される原因を解消しようとしたことも大きな要因である。すなわちそれほどまで主張が似ていたのである。こうしてアナキズム団体たることを示そうとした自連派は「農本的」を全否定したのであった。

農民派の中にもアナキズム的たらんとする者たち（土屋公平ら）がいた。彼らによる自治連盟発行『農民』は、農民自治主義・重農主義を否定し「我々は小作人、農業日傭人を基本部隊として農民階級を考へてゐる」と述べ、プロレタリアートを「有力な同盟軍」と呼ぶように[*27]、かつての農民派の主張とは大きく異なっている。アナキスト鑓田の場合は、土屋らからはその重農主義を批判されつつ、農本連盟の機関誌に執筆したりアナキズムの理論研究誌に執筆するなどした後、9年から伝記小説作家となっていくが、7、8年の動きには不明な点が多い。

一方、自己とアナキストを区別する者たちは、自らを農本主義団体と画す必要がなかった。一貫して農民文学運動の道を進んだ犬田は、日本村治派同盟・農本連盟に参加したのである。

こうして、アナキズムを意識した論者は「農本」を全否定し、アナキズムを意識しない者は農本主義団体に参加していったことが窺われる。Ⅰ・Ⅱの特徴を有するがⅢ・Ⅳの特徴を有しない農本主義団体と農本的アナキストとの相違点は客観的には存在しないから、アナキズム運動に対する強い所属意識さえ持たなければ、農本的アナキストが農本主義者に融合して行くことは必然であった。これに対してアナキスト自認者はアナキズムが理想主義的根源的反逆的社会思想であることを誇る傾向が強いから、アナキズムにこだわろうとすれば、体制的な容貌の農本主義と自己を区別するために、自らの農本的傾向を否定せざるを得なかったのであろう。

このように7年の段階で、「農本的アナキズム」の論者は二分解したが、農本的性格を肯定した者たちにはⅣの日本優越視に至った者が少なくなかったと思われる。その中で、農民派の加藤一夫と、自連派の岩佐作太郎について見てみよう。

(ロ) 加藤一夫と岩佐作太郎の東洋・日本優越思想

加藤一夫は、大正期にアナキストとして有名であったが、昭和7、8年頃よりアナキズムに訣別したと推測される。八年に『農本主義理論編』『農本社会哲学』の二冊を出したが、後者は農民派時代の雑誌論文を収めたものである。都会の農村搾取を指摘する反都会論や万人が農業に従事すべき原則を説いたのは、犬田らと共通するので改めて取り上げない。加藤は農本主義を「人類の生活の意義価値を実現することに在るを認め、さう云ふ生活を可能ならしむる社会は特に今日に於ては、農を本とした社会でなければならぬとする思想である。と云ふのは、第一に人類の生活の根底はなんと云っても栄養と活動とであるが、農はそれを実現するところの原初的な任務であり、第二に、農は自然と融合し、自然と共に宇宙的生活を生きる事であって、生活の最も始源的な、而も、究極的な意義がそ

＊27 自治連盟「農民文学とは何か」、『農民』1932年10月号、1頁。

のうちに含まれているからである」[*28]と規定した。農業に経済的物質的な意義よりも、哲学的思想的宗教的な意義を認めるのである。「自然それ自身」を「絶対である」とし、「人は此の絶対に没入することによって、人間的価値以上の絶対的価値を実現する。……農業とは、此の自然との最も完全なる少くとも完全に最も近い、自然との融合である」[*29]とも表現している。

このように経済的側面よりも精神的な価値の実現を尊ぶ傾向はアナキズム一般に認められるが、加藤の場合はそれが強く、更に東洋と西洋との対比に至る所に特徴がある。

加藤は東洋と西洋に対し次のような対照的なイメージを持ったのであった。西洋については近代資本主義社会から、東洋については中国の古代思想からイメージを得たのではないかと思われる。〔西洋文明〕は智的、唯物的、活動的外展的で、ギリシャに源を持つ支配階級的文明である。それは政治と結合し、国家のためにある。また西洋的思想は征服、進歩を指向する。〔東洋文化〕は生活的、精神的、沈潜的内向的で、「支那」に源を持つ民衆的文化である。それは政治を排斥し、社会のためにある。また東洋的思想は解脱、完成を指向する。[*30]

こう対比した上で、加藤は「東洋の生活態度及び思想が全部正しかったと云ふのではない。けれどその根本の動機に於て、これこそ人類至高の世界への、その正しき組織への、その全抱括的なる思索への、正しき方向である」と東洋を善しとするのである。[*31]

加藤はこののち西洋の物質文明と日本の精神を対比して論じ、「日本信仰」「天皇信仰」を唱えるようになったが[*32]、Iの特徴（農業・農村本位）における都市工業文明（西洋文明）批判から東洋賛美を経由し、そしてⅣ（日本優越視）に至ったということになる。

一方アナキストの転向の書といわれた岩佐作太郎の、「国家論大綱」（昭和12年）によると、国家には「自然生成的国家」と「人為工作的国家」の二種があるという。前者は「統治者と被統治者との関係が、人間の社会性の、集団心理上に自然に生成発展したるもの」で、絶対的、天壌無窮であり、「唯一我が大日本帝国あるのみ」、他の国々は後者で、「征服とか契約とか、乃至は欺瞞等々によって人間の社会性の、集団心理の上に樹立された国家である」[*33]。すなわち、日本のみは他の国々と異なり、共同体的共存共栄の理想国であると主張するものである。岩佐の場合はⅡ（共同・自治）からⅣに進んだと言えよう。

それでは、7年以降もなお、アナキストであり、かつ「農本的」であって、しかもⅣ（日本優越視）を持たないということはできなかったのだろうか。そこで、戦争中もアナキストとしての自己を貫いたとされる「農本的」なる石川三四郎の思想を次に検討しよう。

＊28　加藤一夫『農本主義理論編』、326〜327頁、1933年、暁書院。
＊29　同前、20頁。
＊30　同前126〜156頁と加藤一夫『農本社会哲学』（1933年、暁書院）の30〜60頁よりまとめた。
＊31　前掲『農本社会哲学』、58頁。
＊32　加藤一夫『み前に斎く』（1941年、龍宿山房）、参照。
＊33　岩佐作太郎「国家論大綱」（司法省刑事局思想部編『思想月報』第34号所収、337頁、1937年4月）。

第二節　石川三四郎の「農本的アナキズム」

(1)農本的傾向

石川はなぜ「農本的」とされるのだろうか。第一に石川が、大正9（1920）年の帰国以来、人に帰農を勧め、自らも東京郊外千歳村に土地を借りて半農生活を始めたことによるのであろう。帰国後第一稿で、「私は今度の大戦乱に際して殊に深く実験しました。農業が人生の第一生活条件であることを。革命があって種々なる産業組織に大変動があっても、自作農の生活ばかりは其侭存続するでありましやう。……私は日本の旧友や同志に謀ります。若し何等かの機会で土地を得、土地に親しむことが出来る場合には、決して其機会を逸せぬことを、又幾千かの金を有する者は先づ土地を買つて、自らを其処に土着せしむることを勧めます[*34]」と述べた。

第二に農業を社会の中心とすべきだとしたことによる。たとえば彼は「吾等の理想の社会は、耕地事業を中心として、一切の産業、一切の政治、教育が施され、組織せられねばならぬ[*35]」と述べている。以上の二点はⅠの特徴と言える。

第三に「自然」「宇宙」を人間の行為の対象であるばかりでなく人間の生きる「道」とする彼の感覚も、農本主義者の多くと共通している。人間の本性、社会、自然、それぞれの在り方を渾然と見るのである。「自然」は人間の行動の規範であり、かつ社会のあるべき姿をも示すものであった。無為や原始の自然状態を還るべき理想的な姿と見た石川はルソーの「自然に還れ」に賛同し、また自らの社会観を自然観に反映させて、宇宙も生物界も「無強権、無中心」で「相互連帯生活はあるが、権力服従の生活はない」[*36]アナキズム的様相であると見た。さらに石川は「自然」との相互交渉を理想的な原理に還る上で有意味な営みと考えたから、農民を他の人々よりも「大自然の中に人間の本性を保持する部分が遙かに多いと言へる」[*37]と高く評価したのであった。これも「自然」を対象とする農業に特別の思いを持つ点で農本主義のⅠの特徴であり、さらに「相互連帯生活」への言及はⅡの特徴であろう。

以上のことから確かに石川は農本的と呼ばれてもおかしくない。しかし石川は「農本主義」の隆盛の中で、それと自らの思想の区別を強調し、「私の考へ且つ実践して来た土民生活の思想と、今日流行の農本主義とは、いささか相違するところがある」[*38]と述べたのであった。彼の説明によると、農本思想は農民愛撫主義、恩情主義であるが土民思想は反逆の気分を含む思想である。また農本主義は現在の強権的統制をそのままにしておいて、農本的自治を行なおうとするが、土民思想ではその破壊を

＊34　石川三四郎「久々にて」（『石川三四郎著作集』第2巻所収、1978年、以下『石川三四郎著作集』には巻数のみを記す）、308〜309頁、1920年12月。
＊35　「土民生活」、『第2巻』、316〜317頁、1921年4月。
＊36　「社会美学としての無政府主義」、『第3巻』、201頁、1932年3月。
＊37　「社会美学の資料としての農村生活」、『第3巻』、220頁、1932頃。
＊38　「農本主義と土民思想」、『第3巻』、96頁、1932年9月。

考える。さらに農本思想は農民のみを考慮するが、土民思想では全職業の土着と、農業と他の職業との有機的な連関を考えるという。石川によれば、農本思想と石川自身の土民思想とは体制的であるか否か、理想社会の構造をどう理解するのか、という二点において異なっている。反逆者を自任する石川が「農本主義」に体制容認的態度を感じ取ったのは当然とも言える。

しかし、反体制の問題については、石川が敗戦後に天皇を擁した無政府主義革命を本気で考え、周囲の同志の猛反対であきらめた事実を看過するわけにはいかない。[*39]

原始状態を理想的な姿と見た石川は既に亡命時代より「多大の人間味、素朴な原始生活味が、我が神代紀には溢れて居る」[*40]と『古事記』に見る神代を賛美した。また「天の岩屋戸」会議や天津罪国津罪の規定から「日本の国体は実に無強権的な共産主義であつた」[*41]と断定する。言論不自由な時代であったが、彼の古代への憧憬から判断して検閲向けのポーズであったとは言えない。

石川は権力に対しては反対の姿勢を貫いても、権力構造に強い関心を払わなかった。そのため天皇の持つ統治機能の重要性に気付かず、かえって皇祖とされる神々の理想との連想で天皇に平和的イメージを抱いたようである。こうして天皇を軍部によって利用された犠牲者で平和主義者であると考え、天皇をかつぐという発想に至ったのであろう。結局石川が天皇の存在を肯定的に見ていたことは明らかである。一部の農本主義団体が持つⅢの特徴（国体重視）を持っていたと言えよう。

石川がⅠ・Ⅱのみならず、Ⅲまでも持っていたならば、Ⅳに至ることもありえたのではないか。しかし全く逆に、彼は日本・日本人の短所ばかりを論じたように見える。また、自連派に対立し、『農民』にも、日本村治派同盟にも、多数の知人が参加する中で加わらず、この間、アナキズム研究を深め、東洋史研究に専念し、敗戦まで反戦の姿勢を貫くという独自の道を歩んだのであった。石川は他の論者とどこが違っていたのだろうか。

(2)「個人」の強調

石川は大正期から個性の尊重・自由と、社会連帯との二点を組にして人間観社会観を述べる事が多かった。「根本原則はすなわち自由と連帯責任とである」[*42]また「個人人格の尊厳と、社会連帯の責任とは、互いに相俟つて吾々の人類的生活を円満にして光輝あらしめるのである」[*43]のように。

満州事変以降の農本主義団体登場あたりから次第に、自由と連帯の二点並列から「個人」「自由」の強調へと重点を移す。彼は「社会が余りに強権的国家至上的思想に動かされた場合、最も強烈に個性の尊厳と自由と独立とを力説すること」[*44]を重要視したようだ。「今日の日本の社会に於て、教育上に、

＊39 秋山清「回想の向うの石川さん」、萩原晋太郎「石川さんの思い出」、ともに『石川三四郎著作集』「月報」5所収。
＊40 石川三四郎『古事記神話の新研究』(『石川三四郎選集』第1巻として復刻、1976年、黒色戦線社)302頁。
＊41 「裸体美術論」、『第3巻』、188頁、1931年11月。
＊42 「吾等の自由と連帯責任」、『第2巻』、406頁、1925年11月。
＊43 同前、403頁。
＊44 「動態社会美学としての無政府主義」、『第3巻』、214〜215頁、1932年4月。

経済上に、政治上に、第一に必要に思はれることは自主自治の精神である」[*45]などと繰り返し述べている。彼が「個人主義の完成せられない国には健全なる国家主義も、愛国心も、忠誠、友愛の精神も発達しやうがない」[*46]と辛辣に論じたのは昭和11（1936）年のことであった。

それでは石川の言う個人や自由とは如何なるものであるか。彼は人間の本性を「霊光」「イデエ・フォルス（念力）」「美的本能」といった独自の用語で説明した。

生命が機械と異なる点は、それが自己の意匠（＝イデエ――引用者）と、その意匠を発展する力（＝フォルス――引用者）とを持つてゐるところにある。そのイデエとフォルスとは各個性に於て独自のものであつて、……殊に人間に於て各個性間の相違は最も著しいのである。……生命が自我を実現するイデエ・フォルス――私はそれを念力といふ――は如何なる外来の妨害力に会つても自我の拡充を停止することなく、その本来のイデエを歪められながらも尚ほ最後まで努力を続けるものである。……自由は生命の念力其ものに存在するのである。……こうした自由の要求は、国家または社会に対する吾々の要求ではなくて、吾々の念力を拡充しやうとする本能の叫びに過ぎないのである。生命の第一本能が自我の実現にあるからだ。[*47]

こうした人間観がアナキスト石川の生涯を貫いた。国家や経済体制のレベルではなく、人間のレベルで本能に根差した自我拡充、個性発揮が実現されることこそが石川のアナキズムの根幹であったと言えよう。

彼が農民生活を推奨したのは、小規模経営の中での独立的自主的な営みが、個性の発揮に都合が良いとの考えからでもあった。敗戦後も小自作農について「そのまゝ個人的または家庭的であつて自主独立の生活を営んでゐる。それは、そのまゝにして無政府社会の健全分子たり得る物的要素を保持するものと言へる。要はただ自主独立の精神と、自由、連帯の訓練とが確立されれば、それでよい[*48]」とし、改革困難な工業都市の労働者と対比させている。

自我の発揮を本能とする個々人は更に自然界と人間界とに無限の繋がりを持っている。石川は自然や宇宙・社会を一つ一つの事物が無限に連帯する姿と見、その中で人間は自己を発揮すると共に「無限の連帯せる宇宙の一環鎖としての存在[*49]」であると考えていた。そして一つ一つの個が充実するほど自然との一体化や社会連帯が進むように、自由と連帯は相伴うものと考えていたのである。石川の農本的傾向というのも、こうした個性拡充と自然・社会との連帯を柱とする人生観の一環であったということができる。

＊45　「次代を支配する社会思想」、『第3巻』、371頁、1933年1月。
＊46　「紛失された個人主義」、『第3巻』、416頁、1936年9月。
＊47　「自由の要求」、『第3巻』、122〜124頁、1930年2月。
＊48　「農村と都市との相違」、『第4巻』、155頁、1948年4月。
＊49　前掲「社会美学としての無政府主義」、『第3巻』、200頁。

このような観点から石川は日本のアナキスト、とりわけ自連派に対して批判的であった。「日本に於ては従来甚だ単純に、無政府主義者の理想する社会は、自給自足の小部落、自由コムミユンが基礎になつて、下から上に自由連合をして行く、といふ様に解釈されて来た。……右の如き画一的コムミユンの思想は現在の強権主義の下に於ける自治制にたゞ自由といふ形容詞を付したに過ぎない」[*50]とし、「一切の私有制度と強権的国家を廃止すれば、社会組織の単位として共産的共同体を組織しても、それが個人の自由を阻止することは無いか？」[*51]と「共同体」志向の危険性を指摘している。農本主義および農本的アナキズムのⅡの特徴（共同・自治）については、他の農本的アナキストの「共同」が「個」への留意なしに唱えられたのに対して、石川の場合には個人の意志を重んじた上での「連帯」の様相を持っており、内容が異なっていると言えよう。

こうした個人の問題を最重要視する視点は亡命中の体験で確立したように思われる。

西洋文明・近代文明を批判する詩人エドワード・カーペンターの感化を受けた後、大正2（1913）年の渡欧で、まずは師の文明批判を追体験することとなった。石川は機械産業の発達や自然征服思想、商業主義の隆盛の害を指摘し、「日本人は西洋の物質文明を罵り、自ら精神文明の君子国を以て誇つて居た。然るに今日の日本は世界無比なる物質主義国となつた」[*52]と嘆いたのである。

一方で第一次世界大戦をフランス・ベルギーの地で経験した石川は、フランスの個人主義とドイツの軍国主義とに対照的な印象を持ち、当時軍国主義との評判であった日本とドイツを重ね合わせた。「軍国主義とは何であるか？　独逸や日本が軍国主義の評判を取るに至つた……原因は、日本や独逸の国内に横流して居る空気である。一般の精神である」とし、「個人意識が発達すれば、各自の良心の判断は威力を以て其人を批揮する。……良心の眼を潰し、自覚の芽を断たねば軍国主義は安立し得ないのである」[*53]と述べて、石川は個人主義を高く評価したのである。

以後、石川の日本批判はもっぱらこの個人主義の観点からなされた。たとえば日本で思想表現の自由が制圧されていることについて「日本国民全体に個体の『自由』を守護し、尊重するの念が希薄であることを物語る」とし、英仏では「言論の自由は、絶対的に尊重せられて、些かの束縛をも受けないのは、まことに羨ましいほどである。こゝに国礎の強固さがあり、こゝに国民矜持の床しさがある。英仏両国の国民性の高雅を示す最大原因の一つは、この両国民間に発達せる個人意識の徹底にあると私は思ふ」[*54]と述べた。

協調性を尊重する日本人とは対照的に、欧米人が個性を重んじる傾向が強いことが諸方面で指摘されるが[*55]、石川はこの点について、後者のあり方を望ましく感じ、それが石川の人間観の主要な柱を形

＊50 「自由社会の想望」、『第3巻』、138頁、1930年9月。
＊51 「無政府主義と私有制度及び賃金制度」、『第3巻』、154頁、1930年10月。
＊52 「養芽論」、『第2巻』、286頁、1924年3月。
＊53 「軍国主義の将来」、『第2巻』、205頁、1915年8月。
＊54 前掲「紛失された個人主義」、『第3巻』、416頁。
＊55 たとえば、小林善彦『フランスの知恵と発想』（1987年、白水社）参照。

成したのである。こうして石川は亡命体験以来、物質文明の悪を指摘しつつ、個人主義やその上に立つ自由の重要性を論じたのであった。

ところでアナキズム運動が歴史上最も盛んであったのは個人主義の国といわれるフランスである。大正期に一世を風靡したサンジカリズムもフランス仕込みであった。それに次いで盛んなのも、フランスと国民性の類似を指摘されるラテン諸国である。また「個」の哲学を唱えたスティルナーや辻潤がアナキズムの思想家とひとりとされるように、アナキズム思想は一般に個の強調を特色とする。

一方日本で広く流布したアナキズムはロシア出身のクロポトキンの影響下にある。彼の主張には個々人の個性発揮・自己拡充など自由の面が弱く、「相互扶助」などの共同的な面が強い。[*56] 種々のアナキズム思想が紹介されたにもかかわらずクロポトキン的アナキズムが主流を占めたというのは、日本では個の自由よりも共同性の強調の方がより好まれたのであろう。日本の社会風土の「和」の文化に適応（または同化）したアナキズムが、本来もっていた「個」の主張を希薄化し「相互扶助」の面を強調したということである。これが、農村不況による都市と農村の対立視・農業本位主義と一つになって、Ⅰ・Ⅱの特徴を持ち、後の農本主義団体の主張に酷似する「農本的アナキズム」が成立した。ところが、「農本的アナキズム」の論者の中では石川は強く「個」を主張する点で特徴的であった。ある意味では正統派のアナキズムであるといえよう。この点が、石川が日本社会で受け入れられにくかった理由ともなっていると考えられる。

先にふれたように石川は自ら彼の「土民生活」思想と農本主義の違いを説明した。しかし、もっとも深い相違点は、「土民の最大の理想は……自分と同胞との自由である。平等の自由である[*57]」の言葉に示される、自由な個人の重要性の認識の有無ではなかったか。

このように石川の人間観が西欧の個人主義を基盤とする限りにおいて、日本人の国民性に対する評価は常に低くならざるをえない。そこで、いかに彼のもつ農本的傾向が物質文明批判を強めたとしても、いかに天皇を肯定的に認めたとしても、加藤や岩佐のように日本に対する高い評価に至ることは不可能だったのである。

＊56　とくにクロポトキンの『相互扶助論』『倫理学』参照。
＊57　前掲「農本主義と土民思想」、『第3巻』、98頁。

II　加藤一夫

加藤一夫の農本的アナキズム

【初出…1987年12月発行『加藤一夫研究』第2号（加藤一夫研究会）】

はじめに

私は数年来アナキズム運動史、とりわけその農本的な面について調べてきたが、加藤一夫についてでは彼の著作や彼に関する研究論文のいくつかを読んだ程度である。しかし、アナキズム研究者という希少価値的な立場ゆえの発言ができればと、今回僭越ながらペンをとった次第である。

本稿で取り上げる時代の加藤の歩みをなぞってみよう。（加藤の伝記については小松隆二氏の「土の叫び地の囁き——加藤一夫の生涯と理想——」〈『三田学会雑誌』78巻4号、1985年10月〉に多くを依拠した。）加藤は1920年頃から自由人連盟による活動を中心にアナキズムの立場で社会運動に関わっていた。23年の関東大震災以後は芦屋に移って社会運動から遠のき、25年1月より個人雑誌『原始』を発行する。この雑誌は小松氏が「『原始』と加藤一夫」（『三田学会雑誌』78巻5号、1985年12月）で指摘するように「一貫してアナキズムの色彩が濃く浮き出て」おり、「文芸」が核となったものであるが、早くもそのタイトルに、都会的なるものを破壊して再び「土・自然・本来の郷土に還る生活」の正当性の主張が表明されている。

1927年3月には半農生活可能な田園地帯の神奈川県新治村中山に転居、28年に『農民』（第二次、農民自治会）、29年に『農民』（第三次、全国農民芸術連盟）に参加、29年から32年までは個人誌『大地に立つ』を発行した。雑誌『農民』最盛期の30年には、中山の公会堂において全国農民芸術連盟と加藤の『大地に立つ』との共催で農民文芸講習会・農民問題講演会を開催したこともあった。

1931年9月の満州事変勃発直後の11月には「日本村治派同盟」が結成される。内務省の資料はこの団体を「重農主義的学者及農村研究者等ヲ網羅シテ農本主義ニ立脚スル連合団体」で「当初ヨリ余リニ雑多ノ要素ヲ包容セル為……（まもなくして）有名無実ノ状態ニアリ」（『昭和七年中に於ける社会運動の状況』912頁）と記している。加藤はここに発起人・執行委員のひとりとして参加した。

翌年3月結成された「農本連盟」（権藤成卿、山川時朗、長野朗、岡本利吉、橘孝三郎ら）にも常任委員として参加している。

さらに1933年に『農本主義　理論編』『農本社会哲学』の二著を世に問う。押しも押されぬ農本主義者である。

ちょうどその頃加藤の経済的なよりどころであった春秋社が経営に失敗し、加藤は苦しい生活を余儀なくされる中で、再びキリスト教に帰り、更に1936年、二・二六事件を機に、天皇に「生ける神」を見、日本信仰・天皇信仰への道を歩み始める。

本稿では、このような思想的遍歴とも言える加藤の立場の変遷のうち、アナキズムから農本主義へ、さらに、農本主義から日本信仰へ、の二段階の展開について、加藤を取り巻く周辺事情を紹介し、加藤一夫研究の一助としようとするものである。

一　アナキズムから農本主義へ

自伝的著作『み前《まえ》に齋《いつ》く』（1941年）によると、加藤はロシア革命のニュースに衝撃を受ける以前には、「暴力や政治や制度の改革によって社会を善くしようとすることは空想であると考え、真に世の中をよくするのはたゞトルストイの云ふやうに道徳や宗教の力であると考へてゐた」（53頁）という。

トルストイの影響は強烈であった。「『我等何を為すべき乎』に於て、トルストイは私に、百姓が一番正しいそして楽しい生活であることを教える。その本を翻訳して世の中に流布しようとした私は、自分自らこれを実行しないで、たゞ思想を宣伝するだけではすまされないことを、だんだんと真剣に考へるやうになつた。」（44〜45頁）として、とうとう百姓生活を始めた。1916年であった。社会運動参加以前の加藤が、既にトルストイを通じて農業に親しみをもっていたことがここから窺える。

当時インテリの間には、田園生活・半農生活への憧憬が存在していた。たとえば、徳富蘆花が田園生活を開始し（1907年）、江渡狄嶺が帰農した（1911年）ことは有名である。日露戦争以後、特に第一次大戦中より工業都市が急速に発展し、西欧からは近代文明批判が紹介され、農耕の営みが新たに捉え直され、トルストイやカーペンターがかなり広く読まれた時代だったのである。

しかし、加藤がのちに社会運動から農本主義へ進んだことについては、こうした加藤の親農感情以上に、加藤が深く係わったアナキズム運動自体の持つ農本的傾向について考慮されなければならないであろう。

加藤が「自由人連盟」を結成して活動していた1920年から23年は、社会改造思想が日本史上で最も多様な花を開いた時代であり、アナキズムもまた最盛期であった。労働運動界ではアナキズムの色彩の濃いサンジカリズムが、総同盟（友愛会の後身）の内部で影響力をもっていたことさえあったのである。文筆活動の面でも、大杉栄を筆頭にアナキズム系の活躍は盛んであった。

1923年の関東大震災後に大杉栄が虐殺され、政治情勢も自派に不利となり、アナキズムは衰退していく。その衰退の中で28年頃より、アナキズム陣営はサンジカリズム評価をめぐる対立から二つに分裂していった。

一つはサンジカリズムを否定し、アナキズムの純化を志向した多数派（自連派とここで呼ぶ）。もう一つはサンジカリズムを肯定する人々で、労働組合活動家（自協派と呼ぶ）と、彼らと友好的関係にあった人々（雑誌『農民』の同人を含む）である。アナルコ・サンジカリズムによる労働組合運動をめざした自協派は、少数であり「農」に言及しなかったので本稿では以後触れない。『農民』同人は自連派と対立関係にあり、自協派と友好的関係にある者を含んでいた。（分裂とその後の経過については拙稿「一九三〇年代のアナキズム労働運動（上）（下）」『労働史研究』第3号、第4号を参照されたい）

アナキストの主流派というべき自連派は組合運動などを経済的利益の獲得を目的とする非アナキズム的存在と見なす一方で、それに代わる具体的な革命構想を持つわけでもなかった。ひとたび革命が成就されれば民衆の中に潜在する相互扶助の精神の発揮によってアナキズムの理想が実現されると楽観視する傾向が強かったからである。現実問題や闘争の解決よりも、アナキズムの理想の強化・保持に比重があったと言えよう。

彼らは農村問題を「地主対小作人」よりも「都市対農村」を対立軸として捉えた。すなわち、都会は農村を搾取して成立しているとして都会を悪、農村を善とみる見方である。農村は生命の糧を生産し、都会は贅沢品・不要品を生産しているという経済的な重要性の対比がある。加えて「美しき相互扶助の精神、自主自治的精神が農村には可成り深く漲つており、それが都会に遠ければ遠い程資本主義に毒されず未だにその美風を現存してゐる」（『小作人』第7号、1927年8月）と農村の精神が賛美された。
左派の農民運動団体である日本農民組合・全国農民組合が、創立期を除き地主と小作人の対立を強調したのと対照的である。1931年頃の農本主義団体の表舞台への登場以前には、都市対農村の視点はアナキストが代表していたのである。

こうして、実際には大部分のアナキストが都会に住み、都会中心に活動していたにも拘らず、机上では農村を理想社会の建設地とし、農民を革命運動の重要な担い手になり得るとして、大きな期待が農村にかけられた。

農村を重要視する自連派の考え方はそののちに農村青年社（1931～34年）の運動によって実践の可能性を模索された。（『農村青年社資料集』黒色戦線社近刊参照〔『農村青年社事件・資料集』Ⅰおよび Ⅱ（1991年）、Ⅲ（1994年）、別冊・付録（1997年）〕）

次に加藤の参加した第二次・第三次『農民』の主張を見てみよう。

『農民』は農民文学を、左翼文学の中で、しかもマルクス主義的プロレタリア文芸に対立する立場で確立しようとする志向を持ち、そのため外部からはアナキズム系の雑誌と見なされていた。中心人物の犬田卯は『農民』の農民自治主義をアナキズムではないと主張したが、アナキズムの立場を表明する『婦人戦線』『解放戦線』を友好誌としていたこと、多くの執筆者がアナキズム色の明白な活動に関係していたことなど、『農民』をアナ系と見なす材料には事欠かない。

『農民』はおおむね、都会が農村を搾取している、農村と都会の対立は、地主と小作人の対立より重要で本質的である、大自然を相手とする農業労働は精神的に商工業よりも心身の健康に良い、農業を本位とする社会の建設が理想である、などと論じていた。明らかに自連派と同様の農本的傾向にある。

こうしたアナキズム陣営の農本的傾向には次のような背景があると考えられる。

第一に、都市の発展と農村の衰退という現実の中で1920年代に日本の農村に広まった反商工主義・反都会主義的意識の存在がある。対地主の小作争議を指導した日本農民組合でさえ、その機関紙創刊（1922年1月）当時は都市への反感や物質文明批判が紙上に散見されるのである。

現実に、当時は農業生産物価格と工業生産物価格の格差が次第に大きくなり、農村では高価な肥料で安い農産物を生産するという厳しい状態が続いていた。また当時の公租負担は商工業者より農民に重く課せられていた。そうした現実があったからこそ農村の反都会感情や農本的指向は存在し、広く深く根付いていたと思われる。

第二に、アナキズムに特有の理論的な背景がある。日本農民組合は内部のマルクス主義者の活躍によって対地主の小作争議指導を主要な活動として行ったが、もちろんマルクス主義は階級対立を基本的図式とする理論であった。一方、日本のアナキズム運動、特に自連派に影響力の大きいクロポトキンは階級対立を重視しない。彼は著書の『パンの略取』や『相互扶助論』の中で、農業労働は工場労働よりも重要で望ましい労働の質を持つこと、また相互扶助は都市より農村において可能性が大きいこと、さらに都市労働者の帰村による農工合体の必要性を論じている。階級対立よりも、都市対農村の対立に重点が置かれている印象を受ける。

これが日本の現実の社会状況を考える上で参考にされ、都市と農村の対立理論の成立に貢献したと思われる。アナキストは、階級対立を言い立てるマルクス主義者よりも、農工の分業の廃絶を主張する自陣営の方がより根本的に社会を見ていると誇っていたのである。

こうして都市と農村の対照的な状況と、階級対立よりも都市と農村の対立を重視する基本的立場は、日本のアナキストたちを農本的に傾けたのであった。

1931、32年に至り農本主義団体が登場して脚光を浴びるようになると、アナキストの多くは「農本主義」者と誤解されることを避けようとして従来の反都市論を撤回し、非農本的なアナキズム、左翼思想らしいアナキズムを示そうとした。すなわち、自己と相手の対比を〈アナキズム対農本主義〉と考えて反応したのである。

さて、加藤一夫もまた農本へ向かった。彼には真の生活を追求するという求道的な志向が一生を通じて強かったように思われるが、経済学を根底とするマルクス主義へ関心を抱かなかったのは、そうした性向も無関係ではないだろう。農本的思想に否定的なマルクス主義に無縁で、しかもトルストイらに導かれて思想的に農への親愛感をもっていた彼の場合、以上に述べたようなアナキズム運動の傾向が背景に加われば、農本へと傾斜していったのは当然であった。関東大震災後アナキズムの実際運動から引退していた彼も、『農民』に関わるなど、思想的に自連派・農民派と同じ道を歩んで行ったのである。

加藤が彼らと路線を分かったのは1931、32年のアナキストの転換期である。「農本主義」の出現に対して、加藤は〈農本主義対アナキズム〉という捉え方ではなく、〈彼らの農本主義対自分の農本主義〉と捉えたのであった。それについて次に見ていきたい。

二　農本主義から日本信仰へ

1932年、深刻化する農村恐慌の中で、自治農民協議会を中心に農村モラトリアムなどを求める請願運動が展開され、農村窮乏対策のために開かれた第62、63議会に向けて膨大な数の署名が集められた（『社会運動の状況』による官側発表はそれぞれ1万8887名、4万2500名）。自治農民協議会は「君民共治」や「満州移民」促進を目指す右派の団体である。また請願運動進行中に起こった五・一五事件には茨城の愛郷塾塾生が農民部隊として参加していた。こうして前年の日本村治派同盟結成以後、「農本主義」の運動は急速に全国的知名度を高めたのであった。

加藤が『農本主義　理論編』『農本社会哲学』（1933年刊行）をまとめたのは、そのような状況下であった。両著は「農本主義」を単なる農村救済策の一つとして見られたくないとして、「これは一つの思想体系である」（前者「巻とうに」）、人生問題と社会問題を「同時に考察して、そこに見出したところの一つの世界観的人生観的社会観とその実践とである」（後者の三頁）と強調している

加藤が自らと新たに登場した農本主義との間に一線を画そうとしたのは、一つには彼の方がかなり以前から『農民』『大地に立つ』の誌上で農本主義的な主張を論じてきた先輩であるという意識があ

ろうし（『農本社会哲学』の大部分は『大地に立つ』に掲載した文章を書き直したもの）、もう一つには彼も強調するように、農本主義は農村救済策を越えたもっと深遠な思想であるという意識があったからと思われる。

加藤は第二次・第三次『農民』の論者のひとりであったが、彼には他の論者とは同列に論じられない特徴的な主張が見られた。一つには「農」に精神的な価値をみる傾向の強さである。もう一つは東洋と西洋を対比させる論じ方である。

加藤は農本主義を「人類の生活の意義が価値を実現することに在るを認め、さう云ふ生活を可能ならしむる社会は常に特に今日に於ては、農を本とした社会でなければならぬとする思想」と定義する。「と云ふのは、第一に人類の生活の根底はなんと云つても栄養と活動とであるが、農はそれを実現するところの原初的な任務であり、第二に、農は自然と融合し、自然と共に宇宙的生活を生きる事であつて、生活の最も始源的な、而も、究極的な意義がそのうちに含まれているからである」（『農本主義理論編』326〜7頁）。「自然それ自身」が「絶対」と見なされたから（同20頁）、農業は自然と融合して絶対的価値を実現する行為と考えられたのであった。自然との相互交渉に精神的価値をみた論者は他にもいるが、彼らもこうした形而上学的な論じ方はしない。

また、加藤は東洋と西洋に対し次のような対照的なイメージを持ったのであった。西洋については近代の資本主義社会から、東洋については中国の古代思想からイメージを得たのではないかと思われる。

〔西洋文明〕は智的、唯物的、活動的外展的で、ギリシャに源を持つ支配階級的文明である。それは政治と結合し、国家のためにある。また西洋的思想は征服、進歩を指向する。

〔東洋文化〕は生活的、精神的、沈潜的内向的で、「支那」に源を持つ民衆的文化である。それは政治を排斥し、社会のためにある。また東洋的思想は解脱、完成を指向する（二著による筆者のまとめ）。

彼は東洋を善しとし西洋を悪しと捉えているのである。

都会文明・商工業文明・資本主義を批判し、農本位の社会を理想と考える者が、近代化に伴って輸入した西洋文明そのものを諸悪の根源と考え批判したことは論理的に理解できる。加藤の場合の西洋文明批判にはその筋道がストレートに表われていると言えよう。こののちしばらくすると西洋の物質文明と対比する対象が、東洋文化から日本精神に変わり「日本信仰」「天皇信仰」へ進んで行く。

綱沢満昭氏も「加藤の反都市感情は、当然のことながら反西洋、反西洋文明にもつながっていく」（「加藤一夫の農本思想」『近代風土』第22号、1985年2月、93頁）と述べる。加藤を見ていると「当然のことながら」との感を抱かざるをえないが、ここに反都市感情から反西洋につながらなかったひとりの思想家をあげて、「当然」の語に疑問符をつけておきたい。それはアナキズム陣営の長老的存在であった石川三四郎である。

石川の場合、反都市・反商工業の感情を抱きつつ、ついに反西洋に至ることはなかった。日本信仰どころか、日本・日本人の短所ばかりを論じたように見える。天皇に対してはある種の親愛感・崇敬の念を抱いていたにもかかわらず、日本は賛美されるより批判される対象であったのである。石川が日本を批判し逆に西洋を羨望したのはなぜか。むろん農本的思想家である石川は物質文明の発達をうらやんだのではない。彼は西欧の個性尊重・個人意識の発達をうらやんだのであった。

人間は各々個性的自我を持ち、その自我を実現発揮しようとする本能をもっている。そのまったき実現がなされると、各々の個が他の個と、また宇宙とも連帯しハーモニーを奏でる、と石川は考えていた。長い欧州亡命生活の中で自由の素晴らしさや個性尊重の良さを実感した彼は、物質文明の悪を指摘し都市より農村を、工業より農業を高く評価しつつも、個の強調より和が重視される日本を終始批判せずにはいられなかったのである。

彼が軍国主義に対し、「個人意識が発達すれば、各自の良心の判断は威力を以て其人を指揮する。……良心の目を潰し、自覚の芽を断たねば軍国主義は安立し得ないのである。」（「軍国主義の将来」1915年）と論じたのはそのひとつの表現である。

自由人連盟時代の加藤にとってもまた、アナキズム革命の実現方法の問題やアナキズム陣営発展の問題よりも、人間の個・自我の発現の問題の方が重大ではなかったかと思われる。彼が発行した雑誌は『自由人』と命名され、団体名も「自由人連盟」であった。私もまた「一貫して維持される原則は個・自我の重視であり、本然・創造の尊重であった」（小松隆二「土の叫び地の囁き」112頁）とする見解に同意する。また石川と同様、主にペンによって生活する人間であった。

それでは両者を分つものは何であったか。「自由」に対する経験的感覚の深さの違いか、普遍的価値（道）の追求姿勢の強さの違いか、「自由」と「西洋」との概念連関の有無によるのか、加藤について深く研究していない今の私にはなんとも言いがたい。ただ、農本的アナキズムの中では、石川の方が例外的存在であって、〝農本〟から〝反西洋・親東洋・日本礼賛〟へつながる者の方が多数派だろうと推測している。

おわりに

松永伍一氏は「加藤一夫における農本思想の原理と現実」の結びの部分で「加藤一夫はあたりかまわず、無責任に跳びあがった。転向などという区切りはなかった。……煽動的な言辞を吐く人間はあと尻拭わぬ癖がある。加藤一夫はその典型だが、芸の細かさや変り身の早さの妙技によって、かれ自身の実像はともかく虚像すら定かに見つめられないところへ、はるかに飛び去ったのである。」と述べている（『土着の仮面劇』132頁）。

こうした厳しい口調は、加藤の言動を「かれの煽動の口車にのって踊りまわったあと始末がつけられなくなる」農民に対する「知識人の罪科」と捉えることによるのだろう。しかし、私としては、そういった外側からの批判ではなしに、まずは加藤自身に即してその変化を冷静に理解し、現代の問題を考える際に参考にもしたいと考えている。本稿が加藤研究の一助になればさいわいである。

加藤一夫の思想――アナキズムから天皇信仰への軌跡――

【初出…1990年10月発行『社会思想史研究』第14号（社会思想史学会）】

はじめに

大正期の文学関係の資料のみならず、1920、30年代の農民文学運動、農本主義運動の資料にも加藤一夫（1887〜1951）はしばしば登場する。著作が多く、版を重ねたものも多いが、彼の思想の軌跡に関してはほとんど研究されていない。

大正期の民衆芸術論の論者としての活躍後、[*1]加藤は日本社会主義同盟の発起人やアナキズム団体「自由人連盟」の中心人物として、日本村治派同盟の発起人や農本連盟の一員として、社会運動の舞台に登場した。[*2]その後彼はさらに「天皇信仰」を提唱したため、アナキズムから天皇信仰までという思想の変化の大きさが彼の評価を難しくしてきた。従来は、アナキズムや農本主義など個々の思想に関する一般的思想史研究の不毛状況に加えて、思想変遷を内在的に追求するに到らなかったために、加藤のような思想家の軌跡は否定的に捉えられる他なかったのである。

例えば田中保隆は、加藤の生涯を「アナーキズム―農本主義―天皇中心主義という、歴史の必然性を無視したところから起こる展開の一つのケースを示すもの」と評し[*3]、松永伍一は、加藤は「狂信的日本主義」への道筋を「あたりかまわず、無責任に跳びあがった。転向などという区切りはなかった」と評して「あと尻拭わぬ癖がある」「煽動的な言辞を吐く人間」の典型と断じた。[*4]岩居保久志は「天皇信仰」を「説明しつくせない複雑なものを感じさせる」とし、「時代と共に揺れ動き、結局は日本人であり日本精神に回帰していく人生、これこそまさに日本的である」[*5]と困惑をあらわにする。

＊1　紅野敏郎「『科学と文芸』――日本の文芸雑誌」『文学』28巻4号、1960年4月を初めとする多くの文学研究がある。『加藤一夫研究』1～3号（加藤一夫研究会、1987～89年）の大和田茂編「加藤一夫参考文献目録」を参照されたい。

＊2　小松隆二の『三田学会雑誌』の諸論文、「自由人連盟と加藤一夫」80巻4号、1987年10月、84頁以下、『原始』と加藤一夫」78巻5号、1985年12月、178頁以下、「『大地に立つ』と加藤一夫」79巻5号、1986年12月、81頁以下、を参照されたい。

＊3　田中保隆「加藤一夫」『日本近代文学大事典第一巻』、講談社、1977年、392頁以下。

＊4　松永伍一『土着の仮面劇』、田畑書店、1970年、132頁。

＊5　岩居保久志「加藤一夫の文学　小説『無明』をめぐって」（東京都私立学校振興会の学校研究助成による論文）1987年3月、24頁。

同時代に加藤と類似の思想変化を見せた者は少なくなく、加藤の時代の思想変遷の解明は日本思想史の重要課題であると思われるが、研究の現状はこうした段階にある。

本稿では紙数の関係で、加藤の生涯については小松隆二の「土の叫び地の囁き――加藤一夫の生涯と思想」[*6]の記述にゆだね、問題を加藤の思想に絞り、思想の軌跡を一人の人間の歩んだ道筋として内在的に理解することに努めつつ、各時代の問題点を押さえる形で論じていきたい。

なお、加藤は多くの著作の中で繰返し過去の思想の変遷を回想している。本論中でもたびたび触れるが、彼の回想には回想時点の思想による合理化・正当化が強く働き、回想対象の時代の資料との間に合わない点が多いので、なるべく対象の時代に近い資料を用いるよう努めた。

一「本然生活」「民衆芸術論」時代（1913～19年）

1887年和歌山県に生まれた加藤は、中学校退学、転校、受洗、渡米決意・断念等の紆余曲折を経た後、和歌山時代の友人沖野岩三郎の後を追って明治学院神学部に進んだ。ここで加藤は、沖野のほかに、賀川豊彦や八太舟三らと知る。加藤は卒業後、信仰への懐疑のためにただ一人独立の牧師にならず、牧師の助力者、統一教会の『六合雑誌』の編集の手伝い、女学校の英語教師などを経て、翻訳と執筆の生活に入っていく。

加藤はキリスト教への懐疑から新しい人生観に到る過程を、1913年、「創造の悲哀」の中で次のように述べた。

長らく人生の意義をキリスト教の「超越神的な正統派の神」[*7]に求めていた彼は、やがて人生の第一義は神ではなく自己の内にある自我であることを発見した。さらに自我の真実とは何か、自我の本然とは何かを探るうちに、次のように考えるに至った。「生命には内部より自発的に成長し、欲求し、創造する一の力がある」[*8]「生命の唯一目的は、……自己の創造にある。自己の真実に生くることにある。自己の本然を表現する事に在る」[*9]と。生命に存在するダイナミックな力強い働きや生の力の性善的性格を感じ取った加藤は、「自我の本然のまゝに生くればよい」[*10]という「本然生活」を主張した。

この頃は、彼自身が「今や、自我や生命や創造と云ふ言葉は、吾が国の思想界に於ける一種の流行語となつてゐる」[*11]と述べ、1918年にも「数年前、個人主義思潮が我国の思想界に於てその高調に達した時、多くのものは自我の権威を説いた」[*12]と回想したように、自我創造の人間観がかなり一般的

＊6　小松隆二「土の叫び地の囁き――加藤一夫の生涯と思想」『三田学会雑誌』78巻4号、1985年10月、100頁以下。
＊7　初出は『六合雑誌』394号、1913年11月、「本然の生活と創造の悲哀」と改題して加藤一夫『本然生活』、洛陽堂、1915年、1頁以下に収める。6頁。
＊8　加藤一夫『本然生活』、前出、14頁。
＊9　同右、17頁。
＊10　同右、4頁、22頁。
＊11　同右、32頁。
＊12　加藤一夫『民衆芸術論』、洛陽堂、1919年、247頁。

に論じられた時代であった。

加藤はこれを基点に彼の「民衆芸術論」を打ち立てていった。彼は「民衆芸術」を階層や階級の視点から述べるのではない。「民衆」とは「『本当の人間、もしくは本当の個人』となつたもの」と「少くともならうと努力して居る自覚者」[*13]で、加藤の考える「自我の本然」に生きる者を指す。新興の労働者階級の人々すべてが「民衆」ではないし、逆に資本家にも「民衆」が存在することになる。

さらに「民衆」は「此の人間性を阻害するあらゆる障碍に向つて戦を挑む。彼等は此の人間性を害はれた一切の病的な思想や神経を排する」[*14]者であり、「民衆芸術」は本然的な人間性を阻害・束縛するものからの解放を目指すものであった。人間の自由を奪うものには物質、富、制度、我執などが挙げられていた。生命の力のダイナミックな働きが具体的な像を獲得していったと解釈できよう。

1911年頃から深くトルストイに傾倒したのも、彼にこうした生き方を見てのことと考えられる。またキリストについても、「彼は彼をして彼たらしむる円満自足なる永遠の生命を自己そのもの、衷に直観する事が出来た。そしてそれこそ真の神であるのを知つた。……彼はまた、此神は、即ち彼自身の本然は、単に彼一人に孤立的に存在するものではなくて、万人に在つて共通であるのを知つた」[*15]と、自己の中に本然の生命を見る人間キリストを見たのである。

二　社会運動の時代（1920〜23年）

1920年5月、加藤を中心とするアナキスト団体「自由人連盟」が結成された。これ以後関東大震災後に消滅するまで、自由人連盟は大杉栄を中心とする「労働運動社」と並ぶアナキストの代表的な団体となる。ギロチン社事件の中浜鉄ら、多くのアナキストがこの団体に関係した。

大正前半期のまだ知識人らが主義を越えた交友を結べた時代の中で、加藤も社会主義者との交友が長かったが、この時期には明確にアナキズム陣営の一員としてボルシェビキ反対の声を挙げていた。

加藤は社会運動に参加したいきさつを1934年に次のように述べている。マルクスとトルストイの間に資本主義批判という共通性を見出していたが、制度改革を第一とする社会主義者の主張に無理を見ていた。そこへロシア革命の報がもたらされ、これを「私の主張は事実に於て打破られた」[*16]と。

1941年にはさらに簡明に、「ところが私は今、事実をもつて彼等に説得されたのである。何となれば、私には不可能だと思はれてゐたことが今、ロシヤで行はれたからである。……かくて私は遂にトルストイを捨て丶社会運動に投ずるやうになつた」[*17]と回想し、ロシア革命の勃発によって思想行動が一転したかのように書いている。

しかし加藤が社会運動に関わった時代の資料を見るかぎり、この回想には疑問がある。

＊13　同右、66頁。
＊14　同右、5頁。
＊15　同右、162頁。
＊16　加藤一夫『土の哲学』、建設社、1934年、19頁。
＊17　加藤一夫『み前に齋く』、龍宿山房、1941年、55頁。

第一に、ロシア革命が直接的契機であるかという問題がある。1917年11月に既にロシア革命の目的は政治革命であり、「彼等自らが代わつて権力を握つた暁には、依然として一種の権力階級に属するに過ぎなくなるかも知れない」[*18]とアナキズムの権力否定論の立場から述べ、1918年7月には「露西亜革命をもつて完全な理想の実現だとは思つてゐない。その事はその当時既に明言して置いた。それから後の革命の経過は益々此の信念を深うするものがある」[*19]と述べている。「戦慄と興味とに充ちた驚愕」[*20]を受け、理想郷への道程の「最も大きな過程」[*21]と評価する以上の意味が加藤にあったろうか。

第二に、そもそも社会運動への参加は思想的な転換によるかという問題がある。自由人連盟創立直前の時点で、「今日の新興民衆の根本基調は人間の尊貴そのものに在る。特に虐げられ、苦しめられ、掠奪され、抑圧され壟断されて、自己の本然に生き得ない者の、自己尊貴の自覚そのものに在る」、「今日の労働運動にしても革命運動にしても、……経済組織や政治組織と相即した人間の本質的自覚の開展運動としての新なる宗教の勃興であると云つてよい」[*22]と述べた。自由人連盟創立の「宣言」は「我等は我等である。我等は神の被造物ではない」で始まり、神や国家や資本主義や主義などをさして「我等の生活の途上に幾多の障碍の存するを知る。我等はそれを不断に破壊する。新なる不合理、新なる束縛、新なる凝固、……我等はそれを不断に破壊する。破壊なくして我等は存し得ない」[*23]とうたった。

加藤の社会運動は、このように「自我」を拠点として、それを侵害するものに対する破壊を目指すものであった。国家権力や資本主義は、社会運動が盛んになるにつれて、人間の解放を目指す闘いの敵としての重要性を増していったものの、やはり自由を束縛する多くの事柄の中の一つであった。加藤の社会運動は、根本的に本然生活論・民衆芸術論の延長上にあると言えよう。

アナキズムという思想は非常に広い幅を持つが、基本的には個人の自由を束縛するものに対する破壊・闘争という性格をもっている。彼がアナキズムの陣営で活動したのは、人間観を実践に移した結果であった。

三「農本主義」の時代（1924~36年）

この時代の思想は前節までとは異なってくる。まず『農本主義　理論篇』と『農本社会哲学』に見られる完成後の思想を明らかにした後に、そこへ到る変化過程を見ることにする。

「農本主義」とは何か。加藤は「人類の生活の意義が価値を実現することに在るを認め、さう云ふ生活を可能ならしむる社会は常に特に今日に於ては農を本とした社会でなければならぬとする思想で

＊18　加藤一夫『民衆芸術論』、前出、140頁。
＊19　同右、170頁。
＊20　同右、168頁。
＊21　同右、170頁。
＊22　加藤一夫「新しき宗教の勃興」『一隅より』4号、1920年4月、2頁。
＊23　自由人連盟「宣言」、1920年5月。1920年5月頃の『一隅より』（号数、発行日ともに記載なし）と共に送付されたものと思われる。

ある」[24]と説明する。

「農」を本とすべき二つの理由がある。一つは、農業は食料や原料の生産業であり、それは人類の社会生活の根本基調で根本責務だからである。「まことに農は人類生活の不可避的基調である」[25]。これは当時の反マルクス主義的農民運動に共通の農業観である。

もう一つは、「農は自然と融合し、自然と共に宇宙的生活を生きる事」[26]だからである。「自然」は「価値以上……道徳以上……それ等（価値、道徳――引用者）を含めての更に更に大なる生命……絶対である」と語られ、続けて「人は此の絶対に没入する事によつて人間的価値以上の絶対的価値を実現する」と説かれる。[27]

「自然」以外に、1924年から1936年頃までに同じ対象に対して「虚無」「宇宙」「天」「天地自然」「タマの故郷」「根」など様々な言葉が用いられた。人間をその中に含み、かつ人間を取り巻く世界は絶対的なものであり、「融合」し「没入」し「帰依」する対象であって、もはや破壊し改造する対象ではない。この世界と融合する営みが「農」であり、こうしたあり方が、「大地に立つ生活」や「農本社会」と呼ばれている。

こうした人生態度を論ずる際の枠として、加藤は次のような二項対立的体系を用いた。それは、東洋的なるものと西洋的なるものの対比である。両者は世界観、人生観、社会観が異なり、そのために生活態度が異なっている。前者は古代中国に淵源があり、後者はギリシャ文明に淵源をもつ。前者は生活的、精神的、沈潜的内向的、民衆的などの特質をもち、後者は智的、唯物的、活動的外展的、支配階級的などの特質を持つ。[*28] 前者は解脱・完成の思想となり、後者は征服・進歩の思想となる。[*29] また、天地自然とともにあゆむ農業・農村は東洋的であり、商工業・都会は西洋文明ということになる。

経済組織や権力の問題は西洋文明的態度から東洋文化的態度への変換、即ち「生活態度の革命」によって解決し得ると考えられた。目指すべき態度は「外へ外へと自己を拡張して行つて、遂に身動きのならぬ往生を迎へる代りに、内に充実と静平とを求むる直感の歓喜と心霊の静なる高揚がある」[*30] ような生き方であり、「個人的にも社会的にも、物質的繁栄を追求する精神を捨て、利害関係を生活の根本義とする階級闘争を助長するの愚をやめ、而して只だ大自然と融合するところの宗教的東洋的精神に立ち還り、道念をもつて個人及び社会の生活原理とする事によつて、社会的分業や都市農村の対立関係を解消し、凡ゆる階級を撤廃したところの渾融一致の共同社会を建設する」[*31] ことが、加藤の東洋的「農本社会」の内容である。

＊24　加藤一夫『農本主義　理論篇』、暁書院、１９３３年、３２６頁。
＊25　同右、16頁。
＊26　同右、３２６頁。
＊27　同右、20頁。
＊28　同右、１２９頁。
＊29　加藤一夫『農本社会哲学』、暁書院、１９３３年、30頁。他にも対比的な記述箇所は多い。
＊30　加藤一夫『農本主義　理論篇』、21頁。
＊31　加藤一夫『農本社会哲学』、１４５頁。

さて、前節の時代までとは人間と外界との関係に関して大きな違いが生じている。かつては、自我は生き生きとした力を発揮し、自分を束縛・抑圧するもの（国家や制度や本然でない自分を含む外界）を破壊し自らを解放しようとするものだと考えられていた。自我は本然を生きるための自己改革が必要であると同時に、外へ広がり働きかけるものであった。ところが今や、外界は絶対的・固定的な性格を獲得し、自我は外へ広がることを止めて、ひたすら自己の充足・完成を追求する内向きのものとなっている。

こうした思想の変化はいかにして起こったのであろうか。

1923年9月、関東大震災直後に加藤は東京から追放されて芦屋に移り、運動の中心から遠い芦屋の地で、1925年1月に雑誌『原始』を発刊し、途中の東京転居をはさみ1927年4月まで刊行した。

『原始』は従来アナキズム系の雑誌に数えられているが、それに加えて加藤個人の思想の移行期や日本思想史上のアナキズムと農本主義の境界領域を示す重要な雑誌でもある。

『原始』の基調は「虚無思想」にあった。即ち、無限に広がる時間的空間的な宇宙の中にあって、人間は小さな存在であるが、理想を抱き物を思い考えつつ生きていく、という自我を中心とする人間観であった。「自我」や「自己」の語は一見すると従来の加藤の人間観の延長にあることを示している。しかし「自己」を発揮する舞台は、「原始」「虚無」などの言葉で表現され、また、その具体像が「自然」や「土」に求められるようになる。自我の発現を抑圧する外界物は、国家や資本主義や神などから「文明」「都会」「器械」などに替わる。虚無的な人生観の萌芽をインドや中国の古代思想に求めるようにもなる。こうした変化は、『原始』において既に農本主義時代の思想へ移り進んだことを示している。『原始』の時代は、階級対立の激化とマルクス主義勢力の成長、震災による都市の壊滅に起因する文明観の動揺、農耕生活の見直しの風潮（知識人の帰農）、都会と農村の文化格差の増大の問題視など、多くの問題が吹き出し、思潮が変動する時代であった。こうした時代状況と、その時代の中で加藤が読んだ次のような著作が、彼の思想の変化をもたらす要因となったと思われる。

虚無的宇宙観、商工業文明への批判、農耕志向など、全体の構想は石川三四郎の影響が大きいだろう。加藤は『原始』の創刊号で、「カアペンタアやルクリユウや石川三四郎なぞの生活、その心境が今、僕にもわかつて来たのだ。静かに、根強いものを僕も創造しよう。……世人を相手に、評判や名誉や利用やを気にしないで、自分の仕事を自分一人でコツ〳〵とやり度いのだ[*32]」と語った。カーペンター[*33]もルクリュも石川が熱心に紹介した人物である。また、加藤は「原始に還れ」の付記に「この一篇は石川三四郎氏の『非進化論と人生』及び室伏高信氏の『日本論』に暗示を受けたるところ多きを附言

＊32　加藤一夫「雑記」『原始』1巻1号、１９２５年1月、29頁。
＊33　加藤は早くに石川三四郎著『哲人カアペンター』(東雲堂書店、１９１２年)を読んでいた(加藤一夫「エドワード・カアペンタア」『一隅より』1巻1号、１９１９年1月、4頁)。

すると共に、同二書の精読をおすゝめする」[34]と記すほか石川の『非進化論と人生』を推奨している。[35]しかし『原始』以降に加藤の進む東洋文化と西洋文明の二項対立的体系化の道は石川とは異質のものである。[36]その淵源は古谷栄一と室伏高信の両者にあるのではなかろうか。

古谷は若手の哲学研究者らしい。『原始』の兄弟誌である『虚無思想研究』に、毎号哲学批判の論文を掲載し、1926年の『虚無哲学体系第一巻　人間の自我は錯覚』では西洋哲学の理論を論破し、西洋の虚無思想とは異なる、建設的な「生活肯定に帰る回皈的虚無思想」[37]を立てようとしていた。

古谷については、津田光造が「西洋の小乗文化を『本尊』とする事の下らなさ加減に愛想をつかせて、今や日本が世界を指導すべき文化的大使命を持つて居る事を自覚した者があつて、それを哲学の上に求める人には、古谷氏の名著『循環論証の新世界観と錯覚自我説』をお勧めする」[38]と紹介し、それを加藤が「古谷君の思想の一端については本号の沢田君の論文を読んでもらい度い」[39]と述べている。また、加藤は古谷の著書を「兎に角これは近来の好著である。是非一読をおすゝめする……単に虚無思想を知り度いと云ふ人のみならず、宇宙の、人生の、社会の、歴史の正しき認識に到達したいと云ふ人のために此の書をすゝめたい」[40]と強い調子で薦めた。加藤は古谷の哲学を「飽くまでも東洋的で、否、日本的で」[40]と捉えていた。このように古谷の西洋哲学批判は、加藤の西洋に対する否定的認識への刺激になったと思われる。

1920年代の著名なジャーナリスト室伏は、1923年12月に『文明の没落』を世に出し、続いて『土に還る』『日本論』『文明学序説』などの著が版を重ねた。加藤とは以前から親密な交友があり、当時思想的に近かったことが室伏の文章から伺える。[*41]

加藤が「原始に還れ」の付記に『日本論』を石川の著書と並べて推奨したことは既に述べた。『日本論』は「欧羅巴文明乎亜細亜文化乎」「新らしき日本乎古るき日本乎」という二項対立的図式によって西洋文明やそれを受容した日本の姿を批判し、「機械的世界を打破して人間的日本へと行け。金銭的日本を打破して農村日本へと行け[*42]」と説いている。また「古るき亜細亜的生活と思想とが世界の救済者として要求されてきた[*43]」として、そのアジア文化の特質を、実証主義的で科学的で機械的都会的ブル

＊34　加藤一夫「原始に還れ」『原始』2巻1号、1926年1月、5頁。
＊35　加藤一夫「吉祥寺より」『原始』1巻11号、1925年11月、32頁。加藤一夫「吉祥寺より」『原始』1巻12号、1925年12月、33頁。
＊36　拙稿「『農本的アナーキズム』と石川三四郎」『本山幸彦教授退官記念論文集』、思文閣出版、1988年、471頁以下を参照されたい〔本書所収〕。
＊37　古谷栄一『虚無哲学体系第一巻　人間の自我は錯覚』、春秋社、1926年、4頁。
＊38　津田光造「循環論証の新世界観と錯覚自我説―西洋文化を蹴飛ばす文献―」『原始』2巻11号、1926年11月、39頁。
＊39　加藤一夫「吉祥寺より」『原始』2巻11号、1926年11月、40頁。
＊40　加藤一夫「吉祥寺より」『原始』2巻12号、1926年12月、34頁。2巻1号、1926年11月、40頁でも。
＊41　室伏高信「大森だより」『原始』2巻1号、1926年1月、43頁以下。室伏高信「不入斗だより」『原始』2巻2号、1926年2月、19頁以下。
＊42　室伏高信『日本論』、批評社、1925年、200頁。
＊43　同右279頁。

ジョア的な近代ヨーロッパ文明に対して、直観的、宗教的、自然的田舎的農民的であると述べた。[*44]加藤の二項対立の原形はここにあると考えてよい。

『原始』廃刊の二年半後に加藤は再び雑誌を発刊する。この『大地に立つ』創刊号で執筆の空白期間について「自分の思想が幾分動揺していて決定的な何ごとも云ひ得ない状態にあるのを感じたからであつた」と説明し、「だが、今は幸ひ、世間流行の思想ではないが、兎に角一つの定まつた態度をとり得る覚悟が出来た」[*45]と語っている。主要論文すべてが初めから単行本の一部として書かれ、実際にも『農本社会哲学』にほぼそのままの形で収められているのを見ても、創刊された1929年には、前述した農本主義が確固としたものとなっていたことが伺われる。

『大地に立つ』は号を重ねるにつれて同志を得、また全国農民芸術連盟の『農民』（第3次）と友誌の関係にあった。『大地に立つ』（1931年2月より個人雑誌となり、版、頁数が変わる）と重なる時期に『農村社会研究』（1931年5月、9月）を出し、日本村治派同盟や農本連盟の設立に関わり、『農本主義』『農本社会哲学』『土の哲学』を出版するなど、加藤の農本主義活動がしばらく続く。

四「天皇信仰」の時代（1936年より）

「農本主義」から「天皇信仰」への移行は徐々に行われた。[*46]農本主義の時代の宇宙認識は、既に外界を「絶対」的と見做す宗教的色彩をもつものであったが、1931年以降、言葉の上でも「宗教」化への進展が見られる。まず「生活態度の決定……これが実にもっとも本質的な宗教の職分である」[*47]

として、従来の「生活態度」の問題を「宗教」の問題と捉え直し、「私は遂に思想的に一大転機に立つた。それは宗教への復帰だ。私はそこで新しい宗教運動を起こしたい」[*48]と宣言する。しかしその「宗教」の内容は従来の「生活態度」の問題を指しており、二項対立的な社会観・人間観によって農本社会を目指す主張に変わりはない。

1935年1月には「農本正教」を開教する。[*49] これも「私達の農本主義は今や宗教である」[*50]と言うように、農本主義の延長である。キリスト教で悔改めによって神の国に入ることができると同様に、「態度の革命」によって「神の国」「農本社会」を実現しようとした。[*51]

＊44 同右 281頁。
＊45 加藤一夫「手紙代わりに（一）」『大地に立つ』1巻1号、1929年10月、7頁以下。
＊46 1940年代にはいってから『み前に齋く』、（前出、93〜106頁）や『肇国史詩なかつくに』（龍宿山房、1942年、自序）で、加藤は1937年の二・二六事件の時に、これが大事に至らなかったのは天皇の存在によると感じて農本主義から天皇＝神信仰へ転換したと語るが、この回心は当時の資料には窺えず疑わしい。
＊47 加藤一夫「宗教の本質と我等の態度」『大地に立つ』3巻3号、1931年3月、2頁。
＊48 加藤一夫「宗教家諸君に」『大地に立つ』3巻5号、1931年5月、4頁。
＊49 加藤一夫『貧者の安住』、不二屋書房、1935年、308頁。
＊50 同右 326頁。
＊51 同右 327〜330頁。

1935年6月に発刊した雑誌『ことば』(未見)も、やはり加藤が「創唱」した農本主義の「宗教的なところをぐんと押進めねばならぬ[*52]」として発刊した雑誌であった。

1936年、加藤はキリスト教の日本化を主張する。「基督教に於ける父なる神は直ちに日本に於ける天御中主神又は国常立尊で[*53]」あり、「日本人には昔から神とは目に見ることの出来ない霊であると云ふ思想があり、……これは基督教に於て神は霊であると信じて居るのと同じである」、また「天御中主神、高皇産霊神、神皇産霊神を造化の三神と称して、三神にして一神なる天地成生の神を信じて居る[*54]」のと「父、子、御霊の三神にして一神なる、即ち、三位一体神を信じて居る」のとは一脈通じる、両者の神は「共に、恵みの神であり、生命のみ親としての神であり、清明の神である[*55]」、等とキリスト教と日本の宗教との共通点を挙げた。

さらに、1937年には、「真の基督教」を「神ながらの道の顕現」や「日本精神の根柢となつたところの生ける生命」と見、新たに「基督道」と名付けて、「皇国基督道同盟[*56]」を結成した。

「基督教日本化」問題は、加藤が主張した1936年頃には盛んに論じられた模様だが[*57]、彼のキリスト教日本化論は、以上のようにキリスト教と日本人の宗教との共通性を強調して前者を後者にとり込み解消させる方向性をもっていた。農本主義時代には人間を取り巻く自然や宇宙に宗教的な性格を見ていたが、そうした広義に宗教的な宇宙観や、キリストを人間キリストとして見ることがなくなっ[*58]たわけではない。著述の重点が宗教教義の形式的概念的な面に向けられ、従来の思想と「日本精神」との結合が模索されたと見ることができよう。この時点で加藤の思想が新たな段階に入ったと言ってよい。

1938年から1943年の「日本信仰」「天皇信仰」をテーマとする一連の著作[*59]はいずれも、記紀を主資料として、一切の根源の産みの親である産霊神と、主宰神である天御中主神と、歴史的人格である天照大神との三神を同一者とし、また天照大神と天皇は「祖孫一体」であるとして、天皇が神であることの論証に努めている。証明の論理はかなり粗雑であるが、証明に努める加藤の意図はどこにあったのだろうか。

加藤は「人間を生み出したものは生命である。……その他何から何まで、すべてみな、此の大きな

＊52 加藤一夫『私は出家した』、学芸社、1936年、330頁。
＊53 同右378頁。
＊54 同右379頁。
＊55 同右380頁。
＊56 加藤一夫「時局下の基督教運動」『宗教公論』6巻12号、1937年12月、42頁以下。なお『み前に齋く』（前出、112~121頁）には「日本教会」（のちに「日本信仰協会」と改称）について記述がある。団体名を「皇国基督道同盟」→「日本教会」→「日本信仰協会」と変えたらしい。
＊57 松下正寿「基督教日本化の方法論」『宗教公論』6巻4号、1937年4月、26頁以下。なお『宗教公論』の本号は「日本的基督教の問題」の特輯号である。
＊58 加藤一夫『小説キリスト』、新思潮社、1937年。
＊59 加藤一夫『日本信仰』、恒星社、1938年。『天皇信仰』、龍宿山房、1941年、『天皇信仰道』、龍宿山房、1943年。

生命によつて生れたものである。その大きな生命とは何であるか。よく考へて見ると、この大きな生命とは神さまのことである」、そして日本の考え方では「生み出した神さまを一番尊い方だと考へ、その御心のままに生きねばならぬとする」[60]と述べている。この「大きな生命」とは「農本主義」時代の宇宙である。これが天皇に結び付けられているところがこの新しい段階の特色であり、天皇と記紀神話と時局的文言を取り去ると、農本主義時代の思想しか残らない。

加藤と自由人連盟の時代から農本主義、日本研究まで共に進んだ塩長五郎について、加藤は「兎にも角にも常に彼は私の追追《ママ》随者であつた」[61]と述べているが、その塩が加藤の天皇信仰に関して次のように述べている[62]。

アナキズム陣営崩壊後、「ほかに道がなくなった」加藤は、農本主義宣伝をキリスト教に帰った形で行うようになった。しかし神道以外の宗教に対する干渉が厳しくなり「日本的なもの」による合理化も通用しなくなった。そこへ「懇意の出版者から、天皇礼賛の書なら出版するという呼びかけがあった」。そこで加藤は「一計を案じ」、ペアリーの古代エジプト国王の伝説物語をもじって「天皇は須らく世界平和の推進者としての農業の神の存在たるものであり、低級な好戦種族とは異なるものであって、常に国民の福祉と共にある太陽神である。と、まとめた」これは「皮肉に演出したまでのことである」と。「彼は最後まで平和を希求し、労働者農民のよき味方であった」、「彼は最後まで農本主義の宣伝を捨《ママ》てはいなかった」と塩は述べている。

加藤が主観的に「平和を希求」したとしても、それはあくまでも神国日本の「平和」であり、結果的に「大東亜戦争」を正当化し、[*63]「信皇殉国」を掲げて一切を天皇に捧げよと扇動したことが、[*64]戦争遂行に大きな役割を果たした事実は否めない。

しかし塩も言うように、加藤の農本主義以降の自然観・人生観が天皇信仰の中で貫かれていたことも事実である。彼の自然観・人生観は外界を絶対的な存在とし、個人がそこに融合する方向性を持っていたために、状況の必要に応じて融合対象に論理的操作によって天皇を重ね合わせれば、そのまま「時局的」な性格を持つことができたと、考えられる。

加藤には重ね合わせることへの抵抗感はなかったであろう。そのことを問題視することもできよう。しかし1945年の敗戦以前に果たしてどれだけの日本人が天皇制を客観的に捉えることができていただろうか。天皇制を客観的に捉える条件を備えた今日になすべきことは、加藤や彼と同種の人々の言動を非難することよりも、再び過ちを繰り返さないために、彼をしてそのように進ましめた背景を解剖することではないか。

なお、戦後、加藤の天皇信仰鼓吹についての反省の弁は未見である。『小説キリスト』やトルスト

＊60　加藤一夫『天皇信仰道』、前出、42〜43頁。
＊61　加藤一夫『貧者の安住』、前出、312頁。146頁にも同様の記述がある。
＊62　塩長五郎「加藤一夫論――アナキズムと農本主義――」『イオム』2号、1973年6月、38〜40頁。
＊63　とくに加藤一夫『八紘一宇史の発足　大東亜建設譜』、龍宿山房、1942年。
＊64　とくに加藤一夫『天皇信仰道』、前出。

イの翻訳の再版のほかに『新農本主義』『日本的基督教』などの書が刊行されている。

五　加藤一夫の日本思想史における位置

前節までで加藤の思想をたどったが、この加藤が日本の思想史の中で占める位置について、農本主義時代以降の日本思想史の解明が進んでいない今日では、まだ多くを語れない。ただ交友のあった人々の名を挙げることによってその一端を窺ってみたい。

まず、本然生活・民衆芸術の時代については、ほとんど述べる必要がないだろう。小説が売れ雑誌原稿が売れる加藤は、その当時名の売れた新進の物書きの一人であった。明治学院時代の友人に加え、『六合雑誌』編集以来多くの文壇人や評論家を知り、社会主義者との交友もあった。自我の創造、束縛からの解放という大正デモクラシー思潮の重要な一面を担っていたのである。

自由人連盟の創立によって、彼の下には多くのアナキズム運動に関心を持つ青年たちが集まり、加藤は従来の交友関係にこれらの青年たちを加える。後にギロチン社事件の古田大次郎の『死の懺悔』や朴烈事件の金子ふみ子の『何が私をかうさせたか』の出版のために労を取ったのは、この時期の活動・交友関係による。中には第四節で言及した塩長五郎のように、以来加藤に私淑した青年もいる。

それ以降の時代であるが、松永伍一は、1924年頃から1933年頃までの雑誌『農民』を中心とする反マルクス主義農民文学運動とその中心人物であった犬田卯について、「その農本主義理論は加藤一夫の『農本主義』や『農本社会哲学』などの刺激と感化によっており、犬田が純理論家として劣っている部分を加藤の力を借りることで補った『農民』の布陣それ自体が、時代に対する鋭敏な対応性をもつ加藤のペースで動かされていたことをそれは偽わりなく示し得たものと私は解している[*65]と、加藤の影響力の大きさを見た。全国農民芸術連盟の『農民』に参加し分裂後に自治連盟を組織して別の『農民』を出した土屋公平についても「加藤一夫の思想的影響下にあった」「加藤の思想の亜流[*66]」としている。

また山川時郎（本名河野康）は、『原始』以来の加藤の熱心な読者で、『大地に立つ』誌に、加藤の思想を敷衍したような論文がたびたび掲載された農村青年である。やがて上京、１９３１年、『大地に立つ』の後継誌である『農本社会[*67]』を発刊。以後、日本村治派同盟の創立発起人・執行委員となり、農本連盟の書記長、愛郷自治連盟常任書記などを務め、農本主義運動で活躍した[*68]。

加藤は思想や農本塾建設について雑誌などに書き講演会でも説いた。多くの青年が加藤を読み聴いたことであろう。上にあげた人物のほかにも、加藤の個人雑誌や、「農民自治会」やその前身の一つ「土

＊65　松永伍一『日本農民詩史　中巻（一）』法政大学出版局、１９６８年、１８１〜１８２頁。
＊66　同右　３０８、３０９頁。
＊67　農本社会建設協同会発行。のちに農本連盟に機関誌を譲った。
＊68　生没年等不詳。茨城県の人。加藤一夫『貧者の安住』、前出、91頁以下に山川について記述がある。後に東亜連盟運動でも名が見える（東亜連盟協会の『報告』第39号、１９４１年2月20日）。戦後、江渡狄嶺の『場の研究』、三蔦苑（平凡社発売）１９５８年を編集・解題執筆。

を慕ふものの会」[*69]、第二次『農民』、第三次『農民』などの周辺では、加藤に影響を受けて農民文学運動や農本主義運動などに参加した多くの青年たちが活躍していたことが予想される。

加藤と交友のあった知識人のうち、石川三四郎については前にも触れた。石川と同居していた望月百合子が新治村中山時代（1934年まで）の加藤を「（ボルシェビキが――引用者）天下を横行する中での加藤一夫の生き方は清々しかった。私達も数少ない同道者で、しかも社会での根本の方法までが同じだった。農を主軸にする加藤一夫、私共も農を本にする社会づくりだった」[*70]と回想しているのも、石川と加藤に通じるところが大きいことを示唆している。

ほかに、江渡狄嶺、中里介山、伊藤証信らとの交友もあった。もちろん日本村治派同盟や農本連盟に参加した人々とは講師として招かれる等の関係があり、明治学院同窓の、沖野岩三郎、賀川豊彦らとの交友も長く続いていた。

それらの交友が相互の思想的影響関係に及んでいたか、運動の同志的な紐帯が感じられるものであったか、についてはまだ論じられる段階にない。それが明らかになるとき、加藤という思想家の時代が明らかになると言えよう。そのために、加藤の影響を縦の関係で受けた人々だけでなく、加藤と同時代に活躍した知識人たちについても、行動と思想の解明を進め、個々の人物や団体と相互関係からなる網の目を明らかにしていくことが、今後の課題となる。

（付記）この研究は、文部省科学研究費補助金による研究成果の一部である。

＊69　大井隆男『農民自治運動史』、銀河書房、１９８０年、参照。
＊70　望月百合子「清流の人」『加藤一夫研究』３号、１９８９年11月、35頁。

III　江渡狄嶺

江渡狄嶺の二つの時代　実行家から社会教育家へ

【初出…1991年8月発行『論争』第5号（土佐出版社）】

初めに、これから述べる江渡狄嶺《えとてきれい》の経歴をざっと紹介しておきたい。本名幸三郎、1880年青森県五戸の呉服商を営なむ旧家に生まれた。「狄嶺」は、北方の異民族を表す「狄」と学生時代にたびたび寄稿した雑誌『日本人』の三宅雪嶺の一字から作った号である。二高をへて東京帝国大学法科大学へ進んだが、のち東京郊外船橋に土地を借りて百姓を始め（まもなく高井戸に移る）、そこを「百性《ママ》愛道場」と名付けた。学生時代には清沢満之《まんし》の感化で同郷の学生たちと「精神窟」を営み、臨済宗の南隠老師に参し、また一方聖書やトルストイを読むなど、宗教的方面に親しんだ。のち吉田清太郎牧師より受洗、曹洞宗の沢木興道より授戒を受けている。吉田と沢木の二人を生涯の師とした。1927年より各地で講話を行ない、1935年には自宅に家塾「牛欄寮」を開いて青年たちの指導にあたった。1944年逝去。『或る百姓の家』（1922年）、『土と心とを耕しつつ』（1924年）、『地涌のすがた』（1939年）、『場の研究』（1958年）、の著書がある。1959年からは弟子を中心とする狄嶺会によって『江渡狄嶺研究』（以下、引用の際に号数のみを記す）が刊行されている。

一、農民自治会の江渡狄嶺

私が初めて江渡狄嶺という人の名を知ったのは「農民自治会」の関係者の一人としてであった。農民自治会というのは、1925年12月に創立された農民運動団体、あるいは思想団体である。創立の中心となったのは、平凡社社長下中弥三郎、労働運動から作家の道に入った中西伊之助、埼玉の自小作農青年渋谷定輔、人の生きるべき道を求めて様々な経歴を経てきた青年竹内圀衛、フランス亡命帰りのアナキスト石川三四郎等であった。

下中の起草による「創立趣意書」の一部を次に引用する。ここには都会に対する対抗と農民の団結の必要性を訴える農民自治会の基本姿勢がよく窺われる。

「……帝劇、ラヂオ、三越、丸ビル、都会は日に贅沢に赴くに引かへ、農村は相かはらずかびた塩魚と棚ざらしの染絣、それさへ、もぐらのやうに土にまみれ、寒鼠のやうに貧苦に咽ぶ無産農民の手には容易にはいらない。

もともと、都会は、農村の上まへをはねて生きてゐる、農民の汗と血の塊を横から奪って生きてゐるのである。その都会と都会人とが日に日に栄え、日に日に贅沢になってゆくに、それを養ひ生かしてゐる方の農民が飢えて死なうとしてをる。何といふ謂はれのないことであらう。

このやうに、馬鹿にされ、こきつかはれしぼりとられながら、我等農民はなほいつまでも黙って居ねばならぬだろうか。

いやいや決してそんな理屈のあらう筈がない。

我等農民も人間だ。生きねばならぬ。人間らしい生活を立てねばならぬ。いつまでも他人の踏み台にされてゐてはたまらない。

諸君起たう、みんな手をたづさへて起たう、それは天道様から見て、まつすぐな正しい道なのだ。」

（『自治農民』創刊号、1926年4月）

当時、大震災後の東京のめざましい復興とは対照的に、農村では疲弊が進行していた。農民たちは都会に対して、憧れやひがみや恨みや、また、食料や原料を生産する農民であることの誇りなどが綯い混ざった、複雑な思いを抱いていた。この頃創立後三年を過ぎていた日本農民組合は、マルクス主義理論の強い影響の下で、農村内での階級闘争である小作争議を中心に闘っていたが、農民自治会はこれとは対照的に、都会を敵とし、自作も小作もともに土を耕す農民として団結しようと訴えたのである。つまり、階級闘争よりも、都会と農村の対立を重く見たのであった。

農民自治会では、埼玉での非政党同盟、長野での岡谷林組争議女工擁護組合、農村モラトリアム期成同盟、などの活動を展開し、全国三十数府県にわたって単位自治会・県連合会が創立され、一時は脚光を浴びた。しかし、大衆的な運動が活発になるにつれて、運動方針の違いなどから、創立後3年余りで解散した。

この運動には当時マルクス主義勢力と対抗していたアナキストたちが多く参加した。渋谷定輔のような日本農民組合の運動に満足できなかったという前歴の持ち主もいた。明治末から大正中期にかけてのトルストイズム流行時代の余韻の残る時代であり、農業こそが正当な人間の道であると考える者や帰農した狄嶺を慕う者たちも多かった。

機関誌『農民自治』の第13号（1927年11月）は、「読物と其著者」シリーズの第一回で狄嶺を紹介している。小山敬吾は「百姓愛《ママ》道場主江渡狄嶺氏は学歴といふ財産を捨てゝ一介の土百姓となつてその生活良心を三十年来生し抜いた人である。……［知識階級という＝三原注］虚偽の立場を捨てゝ、貧と病と戦ひつゝ生産者として民衆と苦しみを共にし来つた氏の人格識見には限りなく尊いものがある」と書いた。

機関誌の編集者竹内圀衛は「私はこの人こそほんとの人であり、この人の云ふ言はほんとうの言だと信じてゐる。……私はこの人に学んで早く土に還りたい、百姓がしたいとそうした願ひに生くること幾年」、今は自分だけが土に還るのでなく「万人が耕土に立脚し得るやうな正しい社会をもち来すため」農民自治会の運動に打ち込んでいるのだと述べている。百姓生活こそが人間の正しい生活であると考え高学歴を捨ててそこへ入った人、というのが、当時彼に惹かれた者たちの狄嶺評であった。

竹内は、狄嶺から強い感化を受けていた。１９１６年より、当時雑誌『第三帝国』を出していた石田友治の家に寄留してその編集を手伝い、石田家と親密に交際していた狄嶺と知ることになったのであった。農民自治会創立以前にも狄嶺らの支援で「土を慕ふものの会」を発足させていた。農民自治会に参加した長野県の青年を描き出した大井隆男『農民自治運動史』（１９８０年）は「彼らが最も深い影響を受けたのは百性愛道場主＝江渡狄嶺であった」と述べている。

他にも農民自治会には、東京関係者、出身地である青森関係者、妻の郷里などで関係の深い秋田関係者など、狄嶺と関わり合いのあった人が多い。

さて、狄嶺の名が少しずつ知られるようになっていったのは、１９１７年頃からである。それまでは、『第三帝国』やその後継誌である『文化運動』、高田集蔵や鳥谷部陽太郎ら知人の個人雑誌への寄稿によって一部の人達に知られていたが、やがて、トルストイらの影響を受けて帝大を中退し農業を始めた「変つた百姓」（狄嶺を紹介した『東京朝日新聞』１９１７年4月25日付け記事の見出し）として、また自分の子どもたち四人を小学校に入れないで自分で教育している変わった父親として、新聞などで紹介されるようになったのである。著書『或る百姓の家』『土と心とを耕しつつ』が出るとたちまちベストセラーになり、その後は、二著によって狄嶺の名を知る者が増えた。訪問客の増加に困った狄嶺は、子どもたちの教育のため午前中は面会お断り、畑仕事をしているときは畑で話を承りたい、などと列挙した訪問道徳を目立つところに張り出した。農民自治会創立は、その時代のことであった。

二、江渡狄嶺という人物

狄嶺が１９２０年代当時、農民自治会の青年を含む世間に知られていたのは、第一に、帝大卒業生のほぼ全員がエリート中のエリートとなった時代に、そこを中退し、経済的にも社会的にも恵まれない百姓になった人としてであった。第二に、就学率が90パーセントを越えている時代に、わざわざ子どもたちを学校に入れずに家庭で教育している人としてであった。二点とも、簡単にはできないことを決断実行した英雄的とも言える行為である。

農民自治会創立に影響力のあった思想家の一人としての狄嶺は、この二つの話に見るような、敢然と自分の道を歩む反骨的インテリ百姓として存在した。これにもう一つ、豊嶋昌志氏（「江渡狄嶺と文学者」⑴〜、『八戸工業高等専門学校紀要』第７号（１９７２年12月）より）が明らかにしつつあるような社会主義者や芸術家、宗教的思想家らとの交友関係の広さを加えると、この時代の狄嶺像の特徴を網羅できるのではないだろうか。以下では、それぞれについて詳しく見てみよう。

⑴ 帝大中退の百姓ということ

狄嶺はいつも野良着を着ていた。長谷川如是閑が狄嶺の風貌を描写した次のような文章がある（『場の研究』の「序」）

「狄嶺とは、いが栗あたまで、無精髭を生やして、（しまいにそれは胡麻塩の頬髭になつた）。《ママ》百姓のふだん着のような装をして、腰にタオルをぶら下げて、東北弁でものをいつて、百姓の仕事で生活して、ひまがあれば酒を呑んで、呑まない時は本を読んで、……」

１９２１年撮影の写真の中で、梅原龍三郎、岸田劉生、柳宗悦・兼子、富本憲吉・一枝らが皆、上等そうな布地を使った衣服で身なりを整えている中に、狄嶺がただ一人、ごわごわとした着物にワラ縄の帯を締めて立っている写真がある。いかにも「百姓」狄嶺の肖像である。

狄嶺は１９０１年に東京帝国大学に入学した。在学中の０５年に、秋田県花輪の旧家のひとり娘で当時女高師付属高女専攻科の学生だった関村ミキと結婚（同棲）、翌々年には長女が誕生した。結婚の年に、亡き友人の弟である小平英男を手元に引き取り東京の中学に通わせるようになり、三人家族となった。その学生時代、まだ一般には流行していなかった時期にトルストイを読み、次にクロポトキンを読んで、百姓の生活こそもっとも正しい生き方であると決意したと、狄嶺は書き記している。１１年に徳富蘆花の世話で東京郊外千歳村船橋で土地を借りて農業を始め、１３年には貸し主の都合で高井戸村原に移った。すると、農民自治会創立の年には、すでに13年間のキャリアを持つ百姓であったということになる。

ところで、１９１０～２０年代、帰農を志した者は少なくない。トルストイは伯爵家に生まれながら農耕こそ正しい生活であると考えて農作業に従事したが、徳富蘆花がその影響で０７年に千歳村粕谷（現在の蘆花公園）に転居したのを始めとして、相馬御風、石川三四郎、水野葉舟、木村荘太らが帰農した。トルストイの流行は広範なものであったから、無名の人々への影響は数知れない。商家に生まれ法科に進んだ狄嶺もトルストイの影響で農業従事を激しく希望したのであった。

ところが狄嶺の帰農当時の資料に当ってみると、大学を捨てて百姓生活に飛び込んだという潔いイメージを打ち消すような話にぶつかる。大学入学後8年目の妻への手紙で「コノ三月に一課目試験あり。故に手紙は、コノ三月下旬頃まで出さぬかも知れぬ」と試験勉強への意欲を見せ、9年目にも「私は、学校出たら、皆して百姓して、ソシテ、私は又一方に弁護士をやり、一方に雑誌へ筆をとらふと定めた」とまだ卒業するつもりでいる（第15号、1970年8月）。高等学校時代に覚えた酒癖や多方面への興味によって、卒業したくとも卒業できなかったというのが真相である。かなり長い間大学に籍を置き、結局除籍されたということらしい。

また、「皆して百姓して」と言っても、自分だけは「又一方に弁護士をやり、一方に雑誌へは筆をとらふと定め」ていたのである。宮崎湖處子との信仰鼓吹運動や雑誌発行なども考えていた。農業専業は妻と小平英男に任せて、自分は半農半筆のつもりだったのだ。

2年足らずの船橋時代には、その半分は金銭関係の用事のために親子で妻の郷里にあり、留守は小平一人が取り仕切っていた（小平は一生涯を江渡家での農業労働に捧げたような人である）。その後も、江渡家には小平や働き者で有能な家計管理者の妻ミキがいたからこそ、たびたび酒病に倒れ、同居の老人（ミキの母）の金を書籍購入費に使ってしまうような狄嶺がいても、何とか成り立っていったのである。多角的な農業経営が軌道に乗るまでは、フスマを食べて飢えを凌ぐような生活であったが、しかし、狄嶺はその中で本をたくさん読み、酒もたくさん飲んでいたのであった。

農民自治会当時、狄嶺は多くの会員から偉い百姓として尊敬されていたが、その尊敬の中身として、帝大を中退して百姓になったことが重要なポイントだったと思われる。中退は事実であったが、意識的にせよ無意識的にせよ、かなり都合のよい事実解釈があったということになる。

⑵ 就学を拒否し家庭で教育したこと

狄嶺には6歳でなくなった長男を除き、女児2人、男児2人がいたが、長女が就学年齢に達した1914年以来、一人も学校へ入学させなかった。学校へ入れないと言っても教育を不要としたのではなく、一般の学校教育以上のものを与えようとした。

狄嶺は毎日午前中を子どもに学科を教える時間と決めて、客の訪問を断った。貧困生活の中で当時非常に高価であったオルガンを購入した。4人の子にフランス語・ドイツ語など一カ国語ずつ教えようとした。音楽や絵やフランス語などは狄嶺の知人である専門家に習わせた。子どもたちの編集による雑誌を発行させた。子どものためによいと思われる本をどしどし与えた。同時に、農作業や家事なども家庭でみっしり仕込んだ。狄嶺は厳しい「教育パパ」であり、ミキも当時としてはまれな高学歴の母親であったから、たいていのことは教えることができた。

学校は本当の教育をしてくれない、しようと思ったら自分でやるしかないからだと狄嶺は語り、また就学を拒否したのはトルストイの影響だと述べている。文豪トルストイは既存の学校に対する批判から、農村の子どもたちのための、子どもの自由を重んじ、出席さえ自由な学校を開いた。その経験から、トルストイは子どもの潜在能力の素晴らしさをたたえる教育論を展開している。しかし、広く大量に本を読んでいた狄嶺は、トルストイの学校教育批判だけでなく、当時の教育界の新鮮な息吹き——明治教育に対する批判が噴出し、知識教授のみでなく体を動かすことによる教育の有効性や、教師中心でなく子どもを中心とすることの大切さ、田園のもつ教育的価値など、新しい教育が論じられた——によっても影響を受けたのではないか。影響を受けたのがトルストイだけなら、あれほど細かい時間割を作ったりはしなかったように思われる。

この時代には、貧困や障害や学校が遠いという理由でなく、子どものためにという理由で就学させなかった親が、狄嶺以外にもいた。管見の範囲内では、水野葉舟・木村荘太・秋田雨雀がいるが、彼らはいずれも狄嶺と面識のあった人である。西村伊作のように自分の娘のために学校（文化学院）を作った人もいる。むろん今日とは違ってまだ一部の階層に限られてはいたが、生まれてくる子の遺伝を考慮して配偶者を選択しようという気運が広まるほどに、子どもに対する関心が強くなった時代であった。狄嶺の実践には、このような時代背景があり、家庭での教育も、子ども中心の風潮の中での一つの選択であった。

家庭教育を選んだ家庭に共通しているのは、親が高学歴で、多くの児童用書を購入するなどして学校以上の知的環境を備えており、しかも親か親に代わる人が教育のための時間とエネルギーをさいたことである。また、決して知識教育をおろそかにしなかった。今日のような塾や通信教育や問題集・

ドリルの類がなかった時代に学校以上の教育を家庭で行なうのは、並み大抵のことではない。ごく限られた、特殊な条件を満たす家庭でのみ可能であった。たとえば、狄嶺の親友で同じく学校教育に批判的で『大道無学』の著書もある堀井梁歩は、子どもを学校へやりたがらなかったが、自分で教育するというような面倒なことはとてもできず、結局、見かねた妻が学校へ行かせたという。

しかし、可能であるからといって、果たして家庭で教育することがよかったのかどうか。読み書きなしに生活できた時代には、子どもたちは生活技術や知恵を親や社会から教えられた。それで何の支障もなかった。ところがこの当時はすでに学校が社会の中に根を下ろしていた。十分に読み書くことができても無学歴であることのためにいろいろの問題が起こったのであった。

まず、学歴社会の中で無学歴であることの問題がある。作家の水野葉舟は彼の父の反対で息子を学校へ行かせ、家庭で教育したのは娘たちだけである。水野の長女実子は詩人尾崎喜八と結婚して江渡家の近所に住んだが、狄嶺の長女不二とは幼い頃から親しい友人同士であった。学校へ行かなかったこの二人の女性を見る時、学歴社会の中で無学歴であることの意味が見えるように思う。一方は経済的に心配のない詩人の妻として一生を送り、一方は早くに夫に死別し自分の腕で娘たちを育てていかねばならなかった。無学歴であっても、社会に出て働かなければ問題はない。社会に出ざるを得なかった不二は、安定した生計を立てるためには学歴が必要なことを痛感したが、どうにもならなかった。

男子の場合、学歴は社会へ出るためだけでなく、兵役の軽重にも関係していた。狄嶺はのちに「女の子は自宅で教育できないこともないが、男の子は世間へ出るためには、やはり人並に小学校へ入れておいた方がよいと今では思っている」と話したが（「江渡幹子夫人小平英男君をねぎろう会」の大西伍一の回想、第4号、1960年12月）、娘の教育について後悔したという話を聞かない。

しかし、それ以上に重大なのは、子どもの世界の狭さの問題であった。一生江渡家の中で生きていくとは考えられない子どもたちを、家族や親の知人たちの間で育てることは、特殊な世界に閉じ込めることになったのではないだろうか。不二は無学歴であるだけでなく、家庭外の社会の経験もないまま成長した。そのことが広い社会を生きていく力量の発達を抑え、晩年までの苦労をより一層大きいものにしたと思われる。

狄嶺の子どもに対する教育方針は、愛情から出たものとはいえ、決して子どもの将来にわたる見通しをもったものではなかったと言わねばならない。

(3) 広い交友関係を持っていたということ

1913年の大杉栄・荒畑寒村の近代思想社の集まりに「トルストイヤンの江渡」が来たと大杉が記録しており（大杉栄「大久保より」『近代思想』第1巻第10号、1913年7月）、大正初期の社会主義者の会合に狄嶺が出席したことがわかる。また、大杉らと近かった久板卯之助の『労働青年』には狄嶺の文章が掲載されている。社会主義者が集まる売文社との関係があったことも、堺利彦の求めで『売文集』に書いたことなどから知れる。石川三四郎・渡辺政太郎とともにクリスマスを祝ったなど、社会主義者と言われる人々との関わり合いを示すものは非常に多い。

道を求めては、南隠・清沢満之・沢木興道ら、真宗や禅宗の高僧に教えを乞い、キリスト教でも、吉田清太郎を一生の師とし、新井奥邃からも親しく学んだ。

農業の方面でも、地域の農業補習学校へ通学するなど積極的に学んだ。教育については教育関係の内外の書を大量に読んで考える、農業についても農業関係の内外の書を大量に読んで考える、そして機会があればあの百姓姿で話を聴きにどこへでも出かけて行く……、狄嶺はそうやって多くのことを学び考えつつ歩んでいった。

長谷川如是閑は先の文章の続きで「……呑まない時は本を読んで、ものを考えて、よく人を訪ねて、相手によつて、哲学、文学、宗教、芸術、法律、政治、道徳、風俗等々、人間社会のあらゆる方面に亘つて、豊富に語ることができるくせに、そのような顔もしないで、人の言うことをノートに書き留めている人で……」と評したが、狄嶺はまったくもって積極的に人を訪問した、そしてそれ以上に手紙も書いた。会って話せば話題が豊富で面白い人物であったというが、相手以上に狄嶺の側で積極的に求めたと想像される。道を求める狄嶺の激しい欲求が、幅広く何でも吸収しようという意欲となり、それが広範囲な人間関係を結果したのだろう。

ただ、近代思想社の集まりへの出席は「あつけらかんとしながらも、謹しんで聴いてゐる」と描かれたこの時だけのようで、他には名が見えない。近代思想社の面々とは顔見知りではあっても仲間ではなく、求道の途上の立ち寄り先の一つであったと思われる。

また江渡宛の知名人の書簡が多数残っているが、それだからといってそれらの人々と相互的な友人関係にあったと考えるのは早計である。たとえば宗教学の別所梅之助は、狄嶺から訪問して話を聴きたいという手紙を受け取ったらしく、最近は忙しいと嘆いた上で「いつは居ますといふ事を容易にいへません。……それから私は何も存じては居りません」と返事を出している。山川菊栄も子ども用のよい本を尋ねられたらしく、「子供のよみものは一向心当りがありません。たゞ一つこんな広告がありましたから、お送り致します」と、英書の広告の切り抜きを同封している（第13号、1969年4月）。こうした問い合わせの手紙を多数書いたのだろう。

以上のように検討してくると、初めに農民自治会の重要思想家として見た狄嶺の英雄的な面はいささか破壊されてしまうのであるが、しかしながら、当時の狄嶺が社会の流れに流されることなく、権力や権威にお構いなく、自らの考えで積極的主体的に行動しようとしていたことに変わりはない。その点は大いに評価するべきだろう。行為の結果はともかく姿勢については、実行の人としての狄嶺像が残るのである。そこで、このような前向きに試みる人、積極的に実行する人、ということで、この時代の狄嶺を「実行家」と表現してみた。

三、社会教育家狄嶺

しかし、狄嶺の死後に語られてきた像は、今までに見たような狄嶺像とは違っている。狄嶺に惹かれる点として実行よりも教えの偉大さの方を挙げられることが多い。これは、1920年代半ば、ちょうど農民自治会の頃から狄嶺の生活が以前とは異なってくることと、従来の狄嶺像が多くの場合変化以後をよく知る弟子たちによって語られてきたことによるのだろう。

狄嶺の広い積極的な交友は1920年代半ばからあまり見られなくなる。それまでに狄嶺が交わった相手は、友人であり知人であり、または教えを乞う先輩や師であった。この頃からは、一つには狄嶺の名が知られ教えを受けようとする者が出てきたため、一つにはちょうどその頃に求道のための模索が終わり一つの確信に達したため、狄嶺の交友関係も活動も大きく変わっていった。狄嶺の周辺には狄嶺を師と慕う弟子たちが増えてくる。

その弟子の一人中込友美は、「狄嶺先生の交友のはばはたいへんひろい。……これらの人々は先方から訪ねてきた人もあれば、狄嶺の方から訪ねていっている人もある。いずれにしてもこれは、思想的に挫折や苦悩をくりかえしていた三十代後半までのことで、「自分自身の」思想が確立してからの、四十歳以後においては、こちらから人を訪ねていくということは、殆どないと言っていいほど少くなっているとおもう。」（中込友美「小感二つ」、第19号、1972年12月）と述べている。

狄嶺が1920年代に到達したのは「場論」という考え方であった。狄嶺は「場」の構想を物理学の「電磁場」と解析幾何学の座標からヒントを得て発見したという。1941年から死去まで開かれた「場論研究会」での講義（未完）はその最終的集大成で、戦後に『場の研究』として出版されている。この書は狄嶺が新たに造った言葉と独自の意味を与えた言葉に満ち満ちていて、わかりやすく表現したと誇る数十枚の曼陀羅（図表）を参照してもなお、非常に難解である。初めのあたりから場について述べた部分を次に引く。

「場は行の領域であつて位置と次元とをもつている。それはそこにあるか、こゝにあるか、ともかくどこかにあるが、その「ありどころ」が場である。まず場は、ありどころであるが、単なるありどころではなくして、ものごとのなしようのありどころが場なのである。それで「もの」に主を置いた時が、立場〔為＝編者山川時郎の注〕であり、「こと」に主を置いた時が場〔行＝山川注〕である。」「場は概念ではなくして実体である。しからば場はどういう実体かというに、まず場は、その内容に「ある」ものごと、「なる」ものごと、「なす」ものごとなどを含んでいるのであるから、場はそういうものの容れものである。」

講義が進むにつれて造語が増え、難解度も増していく。「その的、この的、ものこと的、ありところ的、そのこの的、このその的」「『あること』が『こともの』になり『こともの』が『もの』になる」といった日本語の応用、「本化流通分、補處衆利門」「将然的使然創成、当為的使然修成」「農乗、衆乗」といったワープロ泣かせの熟語、「ウル・タート・ホワッティング、那事」「タート・タータンス、能産的事象界（なに、なる、なす）」といった外国語風の言葉もある。

この講義を聴く者たちに対して狄嶺は十箇条の戒めを与えている。「何事も自分の推量で独りぎめはせぬこと」「場の信拠の上には、ひとえに行の真偽を顧念すべきこと」「場の行解ができぬとも信解に立つて然るべきこと」などを注意しないと「トンでもなき間違いをする」というのである（『場の研究』）。狄嶺は自分の「場論」に強い自信をもっていた。

狄嶺の意図を真に理解しようとすれば、彼が1920年代から親炙した曹洞禅の蘊奥を究めねばならないのかも知れない。その過程を踏んでいない私には誤解の恐れがあろうが、批判を覚悟の上で、私は狄嶺の教えを次のように解釈した。

狄嶺の教えの根本は「只管《しかん》」ということ、自分の「場」に立つということである。「只管」というのはひたすらのことでただ座禅を組めという意味の「只管打坐」に用いる曹洞宗の用語である。狄嶺は道を求めて歩んだ末、結局、大事なことは、百姓という仕事が理論的に正しいとか正しくないとかいうことにあるのではなく、ただひたすら、今現在自分がやっている百姓の生活の上に立って見つめ考え行なっていくこと、即ち「只管百姓」にあるという地点に到達したのであった。それまでは道を自分の外のものに、つまりトルストイやクロポトキン、仏教やキリスト教、内外の膨大な書物に求めていた。しかし、道は外にではなくここにあるのだと悟ったのである。百姓なら「お天道様と作物にすまないようなことをしない」という態度で農業を真剣に行なっていくこと、そこに道がある。百姓ならば仏教を学ぶにしても、学ぶ「場」は僧侶ではなく百姓にあることを忘れてはならない。百姓の学びは百姓の「場」においてなされねばならない、狄嶺はそのように説いた。

狄嶺の弟子の一人で、小学校で複式学級を担当していた武田武雄は、狄嶺の「只管」の教えに感じて「教室打坐」に打ち込んだ。その結果、世間では単式学級（単一学年の児童によって構成される学級）こそが標準的で、複式学級は変則的であるとされているが、複式学級に打坐してみたら、複式こそが教育の本質上あるべき姿であることが見えてきたという。こうして、彼は複式学級経営の研究に没頭し、複式の価値の見直しを訴えた。これは狄嶺の教えの応用であった。その後狄嶺は、武田の実践研究の上に立って、「単校教育」の理論を構築し、二人が中心となって「単校教育研究会」を作った。

以上のような教えを語るようになった後半生の狄嶺は、相変わらず「百姓」であったと同時に、弟子に対する教育家としての活動の比重が大きくなっていった。具体的な教育活動としては、講演・講話、手紙での指導、テキストの編纂・執筆がある。

長野へは定期的に講話の旅に出た。青森へも何度か出かけた。旅は1927年の農民自治会の依頼による信州訪問がきっかけで、その時に出会った青年たちの幾人かが終生の弟子となる。以後、青年団の講演に招かれたり狄嶺を囲む会（各会の名称は狄嶺が命名した）で話をするために出かけるようになった。

多くの聴衆を前に講演もするようになった。前述の訓導武田の縁で秋田師範の付属小学校の研究会の講師として秋田へ招かれたり、新潟県の実業補習学校で農村教育について話をしたり、文部省主催の郷土教育講習会の講師として長野・山形へ、満鉄の招きで満州各地へ、と家を空けることが増えた。また1935年には自宅に「牛欄寮」と名付けた家塾（狄嶺は「家黌」と言う）を開設し寮生を置いた。外部の講師にも講義を依頼したが、寮父の狄嶺も講義をした。

こうした講演旅行や家塾での講義テキストとして、道元の「正法眼蔵」や中国古典から撰んだものや、曼陀羅などの図表、狄嶺の文章、「道詠」と称する自作の教訓の和歌等を、冊子や一枚刷りの形で、活版やガリ版で発行した。費用は狄嶺や有志者の負担である。

また筆まめな狄嶺は、遠方に住む弟子たち宛に頻繁に手紙を書いている。以下に『江渡狄嶺研究』

誌に掲載された手紙の一部を引用するが、狄嶺の指導ぶりが窺われる。

「人には色々の生き方がある。
自己に生きる人もある、
道に生きる人もある、
師に生きる人もある、

……私が見ているところでは、アナタは、『師に生き、師に生きることを通して道に生き、自己に生くべき人』だと私は思ふて居る。アナタはそれをとりはずして、自分自身で道に生き、又、自己に生きやうとしてもそれは出来ないことだ。却って、アナタ自身道にも生き得ず、自己にも生き得ずに終るだけだ。自身の破メツだけだ。それをアナタが今度歩みかけようとしたのだ。……師に生きる一道を外にしては、アナタにホントに生きる道はないと、私はアナタを考へて居る。然し、私はそれをアナタにそうせいとはいはない。アナタ自身、自分で自分を考へて見なさい。この何処に生きるのが、自分のホントーの道かといふことを。」（伊東貞近宛、第9号、1965年3月）

（結婚相手を選ぶ時）「若し適当な人があったとしたら、私のところへ一年位い、（少くも半年位いは是非）修業によこすがいいと思ふ。あなたも、それを条件として先方に交渉して、それだけを承知して呉れる本人なり親なりであったら、大体、将来もあなたと一緒に行けるだらうし、理解もあり得ると思ふ。

……ソシテ、一年居った間に私なり妻なりが観察して、よからうといふなら、これも第二の条件としてもらふといふことにしたら一番安全でないかと思ふ。」（同じく伊東貞近宛、第9号、1965年3月）

「信心銘は『相手なしの道』の上に立って、『相手ある世』に随処して行く道を説いて居るのですぞ。只だ口で読んでばかり居ったところで何にもならぬ。五巻抄（『正法眼蔵五巻抄』＝三原註）を読む前に、『永平仮名清規』（『正法眼蔵』よりの選集＝三原註）の方をシッカと読みなさい。又、私の道詠をよっく一首一首シッカと味いなさい。」（向山ちはる宛、第12号、1968年3月）

「今度コンナ歌が出来ました。『大御たからの歌』として百洗家釁（狄嶺を中心とする会の一つ＝三原註）のミンナに歌はせて下さい。私の全思想はコレにすべて包含されて居ります。素的でせう。今度行った時はこの御話もしませう。」（浜田優宛、第11号、1967年9月）

大御田族歌《おおみたからのうた》は次のような歌である。

あめのしたなる　みたからは
いかなることをか　行ずべき
ただ身にそなはる　鋤鍬の

道のことのり　つくすまで
みの場にそなはる　ひと筋の
くみのまことを　つくすまで
（反歌）天壌と無窮に生くるひさちから
　　穂嗣田族の鍬をとる道

　こまごました礼儀も指導している。

「貴方は少くも、私を師と思い、親と思ふと、いへながら、私から送られたものに、受取ったとも、又、返事のアイサツをもしないことが多い、これは非常に礼を失することですよ。端書一枚でもいいものだ、年長の人に対しては必ずアイサツを出すものですよ。……道といふものは、こういふ平常底にあるものです。これは、今后必ず厳守しなさい。」（征矢善一郎宛、第9号、１９６５年3月）

「会として、家として、家なれば家客、会なれば師匠……を招くには、招くだけの正式な礼、手続というものがなければならないものです。……い丶年をして居りながら、その当然な手続をわきまいないで居って、只だ何んだかんだといって居るのを見て、私は実際、世間当り前のことさいわからないで居るのをアキレて居ったのです。私はこうしたことで、数年前、アル所に招かれたのを、その間際

3月）

に御断りしたことがあります。よく〳〵今后とも御注意なさい。」（向山ちはる宛、第12号、1968年3月）

「参講者の食事は一汁一菜とし、私にだけは外に一品を添へること、これは別に階級を付ける意味ではないが、礼でもあり、又、手数を省いて可成く聴講時間を多くし、又、無駄な費用をはぶく為めです。……又、酒は私以外は用ゐぬこと。」（浜田優宛、第11号、1967年9月）

道の師と自認している狄嶺はこうした手紙を弟子たちと姪と義弟に次々に書き送ったのであった。姪は不快に感じて捨てたという。

狄嶺は弟子に対して、「私は出来たら弟子たちの手の下に、弟子達の介抱の下に死にたく思ふ。……東筑の清沢さんなら自分のところで喜んで死なして呉れると思ふて居るが、あなたにもこれは望まれるやうな気がする。」（伊東貞近宛、第9号、1965年3月）という気持ちを抱いた。弟子たちも又、狄嶺死後数十年のちになお、師の墓に入れて欲しいと願うほど、師弟の絆は強いものがある。今日狄嶺会が存続しているのも弟子の師を慕う心あればこそである。

人の道の師としての自信あふれるふるまいは、学校教育が知識面の教授に偏っていることを批判して来た狄嶺にとって、また、一つのゆるがぬ確信に到達した狄嶺にとって、自然な帰着点であったろうと思いつつも、しかしこのようなあまりに指導者然とした姿には戸惑いを覚える。そこにはもはや以前のような社会に対する緊張感は感じられない。私は狄嶺の後半生に「社会教育家」を見ずにはいられなかった。自信を持って人の道を説教すること、慣習的道徳を重んじること、弟子たちが師を心から敬愛していること、師が弟子に親しみを込めて、時には叱りつけ時には誉めながら導いていることなど、場面ごとの狄嶺と弟子の姿が、私が関心を抱いてきた「社会教育家」たちを連想させるものであったからである。

四、社会教育家の役割

私が連想した社会教育家というのはいくつかの社会教育関係団体の指導者のことである。現在、戦後誕生の「実践倫理宏正会」、広池千九郎が大正期に始めた「ニューモラル」の「モラロジー（道徳科学）研究所」、蓮沼門三が明治の末に始めた「修養団」などの全国的規模の社会教育関係団体がある。大正期に倉田百三らが参じたことで有名な西田天香の一燈園も上記の諸団体と類似の活動をしている。法律上、これらは社会教育を行なう非営利の公益法人として財団法人・社団法人となっている。講演会などの際にしばしば教育委員会が後援するのは、非宗教的な公益活動をする団体と認められているからで、宗教活動をする宗教法人とは文部省の管轄部署も異なっている。なお、社会教育関係団体にはこれらとは性格の異なるものが他に多数あるが、ここでは倫理や修養の教育を主な活動内容とし、教祖的な指導者がいる団体を取り上げている。

現在日本で最大の会員数を誇る実践倫理宏正会は、倫理普及運動として「感恩報謝、無償の働き、発顕還元の理」の三つの教えを説いている。第一は宇宙大自然の恵みは言うまでもなく親の恩・師の恩・社会の恩への感謝であり、第二は感謝の心から代償を求めずに人にさせていただくこと、第三は倫理を実践すればわが身・わが家庭・子の代孫の代までその良い結果が現れるということである。感謝の気持ちで仲良く励まし合いながら、大自然が人間に教える正しい道を歩んで行こうと呼びかけ、毎早朝の朝起き会を全国各地で開いている。

この会では人生の諸問題を解決し「正しい」人間関係へ導くことが重要な活動となっているように見受けられる。夫婦間のトラブルや子育ての悩みや仕事上のつまづき等の相談に対し、自分の言動を反省し夫や親への感謝の心を持ってことを行えば事態が好転していくと教えるのが常である。つまり、夫唱婦随、男女の役割の明確な分担、長幼の序、上下の別といった伝統的な道徳規範に従って心がけを改めるよう勧める指導がなされている。

モラロジーも実践倫理宏正会と同様に大恩に感謝せよと説く。その恩の源は宇宙根本の神霊であり、君主や大統領（国の恩人）、父母・祖先（家の恩人）、モラロジーの師（精神の恩人）、そのほか指導者や会社の上役、市町村長、校長も恩人の系列にはいる。また、自我を没却して自然の法則に従えとも説くが、そこで言う従うべき「自然の法則」には、自分の身体・身分、国家・社会の法律・慣習までも含めている。体制に対して非常に従順な教えであると言えよう。

さらに、本人の代を越えた「因果律」が「科学的に証明」されていると明言している。「すべて国家とか法人とかその他の団体の統率者は、みな義務先行者（権利より義務が先行せねばならないという

「義務先行の原理」による＝三原注）か、またはその継承者であります。したがって、この義務先行者に対抗する資格のない者がこれに対抗しようとするようなことは、特別の事情のある場合はとにかく、単に真理と正義のうえから見ても許されないこと」と述べ、さらに皇室の現在は天照大神以来の歴代天皇の徳の結果であり、「低い階級の人や不幸な人」は「祖先以来徳を積むことが少ないのですから、多量の道徳を行なってその不足を補わなければ、他の人と同様に階級をのぼることはできません」（広池千英著『道徳科学（モラロジー）および最高道徳の概要』）と、現在の状態を先祖代々の行為の結果として説明してきたのである。

なお、大正期の労働運動盛んな時代に大学を出たモラロジーの二代目所長は紡績会社や協調会に勤務して労働問題を研究したのであったが、現在も、次に述べる修養団とともに、労働問題に関心をもち企業の社員研修に積極的である。

修養団も自然に従って生きることを勧める。万物はそれぞれの役割を演じつつ素晴らしいシンフォニーを創造していると見做される。そこで、この自然の摂理に従って（「自然随順」）、統一と調和と個性尊重の生き方をしようと説くのである。

以上のように各団体は、受け入れられやすい道徳の教えの中に強い現状肯定の傾向が見られる点で共通している。これらの団体が今日もなお多数の会員を集め存続しているについては、社会秩序の維持強化を望む文部省や政治家や企業の直接間接の後押しの力を無視できないが、それだけでは存続できないだろう。学校教育のような義務や直接的利益がないにもかかわらず、熱心に学習・普及活動に励む人々がいるのは、参加者個人にとっても何らかの効能があるからである。

家庭や職場の人間関係などの悩みは、一面では体制や制度に関わり、一面では個人的な態度に関わっている。しかし、前者の面は日常生活の中では捉えにくく、後者の面のみが目に入りやすい。社会教育関係団体の講師たちは、これらの問題を純粋に個人の心がけの問題として後者の面でのみ捉え、社会の変化を推進するのではなく、伝統的な秩序を維持強化する方向で解決しようとする。最近劇的な変化を見せている男女の役割に関する意識の問題などについて見ると、この方向は特にはっきりと見える。そして、こうした指導はある程度実際的解決に役立ってもいる。

私が今日ここにあるのは周囲のすべてのおかげである、という心境に達することができれば、心の安定が得られる。それによって身体の健康も保ちやすくなる、対人関係が好転する、社会の多数派からは認められる。妻の無私の献身は「家庭愛和」をもたらし、その結果、夫の成功をもたらすかもしれない。望ましいことが起こる可能性は高くなるだろう。一方、権力や社会慣習に対して異議を唱える場合、とくに少数派であれば、闘争に伴う心の不安定、身体の不調、家族や近所などの対人関係の難しさ、経済的な不遇など、穏やかならざる事態が起こりやすくなる。感謝報恩の道の効能は個人にとって大きく、会員・団員たちは心の底から師の教えを尊いと感じ感謝することになる。

集団の和を保つために我を抑えるような日本の歴史的風土も、宗教団体に近い「社会教育関係団体」の存続に貢献しているのではないだろうか。一般に新しい宗教に入信すると宗教行事や生活習慣などの問題から周囲との間に摩擦を引き起こしやすい。社会教育関係団体は、宗教にからみつく細かい事柄までは立ち入らずに、祖先崇拝や共同体・会社社会などの社会慣習とも摩擦を起こすことなく、「平和」に個人の安心をもたらしてくれる。むしろ、積極的に現状の社会慣習の維持強化を計るのである。争いより和の方が好ましく、和の解決ができるならそれに越したことはないと考える多くの者にとって、こうした現秩序の平和を保とうとする行き方は適している。秩序志向の解決は優者に都合のよい解決となることが多いのだが……。

宗教的な心のよりどころも十分に得られる。一燈園の礼拝は建物正面の丸い窓を通して外の大自然を拝するようになっている。それが神であり、一燈園の言葉では「光《おひかり》」である。他の団体も特定の神仏ではなく自然一般に対して信仰に近い感情を持っている。制度上の規定はともかくとして、自然を信仰対象とする一種の宗教であることは否定できない。森羅万象を信仰対象とするのは、少なくとも欧米諸国ではあまり見られないことだろうが、八百万の神を拝んだ歴史を持つ日本では抵抗なく受け入れられているように見える。

自然信仰は自然をそのままにありがたく受容することである。だが、この自然とは何かということになると実にはっきりしない。モラロジーの教理に典型例を見るように、自然を肯定するということは暴走を起こしやすく、しばしば自然界と人間界のけじめを無視して自然界の外にまで「自然」を拡大適用し、現存するものは手当たり次第、国家権力や社会体制や身分制度や性差別までも「自然」に含めてしまう。なにもかもすべてがありがたいと感じることも可能なのである。しかし現存しているものでも、現秩序を変革しようとする行動については、大自然の示す整然たる秩序を乱す人の道にはずれた行ないだ、と指弾する。要するに現在の秩序を維持強化することが正しいという前提があって、それを「自然」が権威づける形であるが、それほどに「自然」は曖昧に用いられている。

こうして現体制の維持を志向する社会教育関係団体は、周囲とのきびしい摩擦を引き起こすことなしに、万物万事に感謝し安定した精神状態で仕事に励む人間を育てるのに大きな貢献をしてきた。現体制にとっては、保守的な政治勢力を積極的に応援してくれなくとも、ただ本来の業務だけで十分に好ましい役割を果たしてもらっていることになる。

五、実行家から社会教育家へ

先に狄嶺の指導者ぶりに社会教育家の姿を見ると述べたが、それは個々の場面ごとの姿勢に見られるだけではない。書簡にも窺えるような、現秩序をそのままに受け入れ維持しようとする志向性についても同様である。

1939年、狄嶺は「祝聖四句礼詞」を作り、弟子たちに「私は毎朝読誦して居り升《ます》、アナタもやって下さい」と書き送った。「広く流布させたいと思ふ。天皇観、国体観、その外にも我々の礼拝の句としても一般化していいと思ふ」というほどの自信であるが、次のような天皇礼賛の詩である。

祝聖四句礼詞

自帰命無上位御一系　自帰命無上心御一徳

自帰命無上身御一体　自帰命無上行御一天

天皇を礼賛するから右翼だ国家主義者だなどと批評するつもりは毛頭ないが、詩の字句にも、完成した詩の扱いにも、体制へ随順する無邪気な姿勢が見えないか。

かつては現秩序をものともせずに自分の道を歩いたかに見えた狄嶺が、このような無批判的姿勢をとるに至ったのは何故だろうか。

狄嶺は農業生活を志し、帰農した。農業は自然との共同作業で営まれ、気候・土壌などの自然条件に制約される面が大きい。自然に随順しつつ人為である技術と労力とを加えることによって、ようやく作物が収穫される。人間のみの行為によって行われているかに見える商工業との決定的な違いは、自然の大きな関与の有無にある。自然に対する受容的態度が生じてきやすい職種であると言えよう。

狄嶺が百姓となって、やがてたどりついた「只管」「場」の考え方は強い現実肯定の姿勢を持つものだった。百姓であったからこそ生まれた姿勢であって、もし狄嶺が批評を仕事とする評論家であったら決して到達しなかっただろう。百姓なら「只管百姓」、訓導なら「教室打坐」することがめざされたが、それは、農業政策への不信や、学校教育への疑問や、訓導の社会的地位の問題などを棚上げにした上で、今の場所に坐ることを第一とする態度であった。

対象が何であれそれを肯定し受容しようとするような、社会教育関係団体とよく似た態度は、自然に深く密接な関係を持つ「農」を志向したことと無関係ではなかろう。先に触れたように社会教育関係団体では現状の社会経済状況をも「自然」として随順しようとする姿勢をとっていた。お天道様を拝したという狄嶺もまた、「農」を自分の存在基盤にすることに努めた結果、直感的判断で不自然と感じられるような少数の対象を除き、すべてを受容するに至ったのではないだろうか。

しかし、「農」を基盤としても、それを根拠にして、それに反する現実を鋭く批判する道もあったはずである。たとえば戦時中、狄嶺は農業に携わる者までも軍需工場に徴用する政治のあり方に憤ったということがあったが、それは狄嶺の批判根拠としての「農」が機能したということであろう。しかし、全体的には社会の流れに随順する傾向にあったことは否めない。「自然」という概念が純粋に自然現象や農業の営みに関わるものに限定されず、人間や社会を含んでしまうような外縁のはっきりしない概念であるかぎり、自然を現状批判の根拠にすることと、それを現状への随順の根拠にすることとの間に、明確な境界は引けない。

ちなみに、反逆思想の最たるものというイメージを抱かれがちなアナキズムにおいても、自然に対する信仰は存在した。日本のアナキズム運動史の上でクロポトキン主義の正統派を自称する「純正アナキズム」の人々は、民衆は国家権力なしに相互扶助の社会を営むことができる、人間にはそれができる本能・本性が備わっている、アナキズムの社会こそ自然の要求する社会形態である、と考えた。彼らは、自然的秩序を妨げているものは国家権力であり、それをなくせば本来の理想的社会が実現すると考えて、反国家権力を唱えたのである。

しかし、この人々にとっても、何が自然で何が人為であるかの境界の決定は難しい問題であった。

のちにリーダーの一人岩佐作太郎は、日本は唯一無二の「自然生成的国家」であり、その他の国々は「人為工作的国家」であると述べるに至っている。そこにはおそらく連続の意識のみがあって転向の意識はなかっただろう。

狄嶺もまた、転向の意識なしに、自分の立場や周辺状況の変化や加齢にしたがって、水が高いところから低いところへ流れるようにごく自然に、受け入れる対象を拡げていったのではないだろうか。「自然」の意味の曖昧さのもたらすこのような歯止めのない変化のあり方は、日本の思想史を考える上での一つの重要な鍵となっているように思われる。

学校無用論と教育運動——下中弥三郎と江渡狄嶺を中心に——

【初出…1991年10月発行『日本の教育史学』第33集（教育史学会）】

はじめに

1919年に結成された教育運動団体「啓明会」については、「ボル派」と「アナ派」[*1]、「解放を求めて心の内と外に向かおうとする二つの潮流」[*2]など、会の内部に二つの流れを見る見方が一般的である。下中弥三郎（1878〜1961）はこの啓明会の指導者であり、二派の内の「アナ派」または「農村を基盤にした自治思想」[*3]の派に属した。啓明会は、下中の活動によって1923年結成の教育の世紀社[*4]や1925年結成の農民自治会[*5]につながる。

啓明会から農民自治会へと進むこの農村・農業志向の流れの中に、もう一人教育に関して重要な人物がいる。狄嶺江渡幸三郎（１８８０〜１９４４）である。江渡は従来教育史研究において取り上げられなかったが、非マルクス主義系の民間教育運動史上では下中と並び立つ人物として欠かすことはできない。

たとえば、啓明会は１９２２年10月に、下中の親友で啓明会員の石田友治[*6]の『文化運動』を譲り受けて新たに機関誌として以後、そこに関わっていた書き手や読者やテーマを新たに取り込み対象領域

＊１　岡本洋三「帝国主義教育に対する批判の運動と思想―大正期教員運動史研究」『東京大学教育学部紀要』第６巻、１９６３、１５０頁。

＊２　田島一「啓明会の運動」『教育の世紀社の総合的研究』１９８４、１１７頁。

＊３　室山百合子「『啓明会』の活動とその特質」『信州白樺』第44、45、46合併号、１９８１・10、２５８頁。

＊４　教育の世紀社同人の一人志垣寛は、下中が同人四名の中で思想的に指導的立場にあったと述べている（「新教育卅年史（14）」『教育週報』第８５４号、１９２６・９・27、４頁）。

＊５　農民自治会については大井隆男『農民自治運動史』１９８０、参照。教育史研究に、農民自治会運動を青年の自己形成史の観点から捉えた、小林千枝子「農民自治会の教師像および教育内容論の研究」１〜３（『四国女子大学紀要』１９８５・12、１９８６・３、１９８６・12）がある。

＊６　１９１３年より『第三帝国』（初めは茅原華山と、１９１６年より単独で）を、引き続き１９１８年から『文化運動』を発行した。下中とは「学生時代からの友」（石田「愛育十年」『文化運動』第１３０号、１９２２・11、23頁）で、『啓明』第２巻第１号（１９２０・１）の名簿によれば啓明会世話人の一人で、国際教育協会の創設に際しても下中と活動を共にした（石田「国際教育協会の創始運動に就て」『文化運動』第１２７号、１９２２・５）。

を広げたが、江渡は石田と親しく、[*7]譲渡以前の『文化運動』はほぼ毎号江渡の文章を掲載し、石田・江渡周辺グループの私的雑誌の観さえあった。

また下中が農民自治会の発起人の一人であり、創立趣意書・標語などを起草したことはよく知られているが、江渡は発起人ではないものの強い影響力を持っていた。たとえば農民自治会のオルグとして活躍した竹内愛国(国衛)は、1916年に『第三帝国』編集手伝いとなって石田の家に寄留して以来、石田の友人の江渡の強い感化を受け、のちに、江渡らの支援下に「土を慕ふものの会」を発足させた。また、全国委員の一人菊池源吾は江渡の郷里の五戸の人で1921年に農村振興会を組織し、江渡を編集顧問に『農民文化』を発行していた。両会は農民自治会に合流する。また、農民自治会の会合の舞台となった大西伍一の「森の家」は江渡家のすぐ近くにあり、大西と江渡の間には頻繁な行き来があった。江渡が、1922年発行のベストセラー『或る百姓の家』や翌々年の『土と心とを耕しつつ』とともに、農民自治会機関誌『農民自治』の「読者と其著者」シリーズの第一回に取り上げられたのは、当然のことであった。[*8]

さらに、1928年に大西伍一を常任幹事として結成された「農村教育研究会」には十数名の顧問がいたが、研究会に出席するなど積極的に関与したのは下中と江渡の二名、特に江渡であったと推測される。[*9]

下中も江渡も当時厳しい学校批判を行っていた代表的な人物である。下中は啓明会の機関誌(『啓明』、『文化運動』)や著書でその主張を展開し、江渡は東京近郊の農耕生活の中で子どもたちを就学させず家庭で教育していることで知られていた。

江渡や両者の周辺グループは従来あまり研究対象とされてこなかったが、下中の思想については様々な評価がなされてきた。「アナキズム」との指摘はほぼ共通しており、さらに「社会科学的認識の欠如」と指摘され、[*10]また「東洋的」とする指摘もあり、[*11]「国体観念」を重要な思想の柱の一つとする研究もある。[*12]これらの評価は何らかの進歩に関する観念を前提とした批判ではなかろうか。当時の彼らには彼らの論理があり、まずはそれを理解することが前提であろう。そこで既成の尺度に捉われることを警戒しつつ、農民自治会を中心とする前後およそ10年間の下中・江渡の教育論を明らかにす

＊7　江渡不二子「武蔵野の可愛御堂のさゝやかなる集り」（『文化運動』第107号、1919・10）と江渡狄嶺「可愛御堂だより」（『文化運動』第114号、1920・9）参照（いずれも『江渡狄嶺研究』第26号1985・2、所収）。また江渡の妻ミキの日記（『ミキの記録』1971、所収）や狄嶺・ミキ等の「家庭日記」（『江渡狄嶺研究』第20号、1974・12、所収）にも窺われる。

＊8　『農民自治』第13号、1927・11、15〜16頁。

＊9　『農村教育研究』第1巻第5号、1928・10の「農村教育研究会事情」「研究会の記」。

＊10　『下中弥三郎教育論集　万人労働の教育』1974、（以下では『論集』と略記）の岡本の解説、304頁。池田種生「下中弥三郎氏の思想系譜」『プロレタリア教育の足跡』1972、所収、293頁にも同様の指摘がある。

＊11　池田種生の前掲10、297頁。坂元忠芳は下中の調和の世界に対する信仰を「東洋的汎神論」と呼んでいる（『教育の人民的発想』1982、156頁以下）。

＊12　前掲3の260〜262頁。

ることによって、彼らと彼らに関わる教育運動を内在的に捉え直そうとするのがここでの課題である。

Ⅰ　下中弥三郎の学校無用論

下中は教育に関して積極的かつ精力的に意見を発表している。下中の主張を二つの柱にまとめることができよう。一つは、万物は万人のものであり万人には平等の権利があること、万人が等しく労働する社会であるべきこと、などの共産的な主張であって、従来下中を高く評価するときに必ず言及されてきた「生存権」「生活権」「学習権」の概念は、これに関わる。もう一つは、人間の本性は自由に成長させればよい人間となることができ、人間一人一人が自由で自己の主人であればよい社会になるという性善的調和的な主張であって、人間の本性や、人為に対する意味での自然に対する強い信頼が基礎となっている。この二つの柱についてもう少し詳細に見てみよう。

第一の主張は、十代の頃の隣部落との陶土採取場の争いで、土は誰のものでもなく皆のものだと主張したエピソードに窺われるように、[*13]非常に早い時期からの下中の信念であった。しかし、この考え方の強化・深化にはクロポトキンやトルストイの影響があると思われる。1923年の『万人労働の教育』の「序に代へて」で下中は、クロポトキンの自伝から、パンを得られない人がいる時に科学探求の喜びを楽しむ良心の苦痛を吐露した箇所を引用して「クロポトキンの心持ちが今私の胸のドン底に波打つてゐます」と述べた。[*14]クロポトキンは一切の物の万人所有（共産）を理論立てた人である。

さらに、下中が、生産労働の中にも意味の疑わしい労働があり、正しい労働とは大部分の農業と、贅沢品や武器などの生産を除く一部の工業であると考えたのは、トルストイの影響ではないか。[*15] クロポトキンやトルストイは、自らが特権階級の生まれであったために一層、倫理的に正しい生活のあり方を求める問題意識が強かったが、搾取されず搾取しない農耕中心生活の理想像とそこへの憧憬とを下中は抱いていた。[*16]

下中の熱烈な万人平等の希求は諸方面において主張された。「学習権」は教育の分野における直接的な表現で、教育の不平等の問題を国内のみならず国際的な問題にも適用し、その平等の必要性を主

＊13　中野光『下中弥三郎―人とその思想―』1972、21〜23頁。その他、下中の略歴や著作等に関しては『下中弥三郎事典』1971、参照。

＊14　下中『万人労働の教育』、『論集』10頁。

＊15　トルストイの『我等何を為すべきか』などを参照のこと。トルストイの思想・評論の翻訳等が1900年頃より出るようになり、1916年には石田友治の『第三帝国』社内に「トルストイ協会」が設立された。下中の指導性が強い時期の1919年11月の『啓明』には、工場労働者に帰農を勧めるトルストイの「労働者に与ふる書」が訳載されている。

＊16　下中は、啓明会本部には農業を始めたいというものが5、6人いて「私も妻と十四を頭の六人の子供を連れてそれに参加するつもりでゐます」と書いた（前掲14、9頁）。大震災直後には、よい土地を見つけて貨物自動車を家に乗り付けて「これよりわが一家は埼玉県の田園に隠栖して百姓を営む也、いざ家財を纏めて二時間内に自動車に積めよ」と告げたが、妻から「いかに地震が恐ろしければとて子供の学校のことも考へ給はるべし」と説かれて車を返したという話がある（「逸話集 下中弥三郎氏、夫人の諫止に都落断念の事」『教育週報』第36号、1926・1・23、8頁）。

張している。インドにおける独立運動指導者ガンジーへの共感は、ペンネームを「的間侃二（雁二）」としたほど強いもので、天然資源の万人有の観点から先進国の既得権を攻撃し、「白人の正義」の独善性を攻撃した。[*17] 不平等の現状を都会と農村の枠組で見れば反都会論となり、アジア対欧米の図で見ての反欧米論となった。

第二の主張も、既に明治期にその萌芽を見ることができる。1904年の「子供至上論[*18]」では子どもに対する信頼感を表出したが、こうした子ども礼賛は新教育思潮の中で人間の本性への深い信頼へと発展した。

「個人の天分を思ふ存分伸長させ、その無限な可能力の自由な発達を熱心に見守らうとするのが新教育の使命である。この意味に於て新教育は児童内発の興味を統制し指導する――到達点を予想しての指導ではない、個性活動の機会を自由ならしめるための指導――ことを枢軸とする教育であると言ふことが出来る[*19]」、「生命内具の力を信頼し、それの自動、自展、自律への信頼こそ教育の本義だ[*20]」などと、下中は人間の本性への信頼を教育の基本と考えた。このような教育を受けた結果についても下中は信頼を持っている。「自然（神）への絶対信順、これぞ我等教育者の根本的信条であらねばならぬ」、「悪いものものばせ。善いものものばせ、すると悪いものが、次第に善いものになつてしまふ[*21]」、「育つやうに育て、育てるために育てることによつて、少なくとも、今日よりよい社会が生まれると信じてゐます[*22]」と信仰に近い信頼感が述べられた。こうした教育観はトルストイのそれに近く、下中はトルストイの自由教育論への賛意を語っている。[*23]

以上のように、二本の柱は、人間が自由な自己自身の主人となることによって、万人平等の理想社会が実現される、という関係で結合し、下中の人間観・社会観・政治観の基礎となっていた。そのために政治体制の変革以上に人間の変革をめざす教化運動に力をいれたのであり、また現状の学校教育に対して一貫して批判的だったのである。

第一の万人平等の面では、現状の社会では貧乏人は教育の機会を奪われ、貧乏人の税金で一部の特権階級の子弟のみが中等高等教育を受けていることを指摘し、すべての子どもに「学習権」があると主張された。またのちに都市と農村の経済的文化的格差の増大する中では農村の不利益に関心をもち、農村教育の不平等を強調した。

第二の自由の面では、国家の官僚や資本主義に支配された日本の教育は、「人間本然の自由、独立

＊17　「人間の等価、民族の平等」『文化運動』第136号、1923・5、『論集』314頁。「天物占有の背理！白人優越の盲信！」『文化運動』第146号、1924・5、6頁。
＊18　『婦女新聞』第234〜242号、1904・10〜12。『近代日本教育論集5　児童観の展開』所収。
＊19　下中「興味説の再考察―教育の心理的基礎としての興味―」1923、『論集』336頁。
＊20　下中「教育の理想と人生の理想」1925、『論集』391頁。
＊21　下中「全てを生かせ」1926、『論集』405頁。
＊22　下中「教育学独自の立場から教育の本義を思ふ」1926、『論集』429頁。
＊23　下中「教育なき教育―特にトルストイの教育意見について―」1925、『論集』364頁。トルストイの実践については佐々木弘明訳『トルストイ自由主義学校』1980、参照。

の健やかなる発達を阻止して、理性を鈍らし、従順なる奴隷、便利なる機械に化し去らんとする」、つまり「人間を殺す為になされて居る[*24]」と見た。人間の本性の自由な発達を図るという教育の本来のあり方を実現するために、教員組合の組織や教育委員会の設置[*25]などの「教育自治」が必要とされた。「教育自治」「農民自治」の「自治」は、自治の担い手が社会を営む能力を持つとする信頼の上に成立する制度である。教育自治論は後になると文部行政の一般国家行政からの独立という形で主張された[*26]。

そこで、学校教育改革が必要となるのであるが、啓明会運動の盛んな1920年頃には改革の担い手を教員の集団に期待することができた。低い俸給に対する不満が噴出する教員運動の高揚期であったからである。が、俸給が引き上げられ教員運動が沈静化すると、教員には期待できないことが次第に認識されるようになる。ここで下中は、教員への期待を残しながらも学校無用論へ傾いていき、「一体現代の学校教育に何かとりえがあるか[*27]」、「我々の教育理想から言へば学校は要らない[*28]」といい放つに至る。創立当初において大胆に自由教育を試みた児童の村小学校には期待をかけ、「不自然な生活が社会に横行して居る間、人間を善く導く為の良い学校は要る[*29]」と述べたが、官公立の学校には匙を投げた。教育の世紀社内では学校に対し最も否定的な論客であった。

しかしながら、下中の無学校の理想は無教育を意味しない。「伝統も、生活に必要の知識も、または技能も乃至は道徳的制裁も悉く行為によってお互ひがお互ひを教育する。誰もみな教師であり、誰もみな生徒である[*30]」という生活と教育が一体になった姿を描いていた。「自由な施設と自発的な努力に従つて行はれる教育」によって「自由快活な国民性が生長する」[*31]、「何等の強制なく、極めて自由に、溢る丶興味をもつて」[*32]研究できる、などの言葉からは、活発な教育活動を予想していたことが窺える。下中の周囲には、明治期より「学校は教育の全てにあらず」と学校教育の相対化を主張する友人（白柳秀湖）[*33]がいたし、下中の生家は寺子屋の師匠をしていたから、もともと教育イコール学校教育という図式から免れやすい位置にいたといえる。

下中は1920年の「教育改造の四綱領」から1934年の「学校を部落に還元せよ」まで、長期間にわたって教育制度案の整備を進めた。子どもたちを、労働に従事しかつ自由で主体的な、万人労

＊24　下中『教育再造』1920、『論集』209頁。

＊25　日本教員組合啓明会「教育改造の四綱領」1920・11、『論集』238頁。

＊26　座談会「松田新文相に望む」の下中の発言（『教育週報』第481号、1934・8・4、4頁）、下中「文教部設置による強化［文部省改革論（三）］」『教育週報』第545号、1935・10・26、3頁。

＊27　「月例夜話会　教育の意義について」『教育の世紀』第1巻第1号、1923・10、127頁。

＊28・29　「月例夜話会　学校教育の目的について」『教育の世紀』第1巻第3号、1923・12、63頁。

＊30　下中「森の家の夢の記録」1926、『論集』485〜486頁。

＊31　下中「農村教育改造の基調」1928、『論集』526頁。（この部分は「農村に於ける成人教育」（『農本社会研究』第2号、1931・9）と同じである。）

＊32　前掲31『論集』525頁。

＊33　白柳秀湖「教育と学校」『ヒラメキ』第2号、1906・9。「学校廃滅論」『光』1906・10・25と11・5（『近代日本教育論集2　社会運動と教育』所収）も同趣旨。

働の社会にふさわしい人間に育てるために、無学校の理想を実現するための実現可能な具体策として考えられていた。「教育制度の根本的改革私案[*34]」を中心に改革案を見てみよう。ここでは教育制度を、教育的見地・国策的見地・経済的見地の三方面から考えるべきであり、かつ実現の可能性を考えて現在の制度を考慮にいれるべきだと前提している。当然「各人の天分を十分に伸展させる」という教育的見地と国策的見地の関係が問題となろうが、下中は「最もよく発達した人間、つまり人間の天性によつて発達した人間は国家社会に役に立つものだという見地から考へると個人の成長発達を主とした教育が国家社会に役立つといふ理論が成立つ」として両者を結合させている。

小学校（国民学校）は部落ごととし、単級か2～3学級の複式で、自学輔導主義や共同互助の学習法を取り入れる。職業的教師は置かず、その部落の者が教える。上級生は半日労働を行なう。12才からの国民高等学校は、現行の中学校・女学校を一切廃止した後に設けられた半労半学の入学希望者全入の学校である。学用品や教師の給料の大部分は学生の労働によって賄い、個性とそれぞれの天性に適応する複雑なカリキュラムを持つ。上級学校として、教員講習所や音楽学校や美術学校も挙げられ、大学は学歴や年齢や性別などの一切の入学資格をなくし、純粋に「学問技芸の蘊奥を究める」ために自由に学べる機関とする。改革に伴う多くの教員の失業問題については、勇退し帰農をするように説いている。

さて長期間にわたり一つの教育理想像が展開されたが、この間に1926年頃から都市への強い反感が加わるという変化が見られた。部落ごとの初等教育機関という案は途中で加えられたものであった。これは、都市と農村の経済的文化的格差の劇的な表面化という時代状況の変化の中で、前述したような下中の万人平等への強い願いが、特に都市対農村の対立の面に向けられたことによる。もともと農業という職業に倫理的な優位を見ていた下中にとって、社会問題を両者の対立によって見る見方は受け入れやすいものであったし、下中の周辺では、1923年頃から次第に反都市論が高まっていた。[*35]下中が、農民自治会の標語で「都会文化を否定し、農村文化を高調す」と謳い、「今日の学校教育の存在意義はたゞ一つ農村子弟をして都会的生活の準備をさせる以外に何の意義もない[*36]」と憤ったところに見る都市への反感はこうした背景をもっていた。

以上のような下中の主張の影響を受けて、啓明会の大西伍一は自分の弟に、学校へ行くよりも自由人として自由な研究を進めていく方がよいと勧め、[*37]自らは教壇を降りたのであった。しかし下中自身は子どもたちを学校に通わせている。これは、彼の農業従事への願いが断念させられたことと共に、

＊34　『教育週報』第379、380号、1932・8・20、4頁、8・21、4頁。

＊35　日露戦後の反都市感情の気流については、高橋徹「都市化と機械文明」(『近代日本思想史講座6　自我と環境』1960、所収)、鈴木正幸「大正期農民政治思想の一側面」(『日本史研究』第173号、1977・1)など、多くの研究がある。加藤一夫の思想の変化については、拙稿「加藤一夫の思想――アナキズムから天皇信仰への軌跡――」(『社会思想史研究』第14号、1990・10)〔本書所収〕参照のこと。

＊36　前掲31、『論集』522頁。

＊37　大西伍一「弟への手紙」『教育の世紀』第3巻第10号、1925・10、117頁。

彼の妻の意向によるものと思われる。[*38]

Ⅱ　江渡狄嶺の学校無用論

江渡[*39]の思想にも幾本かの柱がある。そのうちの学校無用論に関わる二つを取り上げる。その第一は思想と生活の一致、又は良心が満足できる生き方への志向の強さである。周囲の反対を押し切って帝大を中退し、社会主義者との交友、スラムの調査、受洗など、様々な模索の道を歩いたあげく、結局裸一貫から農耕生活に入ったこと(1911年)、就学させなかったこと、は一例である。相沢文蔵の「狄嶺はやみ難い良心の命ずるところに率直に忠実に従い、それに全生涯のみならず一家眷族一切の運命までもかけたのであった。狄嶺ほど自己を忠実に生かした例は他に絶無といってよい[*40]」とする評価に同意したい。

思想即生活という良心的な生活態度も、最も正しい生活とは人を搾取することのない農業であるとする考えも、ともにトルストイの影響である。江渡はまだほとんど翻訳のない時代からトルストイに心酔していた。さらに、クロポトキンによってトルストイの主張が社会的経済的に根拠づけられたと語る。[*41]帰農後の江渡は後述するようにトルストイとクロポトキンの直接的な影響からは脱したが、倫理的傾向や、科学的知識と実際労働の両方を合わせ持つ教育の重要性に関する考え方など、両者の思想は江渡の血肉と化していた。

第二の柱は江渡の人間観である。夢に描いていた農耕生活を始めた江渡はやがてトルストイらに不足を感じ、自ら納得できる生き方を模索し始める。やがて彼は、たとえばトルストイの思想によって生きるような外から動かされる生き方ではなく、自分自身の中から湧き出るものを再認識した。[*42] 江渡は彼独特の文体で語る。「総ての人は、第一者であり得、あらなければならぬのだ。だから、私は、如何なる第三者の道にも、私の魂を強制する客観的権威を認めないやうに……他の魂を、私の道で犯さうとも思はない。少しでも、自分といふものに気付き、自分の魂を大事にすることを覚え、衷からの生命の自長を感じ出したものが、さうした第一者の人の、他にも生まる、ことをこそ念じ、喜べ、どうして、そんなことが出来る筈があらう。……自内証の道の語るべく、その道の力の、我れとはげまし、人を力付けることが出来れば、それ丈けのことである。私は、この相互の関係、MUTUAL RELATION に、本当の自由と結合との親しみがあると思ふ[*43]」。ここには自己の内から湧き出る生命

＊38　埼玉移住断念のエピソードの妻の言葉（＊16）以外に、妻からの「運動もよい位になさつて、子供の教育のことでもちと考へてもらはなくちや」という愚痴が記録されている（「彼の眼に映じた彼」『飛礫』１９２３、『論集』２７０頁）。

＊39　江渡の略歴については大島康正「江渡狄嶺」（『新版日本の思想家（下）』１９７５、所収）参照。著作については狄嶺会による『江渡狄嶺書誌（再版）』１９８１、がある。

＊40　相沢文蔵「江渡狄嶺・その人と思想」『江渡狄嶺研究』第11号、１９６７・９、95頁。

＊41　江渡『或る百姓の家』１９２２、１６７〜１７４頁ほか。

＊42　斎藤知正「天啓から地涌へ―法華経と江渡狄嶺―」『仏教経済研究』第13号、１９８４は、これを「狄嶺の生涯における第二の誕生・転換」と呼ぶ（38頁）。

＊43　江渡『土と心とを耕しつつ』１９２４、１３２頁。

力の自覚と共に他者を尊重するという積極的な自由が語られている。

このように何物にも代えがたい自分個人と、同様に何物にも代えがたい他者に関する認識は、被教育者に対しても適用された。「人間の魂と魂の、教育の本質的な関係こそ、寧ろ、私の、全宗教、全哲学で……教育以上の宗教も、哲学もない、教育自体が、生命の本質だ[*44]」、即ち教育というのは、人間と人間の魂の触れ合う中で成長していくこと、教育者は教えるというよりも被教育者の成長を一体になって共に喜ぶこと、と考えたのであった。そこで、「教育といふことが、教へられるものと、教ゆるものとがあつての、所謂教育家の教育仕事であるといふ根本的な間違つての先入観念、……こうしたことが、実に、我等の全的な思考態度、生活態度を害し、毒して居るかは計り知るべからざるものがある[*45]」のように、教育者と被教育者の固定的な認識や教育イコール学校教育の観念を誤りとし、教育の理想は教育しないことであり、互いに自ら学ぶことであると考えた。

また、江渡が、他の人格との関係に大きな重要性を認めていることに留意すべきであろう。「自分の魂が、他人の魂と、全然孤立で生長するものとは思はない。私は、寧ろ、一切の生命の生長の性的GESCHLECHTLICH 意義を、強くも、深くも、肯定するものだ。……私の第一者の道は、又、所謂利己的な個人主義では、絶対にあり得ないのだ。殊に、魂は他を愛することなしに、生長はしない。これは、理屈のないところで、その魂の生長それ自身の一次的特質ともいふべきところのものである[*46]」と、自己の絶対的尊厳が本質的に他者への愛を備えていることを述べている。こうした自由な個人同士の相互に尊重しあう親愛的関係によって作られる社会を江渡は理想としていた。ちなみに、江渡は文学者・

芸術家・思想家らとの幅広く親密な交友で知られている。

１９２４年10月、江渡は在米の知人三浦辰次郎の招きで「初め数年を費やして欧米の事情を具さに観察思索するところあらんと」[*47]して渡米した。ところがアメリカで、従来考えていた人間関係が既に実現しているのを発見し、滞米わずか5ケ月で帰国の途についた。日本民族には欠けている「我れにも人にも生きて居る道、それを尊び、それに聞き、共々にその優れたものを生かしきて行」く「民族の自己の道」を啓蒙するためであった。[*48]「己互の有機的な」訓練のために「各人個々が主となつて、而も其処に有機的な一つの調和が保たれて行く集り」、「亦楽会」[*49]も催した。日中戦争勃発時には、改めてこの精神を想起し、日本人は各人が互いに責任ある態度をとる必要があると訴えた。[*50]

なお江渡家への来訪者が著書出版後に増え、江渡はやがて、農作業のできない雨の日がよい、午前中は面会謝絶である、等々の「訪問道徳」を張り出した。[*51]そこには、「これ迄、日本の訪問道徳の無

＊44　前掲43、１７２頁。
＊45　江渡「黒いクレシチアニンから」『大道』第9号、１９２６・4、17〜18頁。
＊46　前掲43、１３３頁。
＊47　江渡「〝民族の自己の道〟の序〝熱意を以て〟」『新時代』第6巻第7号、１９２６・7、11頁。
＊48　江渡「建設者小信」『建設社小信』創刊号、１９２６・9、3頁。
＊49　江渡『地涌のすがた』１９３９、４６０〜４６１頁。引用部は１９２６年の執筆と推測される。
＊50　江渡『創史社を興すに当りて』１９３７。
＊51　江渡「訪問道徳」『建設社小信』創刊号、１９２６・9、22頁。また大西伍一「『或る百姓の家』が出てから」（『土とふるさとの文学全集8』１９７７、「月報」）参照。

視無規律は、ドンナに我等日本人の、個人として又は全体としての、その能力を損ふて居るかを各自に考へてほしい」と前書きがある。

江渡は、娘が就学年齢に達した1914年以来、子どもたちの就学を拒否し、家庭で教育した。学校の教科書を用い、4人それぞれ一語ずつの外国語、江渡の友人から習う音楽や絵画、毎日の農作業などを、時間割にしたがって、主に江渡が教えた。江渡の面会謝絶時間は教育のために設けられたのであった。子どもの編集による回覧雑誌も作られた。[*52]

こうした家庭における教育の方法は、妻の死後1915年から娘たちを自分と妹とで教育した水野葉舟[*53]、大震災後に三里塚で農業を始め子どもを就学させなかった木村荘太[*54]、1920年より娘二人の教育に毎日3時間以上を費やした秋田雨雀[*55]らに、ほぼ共通しているものであった。秋田については不明であるが、江渡・水野・木村は互いに知己の関係にあった。江渡の親友で、「学校無用論」の別名を持つ書である『大道無学』の著者堀井梁歩も、実際には中途で放棄したが、家庭での教育を強く主張していた。[*56]

江渡は初めはトルストイの学校批判論の強い影響を受けて就学を拒否したのだが、教育の実践と研究の中で、学問と労働が分離していること、子ども一人一人を育て咲かせるのではなくて、国家社会や職業など何かの為にする教育になっていることを指摘する学校教育批判論を展開した。結局「官立は官権の下に、私立は金権の下に。独り真に自由な教育は、インテンシーブな新しい寺小屋《ママ》、私塾からのみ生れて来るでせう[*57]」と述べている。

しかし、一般家庭では現実社会への適応が重んじられるために、自分のような家庭教育はどこの家庭でも行えるものではないと彼は考えていた。やがて学校を歴史の進展の中で生まれた「必要悪」と認めるようになり、実際社会で現実的に教育を改革する道を探り当てた。それが「単校教育」の理念である。[*58]

江渡は1931年、第二回五戸農村自治大学の帰途、聴講者の一人で秋田師範学校付属旭川小学校の訓導であった武田武雄の家に寄った。ここで武田から、教師一人で全校生徒を受け持つ単級小学校の話を聞いたのがヒントとなって「単校教育」は生まれた。元来は家庭で生産と教育を担っていたの

＊52 家庭回覧雑誌の目次が『江渡狄嶺研究』第20号、1974・12にある。

＊53 水野葉舟「教育と生活」（教育論叢編輯部編『教育即生活論』1923、所収）、長女の尾崎実子「父葉舟の思い出」（『明治文学全集72』「月報」）参照。水野の子どもたちも『実を結ぶ樹』という雑誌を作ったという（天羽良司「狄嶺先生と私の人生」『江渡狄嶺研究』第25号1983・12）。なお結婚後の尾崎喜八・実子夫妻は江渡の隣人となった。

＊54 木村荘太『農に生きる』1933の「生活で子供を育てる」127〜132頁ほか。

＊55 秋田雨雀『雨雀自伝』1953、80〜81頁ほか。

＊56 柳澤七郎『堀井梁歩の面影』1965、32頁と166頁。

＊57 前掲45に同じ、19頁。

＊58 単校教育に関しては、武田武雄編著『単校教育覚え書』1975、研究会機関誌（仮）『村落通信』第5巻第4号、1932・7、『単校教育研究』全5号1932・11〜1934・2、江渡「単校教育理念と農村教育」1933、（『江渡狄嶺研究』第6号、1961・12、所収）参照。

が、次第に学校での教育と家庭での生産に役割が分裂してきた、この分裂を綜合するためには分裂を始めた最初の形態を考えなくてはならず、それが「単校」であるという。教員は単なる知識伝達者でなく人格的にも重要な役割を果たし、学校の置かれた場である「ムラ」と密接に結合して教育を行なう。複数学級の「綜校」は校長中心に有機的に組織された形が構想されている。1932年4月、江渡の理念に従って、江渡・武田・大西伍一らの「単校教育研究会」が生まれた。武田は、初めは郷里の小学校で、後には満州の小学校で、単校教育の実践を試みた。下中による生産や生活と結合した部落ごとの国民学校構想にやや似て、学校の家塾化をめざしたものと考えてよいだろう。

Ⅲ　下中弥三郎と江渡狄嶺の教育運動との関わり

江渡は学校無用論による家庭教育実践者であり、周囲でも同様の試みがなされた。しかし、知的学習の必要性を認めた上での就学拒否は、たとえ学校教育批判の一形態として共感を呼んだとしても、一部の人々の外へと広がることは不可能であったことをまず指摘せねばならない。家庭のみで教育を行なうには数々の前提条件と非常に大きなエネルギーと時間を要する。彼らの実践は、江渡家のような両親が高学歴でしかも父親が特異な教育熱心家であったり、水野家のように教師経験者の妹が教育を担当したり、秋田家のように教育のための助力者が住み込んだり、という特殊な条件の下において行われたのであった。堀井の実践がほんの初めのうちだけで終わったのも無理はない。

また既に、実際の学力以上に学歴自体が機能する時代となっていた。水野は女児のみを家庭教育とし男児は学校へ通わせたが、「社会」に出ない女だからこそ無学歴で済むという側面があったことは否めない。後に江渡の長女不二は幼い娘二人をかかえて夫と死別し苦労する中で、教育はあっても無学歴であることのハンディを痛感した結果、不二の娘たちは高等教育を受けたのであった。教育を本質的に捉えることによって得た理想と、現実社会において教育が果たす機能との間のギャップを示している。

しかし、その当時には、学校の存在意義に悩んだり辞職した訓導や、進学を選択しなかった青年が大西伍一以外にもいたのではなかろうか。

教育思潮との関わりでは、下中も江渡もまぎれもなく新教育運動の思潮の中にあって、既存の学校制度を排除するほどに純粋な児童中心主義的志向をもった一派であったと見做すことができよう。エレン・ケイの『児童の世紀』でも、子どもに身につけさせるべき基本的知識と技能の教育の必要性を論じる一方で、学校自体の悪を指摘して「家庭学校」を提起しているなど、[*59] 新教育の主張には下中や江渡と重なる部分を持っていた。新教育運動というとき、既成学校内での新試行や新学校の設立が注目されがちであるが、それらとは異なったこうした主張のあり方も一つの位置を占めるのである。

実践的な教育運動との関わりでは、両者が関わった啓明会と『文化運動』・農民自治会・農村教育研究会、下中が関わった教育擁護同盟・教育評論家協会・全日本教員組合準備会・日本工作教育協会、

＊59　エレン・ケイ『児童の世紀』小野寺信・小野寺百合子訳、1977、第2部第3章参照。

江渡が関わった単校教育研究会、等々、直接関係のある団体がある。江渡は他に、農学者でかつて農村教育研究会顧問であった小野武夫と「東北村落制度調査会」設立を呼びかけたり（1932年）、大西伍一と「生活と工芸の会」を結成する（1936年）等、多数の小団体を作っているし、1927年以来毎年講義に訪れた長野の訓導たちや家塾「牛欄寮」の塾生を直接指導した。以上に挙げたそれぞれについてすらまだ解明されていないが、これ以外にも関わりのある領域は広いと推測される。

たとえば江渡は郷土教育連盟の機関誌にも執筆している。[*60] 1929年8月、農村教育研究会は村落地理研究講習会を開き、江渡は積極的に参加したが、その時の講師小田内通敏の縁によるものだろうか。江渡は小田内の「地理の研究は地域を中心とすべきであり、地域の研究は一軒家から始めなければならぬ」の言葉に強い共感を示した。[*61] また郷土教育連盟機関誌にたびたび執筆した三澤勝衛を「日本学術界の偉人の一人」と称えた。[*62]

また1929年に農民塾瑞穂精舎を開いた和合恒男はかつて江渡の教えを受けた人物で、塾創設後も、塾生が修学旅行で江渡家へ行くなど縁が続いたが、加藤完治に近い和合と江渡では朝鮮半島への日本進出について考え方の隔たりが大きく、それぞれの塾生指導方針も異なっていた。[*63] 塾風教育機関と江渡の関係も興味深い。

さらに下中や江渡の直接の影響以外に、彼らを含む思想的グループ全体の持つ時代への影響も今後解明されることが必要であろうと思う。この思想的グループについて見よう。

既に見たように下中と江渡の両者は、かなり活動の性質が異なっている。一方は教育ジャーナリズム界のリーダーで、出版社の経営者である。他方は百姓生活を基盤とし、筆の人であるより思索と実践の人であった。家庭を見ると、一方は妻や子とは無縁のところで単独に活動し、他方は家族ぐるみの百姓生活であり教育生活であり交友生活であった。しかし、両者には倫理的に正しいとされる農耕生活を志向したこと等の共通性があり、『文化運動』「農民自治会」「農村教育研究会」などの団体に共に関わったのであった。その共通性は両者を含むグループ全体に通じるものであった。

鳥谷部陽之助は江渡・水野葉舟・高村光太郎・高田集蔵・高田博厚・尾崎喜八らを取り上げて「都会＝資本主義社会を嫌悪し否定して、農業生産的立場からの田園生活への回帰を指向する、それら一連の人びとの系譜と彼らをとりまくグループ」[*64]と表現し、土方定一は小川芋銭・平福百穂・森田恒友・山村暮鳥・江渡・土田杏村・高村光太郎・宮沢賢治の交友に「アナーキズム＝重農主義思想」を見ている。[*65]また石田友治は当時、江渡と下中、双方と親しかった。下中と江渡の間にも交友関係があっ

＊60　江渡「百姓の場から見ての郷土教育」『郷土』第2号、1930・12。
＊61　江渡「村の研究の家から」、『農村教育研究』第2巻第3号、1929・11、『江渡狄嶺選集』上巻所収、273〜274頁。
＊62　江渡「日本学術界の偉人の一人としての三澤勝衛」、前掲49所収。
＊63　柳澤七郎『韓野に生きて』1969、参照。
＊64　鳥谷部陽之助『新十和田湖物語』1983、166頁。
＊65　土方定一『日本の近代美術』1966、146頁。

た。[*66] 石川三四郎が下中・江渡の両者と親しい関係にあったことも知られている。木村荘太は、水野葉舟の縁で三里塚の生活を始めた、等々、交友関係の網の目をたどれば際限がない。

これらの人々の思想は啓明会や農民自治会が成立した状況に重要な思想的影響を及ぼしていたと推定されるが、まだまだ不明の点が多い。しかし、たとえば下中の古い友人の島中雄三は政治研究会創立の中心となり後に社会民衆党の領袖となるため政治面での動きが目立つのであるが、実は、彼の『煙草御遠慮』(「啓明パンフレット」第8冊、1926年2月)がクロポトキンの『叛逆者の言葉』の第13章の翻訳であり、また『文化運動』の諸論文で個人の自由と道徳の重要性を主張したように、下中と思想的にも非常に近いところにいた。このことが示すように、今後の再検討によって交友関係から思想関係が解明される可能性もあると思われる。

むすび—評価の問題

従来下中ら農民自治会関係者の思想について指摘された、社会科学的な認識の欠如やその意味でのアナキズム的という批判は、マルクス主義の示唆する道を前提とした上で、反体制的な性格を持つ運動であるならばそれを進むべきであるにもかかわらず、そうしなかったという意味をしばしば含んでいた。第一にこの点について論じなければならない。

下中や江渡の思想はマルクス主義へ向かう途上にあるのではなく、一つの独立的な相当程度まで熟した思想であった。即ち、すでに体制への反感から起こる自然発生的言動の段階ではなく、トルストイ・クロポトキン等の思想を取り入れ、経済体制や人間の生き方に関する考察を含む、まとまりを持った思想であった。

たとえば階級的見方が弱いことが指摘されるが、彼らは明治期以来の社会主義者の階級的認識に触れてはいたものの、資本家と労働者の二大階級の固定的な捉え方よりも、現実の不公平な社会の中で、搾取されず搾取することもない正しい生活のできる世の中にしたいという倫理的追求の方が重要であった。そこで、労働者と資本家との問題においては労働者の味方になる一方、農耕生活への尊敬と憧憬が生じ、都会と農村の経済的文化的格差があらわになれば都会と農村を対立視して都会の廃滅を願うという指向も生じた。

またその思想には、上から指示されずとも社会を運営していけるという自律的自治的な人間像が含まれていた。人間の本能の善良さや力に強い信頼を置き、それをそのままに伸ばすべきであり、それによって社会は権力なしで理想的に営まれ得るという構想は、社会変革において社会革命よりも人間革命＝広義の教育を重視することになった。

なお、従来のアナキズムのイメージは、アナボル対立時代の労働運動の様相や、いくつかの事件のテロ行為、資金獲得のためのリャク（略、掠）などによるものだが、そのイメージと下中等が比較さ

＊66　下中は、江渡の敷地内の「可愛御堂」に次女の骨を預けたが、可愛御堂設立の発起人ではない。発起人とした山川時郎の「解題」（江渡『場の研究』、1958）は誤り。

れることがあった。[*67] しかし、アナキズムは本来、マルクス主義のような一創始者によって体系的に述べられた主張ではなく、「権力は人間の社会には不要であり、それなしに人間は平和に生きられる」というほどの主張を表す概念である。下中は晩年でも「ほんとの主義は何かときかれたら、アナーキストだと答え」たというが、[*68] 以上のように考えればまったく当然のことで、従来イメージと比較する必要はない。

第二に、彼らは、万人労働やムラといった一見古い時代への懐古を思わせる言葉を用いるものの、そこには新しい「近代的人間像」とでも呼ぶべき人間観が抱かれていたことを指摘せねばならない。漢文の現代語訳に腕を奮った下中にも、道元禅に深く通じた江渡にも、むしろ西洋的な面が含まれていたのである。

江渡は前述したようにアメリカの人々の主体的な自己をもって他人と交わる精神を高く評価した。石川三四郎が西欧人とりわけフランス人の個人主義的精神を高く評価し、日本人の個人意識の弱さを指摘したことと照合される事柄である。[*69] 江渡と下中はともにキリスト教に触れたことも見逃してはならない。[*70]

また堀井梁歩が衣食住全般にわたり「洋」が「和」より優れていると論じ、[*71] 木村荘太が「原始の黄金時代を目標にし勝ちであつた東洋の隠遁者とは、同じく農耕の価値を重く見て、田園や、林野の生活を愛好して生きた欧米の隠遁者達は違ふ」、欧米の隠遁者からは「未来の世紀に吹き通ふ風みたいな気が出る」[*72] と述べたのも西洋志向を窺わせる。

彼らはそろって生産や消費の共働組合に積極的であった。共同の形態としては、過去の形態であるムラよりも新しい将来の形態を指向していたと言えよう。下中の教育制度案に見る部落像も、各人の天分を十分に進展させる共同体であって、個人を包み埋没させる共同体イメージではない。

こうした特徴は、明治以来の文学者や思想家たちが近代的自我を確立しようと苦闘してきた精神史の延長上にあるのだろう。マルクス主義の影響で社会革命第一主義によって自我の問題が棚上げされた中で、非マルクス主義の潮流において展開されたのであった。

第二は、忠君愛国的言辞の問題である。室山百合子は啓明会の思想を「天皇を頂点とする国体観念、大正新教育運動、教育労働運動、をそれぞれ基盤として出てくる思想」と分析し、「全人類愛」の概

＊67 池田の前掲10、297頁。
＊68 大宅壮一「下中弥三郎論」『出版人の遺文 平凡社下中弥三郎』1968、所収、139頁。
＊69 拙稿「『農本的アナーキズム』と石川三四郎」『本山幸彦教授退官記念論文集 日本教育史論叢』1988、参照〔本書所収〕。
＊70 江渡は吉田清太郎牧師より受洗し晩年まで教会に関わった。下中がキリスト教に関わった点については、『ヒラメキ』第2号（1906・9）の「憤世言」より判断した。同号の島中雄三の「奴隷宗教を排す」と同様、キリスト教に対する深い共鳴とキリスト教会に対する不満を表明している。また、下中は『教育の世紀』第3号第8号、1925・8の「月例夜話 公民教育に就て」で、「見神」は28才の時と回想するが（135頁）、これは『ヒラメキ』の時代である。なお、当時知り合った石田友治は聖学院神学校在学中であった。
＊71 堀井梁歩『大道無学』1926、295～302頁など。
＊72 前掲55、154～155頁。

念は「天皇の赤子としての平等観から出てきたように思われる」と述べている。[*73] 下中は「国体」と「政体」とをはっきりと区別して、「国体」を美しく絶対的なものと考えていた。[*74] 小学校令を批判する一方で、教育勅語の示す道徳を礼賛するのはこの区別による。彼の体制批判には明らかに天皇制に対する批判を欠いていた。

しかし、下中は、たとえば「愛国」について、この言葉が他国への侵略を含む危険性を指摘し「国を愛すること、侵略すること、は同一ではない」と明言したように、[*75] 愛国という語の扇動的使用を覚めた目で見、素朴な愛国心との違いを認識していた。万人平等の観点による西洋への反感という基盤の上に、やがては「政体」が「国体」に吸収されて戦争協力への道を進んだが、啓明会時代にはまだ国体観念に支配されていない。下中には国体観念は別格であって、それと自由や平等の思想との関係などは考えなかったであろう。

江渡は国体や天皇を主題として述べていないが、批判的でなかったことは確かである。周囲の人々も同じく批判的でなかったと思われる。国体観念を過大視することはその肯定が常識であった当時の個人や団体の思想を捉えるための妨げとなるのではないだろうか。

以上、先行評価の三点について述べてきた。筆者は、彼らの思想が社会の現実の中で実際の障害物との闘争や生産的な論議を生まず、個人的仲間的世界の中で空回りしていたことにむしろ問題を見る。教員や農民等の運動によって思想が検証される機会もあったが、不幸にしてアナ・ボルの不毛な対立の影響や、思想表現の自由のない時代状況等によりその機会は生かせなかった。とくに彼らの年齢が進むと、下中は常に団体の長か顧問におさまり、江渡はまた、通じ合える者たちの間で批判を受けることなく語る場が増えていき、両者とも思想を鍛え直したりするような機会をさらに失い、袋小路に入っていった。思想の現実における有効性はまだ未知と言うべきだろう。

〔付記〕本稿は文部省科学研究費・奨励研究（A）の研究成果の一部である。

＊73 前掲3、260～261頁。
＊74 「月例夜話会　公民教育に就て」『教育の世紀』第3巻第8号、1925・8、132頁。
＊75 前掲24、『論集』162頁。

Ⅳ　クロポトキンの影響

日本におけるクロポトキンの影響について

【初出…1991年年10月発行『労働史研究』第5号（論創社）】

はじめに

1991年の今日、クロポトキンの知名度はアナキズムという思想の代表的人物として記憶されている程度ではなかろうか。もっとも長い間大学生の必読文献とされていたマルクス・エンゲルスでさえ筆者の世代以降はあまり読まれないのだから、アナキストが今日知られていないのは当然かもしれない。しかし、戦前の文献ではしばしばクロポトキンの名にお目にかかるのである。

たとえば帝大を中退後、1911年から小作農生活に入った江渡狄嶺は、農耕生活に至る上で強い影響を受けた人物として、トルストイとクロポトキンの名を挙げている（後述）。また彼の周辺にいた帰農を志向する友人たちの間では、クロポトキンはほとんど必読文献といってよいものであったらしい。彼らは社会運動としてのアナキズムとはまったく関わりのない人々である。

一方、1920年代にアナキズム運動の主流派であった、いわゆる「純正無政府主義」を信奉する人々は、数ある先輩アナキストの著作の中で、クロポトキンの著書を「教典」と呼ぶほどに重視していた（後述）。発禁の書も厳しい監視の目をくぐって配布された。

アナキズム運動を担った者たちと、それとは無関係であった者たちとの、まったく相異なる二種の人々がクロポトキンに関わりを持ったということから、一度クロポトキンと日本の思想史との関わりについてまとめてみる必要を感じた。彼の影響については、クロポトキン＝アナキストという定式を越えた広い影響力を含めて述べられる必要があるのではないかと考えたからである。

クロポトキン（1842〜1921）はロシアの公爵家の出身の社会思想家・社会運動家で、革命家として国際舞台で活躍するのは主に1870年代である。その後は死去の年まで膨大な著作の執筆に取り組んだ。

『一革命家の思い出』と題する自伝は、公爵家に生まれた彼が地理学の研究などを経て、いかにしてアナキストとなったかという生い立ちを語っている。

『相互扶助論』『倫理学（未完）』は人間観・社会観を示している。原始的な動物から人間に至るまでの社会生活を多数の例を挙げて考察し、進化においては生存競争よりも相互扶助の方がより重要な要因であること、動物も人間もその本性は相互扶助にあることを示した。現在の支配権力を倒せば必ずや万人が平等に食べられる理想社会の建設が始まるというクロポトキンの楽観は、こうした人間の本質への強い信頼によっている。

『パンの略取』『田園・工場・仕事場』は上述の人間観を土台として、革命と経済体制のプランを示している。前者は幸徳秋水の訳で有名な書で、徹底的な「収用」の必要性を説く章を含んでいる。食糧問題を重視しているのが革命論としては特徴的だ。後者は一人の人間が頭脳労働と肉体労働の両方に従事することのできる生産のあり方とそれを実現する教育について考察しており、早くも1912年に邦訳が公刊されている。その農業に関する叙述に見られるように、クロポトキンは科学への志向が非常に強く、帰納法による正しい科学の重要性を論じた論文もある。

そのほかに、ロシア文学に関しても大冊があり、法律や国家権力の廃滅を説いた著作の多いことは言うまでもない。

アナキズム思想の発展史上、クロポトキンは、賃金制度の廃止を主張した「無政府共産主義」（「能力に応じて働き、必要に応じて取る」）の大成者である。それまでのアナキズムは、労働した者がその成果をいかに分けるかという点から考察されていたのであった。

ところでトルストイ（１８２６〜１９１０）については、日本での受容に関する多くの研究成果がある（たとえば法橋和彦氏、柳富子氏、阿部軍治氏らの諸研究）。何回かのトルストイ熱の高揚期の内で、最も盛んだったのが雑誌『トルストイ研究』（１９１６〜１９）の時代で、まさしくブームであった。徳富蘆花・江渡狄嶺・加藤一夫ら、多くの「トルストイアン」が、トルストイ主義を実践しようと農耕生活を始めたことがよく知られていた。その頃には、クロポトキンはしばしばトルストイと並べて論じられていた。しかしトルストイと異なって、その影響に関する研究はほとんどなかったように思われる。

今回はクロポトキンの影響をたどるにあたり、①クロポトキンがよく知られていた時代について、②クロポトキンを信奉するアナキズム運動の一派について、③、②とは異なった形の影響について、中間報告の段階ではあるが、概観したいと思う。

一　クロポトキンがよく知られていた時代

クロポトキンの名をその悲劇的な最期によって有名にした人物が幸徳秋水であった。大逆事件はそれまで少しずつ進められていた社会主義者の諸活動を一挙に弾圧し、いわゆる「冬の時代」を到来させたと同時に、幸徳の思想が「無政府主義（アナキズム）」という名称であること、アナキストの一人にクロポトキンがいること、が広く知られるようになったからである。

幸徳は獄中での読書や滞米中の体験によって、帰国後「直接行動」＝反議会主義の運動方針に転じ、大逆事件の前年には『パンの略取』を翻訳出版していた。大逆計画の実際には関わらなかった無実の幸徳は、無政府主義運動の首領として処刑されたのであった。

幸徳が弁護人に提出した「陳弁書」で述べているように、テロリズムは決してアナキズムの専売ではない。しかし、1881年のロンドンにおける国際アナキスト大会は「行為による宣伝」(テロリズム)の必要性を決議し、実行もされた。アナキズムは、支配者等の宣伝もあって、恐ろしい言葉のように受け取られた。クロポトキンは、ロンドン大会の決議を阻止しようとした一人であるが、それでも彼の名には危険なイメージが付加されていた。

1917年、ロシアに二月革命、十月革命が起こった。日本では情報が不足し、とくにレーニンについては泥棒上がりではないかと噂されたほどに知られておらず、革命の真相は皆目わからなかった。早稲田の学生だった木村毅が六十余年後に当時を回想している。

「そのころ日本に最もよく聞こえていたロシア革命家の最大の名は、もちろんピョートル・クロポトキンである。幸徳秋水がその感化をうけ、大逆事件の裁判に、再三その名をくり返したので、およそ左翼に興味を有するほどの者はみなその名は心得ていた。……大変な学者で「相互扶助論」や「パンの略取」の名著があり、人がらは誠実高貴な人格者としても知られていた。その奉ずるのは無政府主義である。公爵家の出なら社会的勢力もあって、赤手空拳の無力者あがりとちがい、広く支持者を糾合するにも、手づるが多くあったろう。――そう考えたのは私たち学生ばかりではない。この方面に興味を有する者は、ほとんどみんなで、およそ左翼思想に関する経済学者としては、日本一を以て自他ともに任じた博士福田徳三にしてもそうだったのだ。[*1]」

クロポトキンの高知名度のせいか、レーニンをアナキストと考えるものが多かったらしく、当時の山川均の文章に「世間ではレーニン一派を無政府党のように云うが……[*2]」とある。

ところで、戦前は中学校・高等学校・大学を通じて外国語学習の比重が大きく、また情報源の多くを輸入文献に頼っていた。たいていのことが洋書なしに済む今日とは大きく異なる。クロポトキンもまだほとんど翻訳がなかったから、当時の学生は英語等で読んだのだった。ちなみに前に触れた江渡狄嶺は1903年か4年頃にクロポトキンを知ったというが[*3]、原書が出て間もない時期に手に取ったことになる。

1920年1月の「森戸事件」でクロポトキンの名は一挙に脚光を浴びた。東京帝国大学助教授の森戸辰男が経済学部機関誌『経済学研究』創刊号に「クロポトキンの社会思想研究」を発表したことに対し、これをけしからんとして政府に働きかける者があり、森戸と雑誌の編輯署名人の大内兵衛が起訴され、結局森戸は休職処分を受け裁判でも有罪になったという事件である。

森戸は、社会政策を研究する際にはまず目ざすべき理想をはっきりさせることが重要であり、クロ

＊1　木村毅「ロシア革命の思い出（上）」『文学』1919年9月。
＊2　菊地昌典『ロシア革命と日本人』、筑摩書房、1973年、265頁より引用。
＊3　江渡狄嶺『或る百姓の家』、総文閣、1922年、176頁。

ポトキンの社会理想こそはその究極目標であり、万人が掲げるに値する優れた社会理想であると考えて、この論文を書いたのであった。

事件に対し、文化学会（石田友治・島中雄三ら）等の団体が立ち上がり大学や政府に抗議する演説会が開かれるなどしたが、同時に、クロポトキン関係の本の人気が高まったことが社会現象として興味深い。時あたかも、ロシア革命・米騒動に続く、社会運動の上昇期であった。森戸事件の後、立て続けに筆禍事件が起こったが、社会改造への大衆の関心は水を掛けられるどころでなく大きくなっていったのである。ある新聞は次のように報じた。

「……出版界の趨勢は之が需要に応ずる為全力を挙げて出版さるる図書は主として思想問題社会問題に関する図書であつて、是等は皆非常なる勢で売れて行き、外国から輸入せられる図書の如きも殆ど取り合ひの有様であるが、最近森戸氏の筆禍事件以来社会主義に関する図書の売行抔は殆ど羽の生えた様に飛んで行き、クロポトキンやマルクスの著書は丸善に着荷しても直に注文殺到して書架に三日と止らぬと云ふ好景気で社会問題に関する図書雑誌で無くては夜も日も明けないといふ現状……」*4

『改造』では3月号で「クロポトキン思想研究」の特集を、5月号で「クロポトキン著作総評」の特集を組み、『中央公論』では4月号で「生存競争説と相互扶助論」の特集を組んだ。クロポトキン物が求められた時代を示していると言えよう。

この頃大杉栄は、クロポトキンに関しては日本における第一人者だった。彼はかつて自分を無政府主義者であるとして世間から葬る手先となっていた新聞・雑誌が「世態人情が少々変はり、物騒な無政府主義が流行りものになつたとなると、急にぴよンぴよン頭をさげて『どうぞ、先生……』てな事でやつて来る」[*5]と皮肉っている。その大杉も、三年前に出した『相互扶助論』がまたたくまに五版を重ねるなど、クロポトキンブームの恩恵を受けたと言えなくもない。『最新社会問題十二講』（1919年）、『改造思想十二講』（1922年）といった社会思想に関する概説書が多数出されたのも人々の強い関心を背景としており、それらにはクロポトキンが一章を占めていた。

人々の高い関心はこの後もしばらく続き、昭和に入って盛んに出版された円本（一冊一円の全集物）のいくつかは社会思想関係書であった。その一つである『社会思想全集』（1928年）は全40巻中、クロポトキンがマルクスと並び三巻を占めている。

ところで『社会思想全集』を発行した平凡社の創立者下中弥三郎は、教員組合啓明会の創立者としても、農本主義運動・国家主義運動の関係者としても有名な人物であるが、彼には『万人労働の教育』『万人労働の哲学』（それぞれ1923年、1925年発行）の著書がある。この世の富は法的所有者のものでも生産者のものでもなく万人のものであり、万人が必要に応じて利用する権利をもっているという考え方を基調にして書かれたものである。1920年頃までの下中は「人類愛」等の抽象的な言

＊4　『報知新聞』1920年2月17日付（森戸辰男『思想の遍歴』上巻、春秋社、1972年、133頁より引用）。
＊5　大杉栄「クロポトキン総評」『改造』1920年5月号、71頁。

葉によって考えを表現していたが、１９２１年以降「万人労働」は下中のキーワードとなり、上述の著書が生まれたのである。下中のこの考え方は、青年期から原初的な形で抱かれていたものであるが、明確な形になる上でクロポトキンの無政府共産主義の知識が貢献していることは間違いない。

さて、１９２０年をピークにクロポトキン関係の著作出版は次第に減っていく。マルクス主義勢力が盛んになっていく一方で、アナキズム勢力が日に日に衰えていったことに関連している。ロシア革命成功によってマルクス主義者が力を得、また、アナキズム宣伝に大きな力のあった大杉は虐殺され、普通選挙実施決定後人々の関心が無産政党組織運動に向けられた、等々の不利な条件の重なる中で、幾人かのアナキストはテロリズムの道を選択し、労働運動におけるアナ系の勢力は小さくなっていった。クロポトキンの著作は徐々にアナキズム陣営という狭い世界で読まれる文献となっていくのである。

二　いわゆる「純正無政府主義」の人々

アナキズム運動が最盛期を過ぎると、高揚期には反総同盟系の労働運動として曖昧な結合状態で闘ってきた陣営は、思想の違いを表面化しつつ分裂していく。その中にクロポトキンを非常に重視する一派があった。岩佐作太郎、八太舟三をはじめ、数年後には農村青年社、無政府共産党という行動的な運動へと進み行くことになる青年たちを含む集団であった。彼らの考え方は岩佐・八太の著作や雑誌『黒旗』（第一次『黒色戦線』分裂後の二派のうちの一派の雑誌、１９３０〜１９３１）によって窺うことができる。
彼らは同じくアナキズム陣営に属するサンジカリズム派に対抗して、労働組合や消費組合の運動を排した。よい労働条件やより安い商品を求めてする利己的な運動は、アナキズム革命の大理想から排すべきであると考えたからである。そしてアナキズムの社会理想を理想のままに、目的に反する手段を用いずに実現することは、可能だと考えていた。なぜならば、これこそクロポトキンの人間観を直接に純粋に継承した点だが、人間の本性は共存共栄の社会を営む性向をもっているため、一旦権力を倒せば万事うまく営めるという楽観的民衆観を持っていたからである。ある青年は「アナキズムは民衆の本然的欲求であり、人類生活の常則である」と述べた。[*6]
八太は民衆の持つこの理想社会形成能力を「内在的組織力」とか「創造的組織力」と呼んだ。その力は現代ではかなり失われているものの、なお民衆の間に存在しており、特に農村では強く見られると考えられていた。また彼らは、アナキズムの主張は誰にでもわかり、マルクス主義のような理屈がないと自負したが、それは、民衆の願いが即ちアナキズムの主張であると信じていたからであった。民衆への信頼はこのように強かった。
彼らの理想は、クロポトキンの『相互扶助論』『倫理学』に見るような、人々が仲良く暮らす社会

＊6　小川光生「思想を持つて理想を生かせ」『黒旗』第2巻第7号、1930年7月。小川は戦後社会党代議士となった小川三男。

であり、同時に『パンの略取』『田園・工場・仕事場』に見る、農と工が融合し都会と農村の別がなくなった社会であった。この後者の面については、マルクス主義批判の際にとくに強調されている。ロシア革命の情報が入るにつれ、革命政府が農民から強制的に食糧を奪った事実が知られてきた。マルクス主義の都会労働者中心の革命ではこうした事態が起きるのは必然であり、やはり農工融合の社会こそが正しいのだと彼らは再認識したのであった。

彼らは自主性を重んじるアナキストとして、他者の思想の受け売りでなく自ら思考すべきだと考えたから、クロポトキンと言えどもそのまま受け入れることを潔しとしなかった。しかし「唯一の教典」や「無政府主義の教典」の語を含む『パンの略取』の雑誌広告（『黒旗』）が長く掲載されていたところを見ると、クロポトキンを「教典」とすることに対して批判が出なかったと見える。

『黒旗』の中からやがて、新しい活動の芽が出る。思想宣伝やテロリズムによっては革命は起こせないという認識の下に、農民の中で思想宣伝に努め、自主自治の生活を実行していこうとする「農村青年社」の青年たちである。結成は１９３１年２月であった。以後農村青年社の活発な行動の刺激のせいだろうか、農村青年社以外のところでもクロポトキン再考の動きが出てきて、やがてアナキズム革命をめざす日本無政府共産党を結成していく。組織を嫌っていたアナキストのこの変化は１８０度の劇的転換であった。

三　鑓田研一の無政府重農主義について

アナキズム陣営には「純正無政府主義」以外にいくつかのグループがあったが、その一つが『農民』派である。『農民』（第1次〜第5次、1927〜33年）は、内部の対立や会員の出入りがあるが、アナキズム系の農民文学・農民運動の雑誌として一貫して反都会論を展開した。中心人物の一人犬田卯は、彼の「農民自治主義」がアナキズムと異なることを強調したが（犬田はアナキズムをせまく捉えていた嫌いがある）、もう一人の中心人物である鑓田研一（1892〜1969）は自らの理論を「無政府重農主義」と称してアナキズム陣営にあることを宣明していた。

鑓田は神学校の出身で牧師の経験もある。文学を志し『新潮』や『トルストイ研究』に翻訳や批評を発表した。また1924年以降戦後まで、賀川豊彦関係の諸雑誌に宗教関係の文章を多数書いている。『農民自治』『農民』『大地に立つ』『農本社会』『黒旗の下に』等のアナキズム系雑誌に執筆した数年間を過ぎると「賀川豊彦伝」をはじめ多くの伝記を手がけ作家として活躍した。『農民』時代の論文を集めた『無産農民の陣営より』（1929年）の著書がある。

20年代後半から30年代にかけての日本は、商工業や都会的文化の発達が目覚ましい一方で農村の経済が悪化の一途をたどり多くの青年が都会へ都会へと出ていく時代、つまり都会と農村の経済的文化的政治的な格差が誰の目にもあらわになった時代であった。多くの農村青年は都会と農村の間の関係を不公平と感じていた。『農民』はこうした時代感情の上に立って、それを反都会の理論や文学に表現した。彼等は、当時盛況であったマルクス主義に対し、労働者を革命の主な担い手とする都会的思想であると批判していた。都会と農村の対立を強調することは、反マルクス主義の闘争の一環でもあったのである。

鑓田は都会と農村の対立を主なテーマとしていた。都会は農村を搾取する、さらに労働者も農民を搾取する、という命題を理論づけるために、彼は農産物取引における搾取の様相や、工業生産と農業生産の違いなどの分析に努めた。農業生産物は人間生活にとって絶対的に必要なものだから重工主義でなく重農主義こそが正しく、また支配権力のない自由連合の社会こそが理想である。この両者を合わせた考え方が「無政府重農主義」であり、都会と農村との関係から考察した場合に当然進むべき道である、トルストイは既にそう主張していたと、彼は述べている。

彼はトルストイの「無政府重農主義」とクロポトキンの「無政府共産主義」は非常に近いと考えていた。[*7] 彼によれば、道徳的に共愛主義（相互扶助主義）、経済的に社会主義、政治的に無政府主義をとる、などの点で両者は一致しており、両者はいずれは全く一致するであろうとされた。実際にもフーリエ、プルードン、石川三四郎等は、アナキズム的であり同時に重農主義的であると言う。

クロポトキンに言及する際もこの観点による。アナキズム陣営の中ではクロポトキンからの引用が権威づけの効果を持ったからであろうか、クロポトキンも「農村と都会との対立」について述べ、工場労働者の幸福が自国や他国の農民の搾取に基づいていることを指摘している、と紹介してクロポトキンと「無政府重農主義」の関連を示した。[*8] 初めに述べたように、クロポトキンは、人間が必要とする衣食住、とりわけ食糧問題の視点から経済を考えて農業を重視していたから、あながち鑓田の我田引水とは言えないのである。

さらに言えば、「純正無政府主義」の人々も分業のない農工融合の社会を夢見ていたのであって、その点では鑓田らの『農民』とたいした違いはない。日本のアナキズム陣営が反都会論の傾向を強く持ったことに関して、クロポトキンは助長する力となり、逆に彼の特定部分が増幅されたと言えないだろうか。

やがて「農本主義」を掲げる団体が活発な運動を繰り広げる1932年になると、農本主義とアナキズムとが混同される虞れが出てきた。この時、自らをアナキストと認めさせたいと考える者たちは、農本主義との違いを強調することによってアナキズムのアイデンティティを保とうと努めたのであった。[*9]

四　アナキズム陣営以外の人々への影響

トルストイはアナキストであるかという問題は、簡単には解けない。前提となるアナキストとは何

＊7　たとえば『トルストイの新研究――その無政府重農主義について』、啓明会、1927年5月を参照。『農民』でも論及している。

＊8　鑓田研一「農業と工業との関係に就て」『農本社会』第4号、1932年5月。鑓田研一「クロポトキンと農民運動」『黒旗の下に』第6号、1933年4月。

＊9　拙稿「『農本的アナーキズム』と石川三四郎」（『本山幸彦教授退官記念論文集日本教育論叢』、思文閣出版、1988年所収〔本書所収〕）を参照されたい。

かという問題が難しいからである。アナキズムに「権力は不要であり人間はそれなしに平和に生きられるとする思想」という程度の広い定義を与えると、有名無名を含めて夥しい数の人間が含まれるだろうし、人間観や国家観などに絞った狭い定義を与えれば、しばしばアナキズムに関する文献に登場する多くの思想家は排除されねばならない。

トルストイは、エルツバッフェルの『無政府主義論』（1900年）等の中でアナキストとして取り上げられているが、それを生前不愉快に感じなかったという。プルードンとの交友が知られているし、クロポトキンには個人的尊敬を払い、その著作を賞讃した。[*10]

トルストイがアナキストならば、日本の多くのトルストイアンが、クロポトキンに関わりを持ったとしても何の不思議もない。しかも、鑓田以外にも、クロポトキンの自伝の序を書いたゲオルグ・ブランデスら、二人をセットにして論述した者は少なくない。両者はそれぞれロシアの公爵家、伯爵家に生まれ、ともに特権階級に安住できずに特権を放棄して社会理想を実現する道を歩もうとした。また両者は下層民衆の生活感情に大きな共感を示している。鑓田が説くように道徳的な理想や経済的な理想もよく似ている。トルストイアンの中にはクロポトキンをも読んだ人々が多いだろうと推定されるのである。

江渡狄嶺（1880~1944）は前述したように、クロポトキンの諸著書をかなり早い時期に読んでいる。それらをどう読んだのか？　学生の江渡は、まずトルストイが特権的地位に安住せず、勇気ある行動を試みた姿に「生活良心」を刺激された。その次にクロポトキンを知る。

「トルストイは、殆ど九分通り迄私の生活良心を決定した、然し、私は、トルストイの宗教的、倫理的な根柢の上に、今少し、社会的経済的な理由をほしかつた。それを与へたものは、クロポトキンで、この二人で、最後の、私は性格と意識とを一にし、全良心を動かして、生活を転換せしむる力をなしたのである」[*11]。「彼れの、革命家としての回想記は、私には、トルストイの復活以上に、私の人間としての行くべき道の方向を指示し彼の Conquest of Bread は、トルストイの「我儕何を為すべきか」に、多少不確かであつた理論的確信を与へ、更に、彼の Fields, Factories and Workshops は私に、実際的な労働生活の道を教へた、其他、彼の数多い小論文は、ドンナに、私の良心に、今更ながら、深い新しい感銘を印したことであらう、

こうして、トルストイにはぐくまれた、私の生活良心は、クロポトキンに至つて、今は只だ、その実行、開闘、着手を待つばかりに育て上げられた。

生活の転換！

“V—Narod” ——人民へ、先づ、これ等の多数と同じ労働の生活へ。……」[*12]

こうして江渡は帝大を中退し、数年後に東京郊外で小作農を始めた。妻の実家の縁で少々の援助は

＊10　ウドコック、白井厚訳『アナキズムー』、紀伊國屋書店、1968年、による。
＊11　江渡の前掲書、174頁。
＊12　江渡の前掲書、176～177頁。

あったが、同級生の出世を横目に極貧に耐えねばならなかった。江渡の文章はクロポトキンの受け止め方の一つのタイプを示していると考えられる。国家を破壊する危険思想とも評されていた著作でありながら、江渡はこれを社会運動の書としてでなく、より個人的で倫理的な、如何に生きるべきかを示す書として読んだのである。トルストイもクロポトキンも、人を搾取しない正しい生活を実行しようとした良心の人として捉え、本来ならば支配階級に入るべき境遇の江渡は「人民」となったのだった。

クロポトキンもトルストイも、農民が理解できるようわかりやすい形で思想を表現することに努めた。クロポトキンの著作の多くは大衆向けパンフレットであるが、論文を書く以上のエネルギーを費やしたとされる。トルストイはまた、多くの民話を創作した。一方、この二人によって「ヴ・ナロード」した江渡の文章には難解なものが多く、民衆に理解されることを望んでいるようには思われない。トルストイもクロポトキンも求道者江渡個人の魂の成長の肥料として機能し、社会運動への道案内とはならなかった。

前述した下中も、自著の序でクロポトキンの自伝によって受けた感激を語っている。「『私の周囲の総てのものが、窮乏で、黴びた一片のパンのために苦闘している時に、私が高尚な情緒の世界——科学探究の歓喜——に行き得るために費すべきものは、それが何であれ、それを私は、自ら小麦を作りながら子供等のために十分にパンをもち得ない人々の口から奪取しなければならぬ時に、私に何の権利があつてこれらの高尚な歓喜を楽しむことができよう』と言つたクロポトキンの心持ちが今私の胸をドン底に波打つてゐます。……この不合理な現前の社会に対してどうしてジツとしてゐられませう」[13]。

下中は、江渡のように「人民」になるのではなく、人民のための運動へ向かった。書物の果す役割は読み手の態勢によるのだろう。

さて、武蔵野で慣れない百姓を始めた江渡はやがて農業経営に成功するが、注目すべきは農業開始まもなく温床による花卉栽培と養鶏を始めたことである（友人の石田友治は貧しい江渡のために電話を売った代金を温床代に提供した）。クロポトキンは『田園・工場・仕事場』などで温床を利用した集約農業の未来像を描いているが、江渡はクロポトキンのこの面にも強い影響を受けたのである。

江渡の友人で、アメリカの大学で農業を学び実際の農業も試みた堀井梁歩もまた、集約農業の必要性を論じた。その文章を彼は次のように締めくくっている。「ク翁の前記「農場、工場、家内工業」といふ本は、農村の活路に対していろいろな示唆を与ふるのみならず立派な一冊の教育書です。私は何々主義者として片付けられて、こうした本が自由に万人に読まれないことを大へんな損失だと思ひます」[14]。

＊13　下中弥三郎『万人労働の教育』、内外出版、1923年（『下中弥三郎教育論集』、平凡社、1974年、10頁より引用）。

＊14　堀井梁歩「集約農業」、『大道無学』、平凡社、1926年所収、引用部は初出の『大道』第四号、1925年10月にはない。

やはり帰農した木村荘太（今木久作）も、「田園で生産の方法が科学的に発達し、高度の集約野菜園芸耕作のやうなものが成功すれば、耕作者は長時間の労働を要せずに、愉快な筋肉労働をすると同時に、知識的労働にも与かり得る閑暇が出来るといふクロポトキン式の見解」が、アナキズム社会以外の体制化でも実行可能だというバートランド・ラッセルの考えに賛意を示し[*15]、農業や家政のあらゆる方向への科学を適用する必要性を論じた。

このように、クロポトキンにおいては、科学性合理性を強く志向する農業論も日本に影響を与えていたことは、注目されてよいだろう。影響を受けた者は、合理性を顧みずに気を入れて耕せと教えるような精神主義に対しては素直に従えなかったであろう。農本主義者と言っても種々雑多な思想の持ち主がいる。いわゆる農本主義の思想に関してはまだ研究蓄積の少ない段階ではあるが、かなり多くの農本主義者がクロポトキンの著作に触れ、また彼の農業構想に理想を見たのではないか。もしそうならば、「日本的」なイメージで語られがちな農本主義の性格について新たに考え直される必要がある。しかし、まだまだ推定の域を出ておらず、今後の課題である。

＊15　木村荘太『農に生きる』暁書院、１９３３年、引用部は１９２９年10月執筆。

クロポトキン『倫理学』によせて

【初出…1983年9月発行、P・A・クロポトキン著『倫理学 その起源と発達』（黒色戦線社）／原題「『倫理学』によせて」】

「倫理学」によせて

クロポトキンには多くの著書がある。1928〜30年（昭和3〜5年）に春陽堂から錚々たる『クロポトキン全集』が発行され、伏せ字が多いという欠点はあるが、私たちはそれによってクロポトキンを読むことができる。しかし古本屋で探さねば手に取ることができないし、今の若い人の大部分には旧字と古風な文体が敬遠されがちだ。

敗戦後『パンの略取』『田園・工場・仕事場』『近代科学とアナーキズム』『相互扶助論』など、いくつか新しい翻訳が出た。中には、語学力・文章力抜群の大杉栄による古い訳の方がかえって読みやすいと思うものもあるけれど、新しく出版されることはそれだけクロポトキンの普及に役立ちうれしいことだ。

ところが『倫理学』は今まで手軽に入手できなかった。その内容に歴史上の哲学者の学説などが並ぶため、売れないだろうと出版社がためらったからかもしれない。たしかに中味は簡単ではない。受験勉強のように登場する学者とその学説を暗記しようとするなら、これは相当に難しい教科書だということになるだろう。しかしそんな読み方をする人はめったにないはずだ。まず通読する、暇があれば何度でも通読する、という本だと私は思っている。

私が通読したとき、クロポトキンの根本的に善良な人柄に感化されたのか、これだけのボリュームの道徳論（人間論）に圧倒されたのか、しばらくの間自分が変わってしまったような気がした。しらずしらずのうちに心やさしい、無政府共産の社会の人間のようになってしまったらしかった。青少年による殺伐たる事件が相次ぐと、すぐに「道徳！　道徳！」と叫ばれるが、本当の道徳というのは『倫理学』が語っているようなものではないか、と思ったことである。

ただひと言、余計なことかもしれないがつけ加えたい。『倫理学』の中には「個人」より「社会」優先、「個人」は「社会」のために少々犠牲になることもある、という論理が読みとれないこともない。今も家制度の下で犠牲を押しつけられている女たちや、大義名分によって戦場で殺されていく兵士たちに対し、そのような論理を悪用する輩がいないとも限らないからだ。今の世の中では叛逆・抵抗こそが必要とされることの方が圧倒的に多い（叛逆・抵抗とは弱い者に対するやつあたりやすねてみせることでは決してない）。クロポトキンのいう人間の本性が生かされる「相互扶助」の世の中にするための闘いは、まだまだ続くのである。

1983年4月26日

クロポトキン『相互扶助論』と現代

【初出…1987年5月発行『大杉栄伊藤野枝選集 第8巻 相互扶助論』（黒色戦線社）／原題「解説『相互扶助論』と現代」】

クロポトキン（1842〜1921）の『相互扶助論』は、今までに読んだ本のいく冊かを次々に思い出させてくれる。たとえば「動物の相互扶助」の章では今西錦司の進化論を、「蒙昧人」の章ではフランスのアナキスト、エリゼ・ルクリュの『地人論』などを、「中世都市」の章ではウィリアム・モリスについて書かれた本やフランスの「アナール」派以降の歴史研究のことを思い出す。ルクリュは別としてアナキズムとは一見無関係のものばかりだが、私にしてみればそれらがアナキストのクロポトキンの著作によって思い出されることに不思議はない。

現在「アナキスト」や「アナキズム」の語は、まだ絶滅していない前世紀の遺物のように受け取られている、と私は感じている。そしてクロポトキンは「アナキズム」の代表的人物と見なされているために、「アナキズム」を軽蔑したり無関心である大多数の人間から無視され、ずい分損をしているようだ。というのは、クロポトキンや、同様に「アナキスト」とよばれる人々には、社会運動としての「アナキズム」の宣伝を超えた人間観や世界観の問題を扱った著作が多いのに、それらが著者のレッテルのために読まれる機会が少ないからである。そもそも「アナキズム」というのは政治や経済の「イズム」というよりも、むしろ人間観そのものではないかとも考えられるが、『相互扶助論』はその中の代表的な本である。

『相互扶助論』の初出はイギリスの雑誌『一九世紀』の１８９０年9月からの連載で、１９０２年に単行本で出た。日本で全訳が出たのは大沢正道氏の解説にあるように１９１７年で大杉栄訳春陽堂発行による。１９２６年には『大杉栄全集』に、１９２８年には『クロポトキン全集』におさめられた。図書館で見た１９２８年発行の単行本は44版だったし１９３１年には文庫本にもなったから、戦前にはよく読まれたのである。それにしても書かれてから百年近くになる。全訳発行からでも70年だ。以下では今日の私たちにおける古き『相互扶助論』の意味を考えつつ、私自身が読書中に思い起こした本のいくつかを紹介しようと思う。

『相互扶助論』は副題を「進化の一要素」とし、また本文中でもたびたび書いているように、ダーウィン（１８０９〜８２）らの進化論の批判が主要テーマである。日本のアナキズムの思想家石川三四郎（１８７６〜１９５６）も進化論批判に力を入れた（『非進化論と人生』１９２５年ほか）。石川の場合はマルクス主義の史観の前提となる進歩史観を論駁する一環としての進化論批判であって、生存競争説を主な批判の対象とするクロポトキンとは批判の方向も方法も異なるが、アナキストが共に進化論を批判しているのは興味深い一致である。しかし、大杉栄（1885～1923）を含めて日本の社会主義者たちが明治の頃から進化論に強い関心を抱いていたことも事実である。現在の社会が永久不変のものではなく変化するものであるという主張の間接的証拠のようなものとして、進化論はあった。西欧においても、ダーウィン進化論はまず何よりも、神が生物を創ったとする創造説に対する強力な一撃であり、不変に対して変化の証明をつきつける〝革命的〟な理論であったのだ。ところが、変化の事実が常識となると（今日のアメリカ合州国の一部では創造説が根強いと聞くが）、ダーウィンらの進化論の中身が問題とされてくる。生物学の成果が人間社会に安易に適用される傾向の強い社会においては、生物界を闘争の世界と見、生存競争を進化の原理とする生物観は、相似た社会観を正当化する。そのような見方を受け入れなかったのがクロポトキンや石川である。両者ともに進化論学者から全く無視されてきたようであるが。

今日でもダーウィン流の進化論は健在である。種に個体差が存在し有利な個体差を持つ個体が適者生存しその個体差が遺伝によって引き継がれる、というダーウィンの考えは、遺伝するのは突然変異によって生じた有利な個体差に限る、と部分修正されたものの、世界の生物学界の圧倒的主流は、ダーウィンの流れであるらしい。これに反旗を翻した今西錦司（1902～1992）は、かつての石川の指摘とおなじく、ダーウィン進化論は当時の時代の思想の影響で作られたと言っているが、批判者ならではの一致で興味深い。今西は生存競争という考え方や、変化を不変よりも尊ぶ傾向を「西欧的近代社会の申し子」「西欧社会の価値観の一つ」と言い、ダーウィン進化論の性格を「個人主義」「個体尊重主義」と考えている（『ダーウィン論』中公新書、1977年）。

今西が独自に築いた進化論は、競争的自然淘汰とは逆に、生物が競争を避けて安定した生活の場を持ち種に固有の社会を形成しているとするものである。似た食物をとる種同士も時間や場所を違えるなど巧妙に「すみわけ」、生物界全体が一つの調和の系におさまっているという。そして相互扶助や自己犠牲の意志はなくとも、どの種も存続しうるよう生物界はできているらしい。クロポトキンは『競争してはいけない。競争は常に種に有害なものである。そしてそれらを避ける方法は幾らでもあるのだ。』これが自然界の傾向である。」（本書〔初出本を指す〕95頁）と述べたが、今西と通じるものがある。今西が個体ではなく種を重視しているという面も見落としてはならない。

クロポトキンと関連する今西の一節をここに引こう。「種の個体は平素はばらばらに行動していても、種の存亡にかかわる危機に際会した場合には、一つに集まって……同じ行動をとるようになるものだ。」（今西前掲書、70頁）、まただれかの命令によらずに協調し分担しあって仕事をなしとげる人々という「理性万能の西欧社会では」決してみられない事例から、「なにか相手のおかれている立場とか、なにをしようとしているのかという相手の意図とかいったものが、同種の個体のあいだでは直観的に把握されるのではあるまいか。」「同種の個体間には、洞察であろうとなんであろうと、われわれ文明人にはちょっと理解しかねるような、相互了解への道がついているのでなかろうか」（同右、116頁）

と述べられている。クロポトキンが百年近く前に言った「本能」が思い出されずにはいられない。（なおこの引用部分は、生物の大進化を説明するための今西の仮説の一部である。今西にはほかにもシロウトが読める進化論の書がある。）

ちなみにクロポトキンは、ダーウィン自身は必ずしも「生存競争」一辺倒でなく競争を避けることについても言及していることなどを指摘しているが（本書〔初出本を指す〕、94頁）、同様のことを今西も指摘している。しかしダーウィンは「すみわけ」の現象を説明できずそこから遠ざかったという。「棲みわけという現象は、ダーウィンのような個人主義的な、あるいは個体尊重主義的な進化論だけからでは、十分に説明しかねる現象なのではあるまいか」（今西前掲書、101頁）と今西は推察している。クロポトキンが今西のすみわけ理論と進化論を知れば墓の下で意を強くするだろう。あとで生まれた今西がクロポトキンを読んでいないらしいのには少々残念だ。今西はゼンキンというイギリス人が1867年に自然淘汰説を批判したことを知って「当時といえどもすべての人が、ダーウィン進化論に心酔していたわけではなかったのだ」（同右、159頁）と喜んでいるのである。

遺伝子をいじることはできても赤潮発生や松枯れのような現象を解明できない生物学の現状では、進化論はこの先どのように決着がつくかわからないが、少なくとも私がクロポトキンや今西によってひとり納得するのは、昔も今も主流の座にあるダーウィン進化論が特定の人間観の上に成立しているらしいということである。近代社会のあり方に反対するところからクロポトキンの進化論は生まれ、ウスバカゲロウの研究が端となってダーウィン進化論全盛に対抗する中で、今西は近代西欧社会観批判まで歩を進めた、といえないだろうか。

クロポトキンは動物から「蒙昧人」へとサラリと章を進めているし、動物界の描写にかなり擬人的な筆づかいがみられるが、はたして動物と人間を同列に論じてよいものか。『共同村の歴史』の中でC・ジード（1847～1932）は「動物の共同村」の1章をもうけておきながら、そこから教訓はえられないとして、「最も善くて、吾々は彼等の間に連帯性を見出すだけであろう。然し、それも強烈な連帯性であり、従って、何等の道徳的価値のあるものではない。」（『共同村の歴史』八太舟三訳、黒色戦線社、1985年、31～32頁、原本は1928年）と語っている。たしかに動物の個体は種の存続という至上命令の狭い枠の中でしか行動しえない。たとえ「連帯」の美名を与えられようと人間には当てはめられないだろう。それでは人間は生物界における特別の存在なのだろうか。

ここで思い出されるのは、今西進化論をとる自然人類学者河合雅雄（1924～2021）の『森林がサルを生んだ』（平凡社、1979年）である。人類は生物の調和した秩序を越えた。精神活動を発展させ個人の行動の自由を拡大する一方で、同種間で殺し合い他種との共生を拒んできた。この書にはそれらの諸特徴の萌芽がサルの段階で存在することを、サル専門家の持つ豊富な事例を共に述べてある。つまり霊長目はほ乳類の他の目とは異なる特殊な環境の中で、特別の食文化、性文化、社会機構を持つに至り、その独自性が人類の行動や社会へ連続しているという。人間は生物の仲間の一員であると共に他とは異なる特別の存在である、人間は生物界の中で自然的側面と反自然的側面を合わせ持つ生物なのだ、と私は再認識させられた。

ちなみに河合によると、人類とサルを分つ大きな条件の一つが、家族という社会単位を持つことなのだそうだ。家族のない人間社会は存在しえないという。クロポトキンは家族について次のように否定的に言っている。「人類の祖先の原始的団結様式は家族ではなくて、社会、団隊《ママ》、若しくは種族であったのだ。」（本書〔初出本を指す〕99〜100頁）、「個別の家族の出現する事は、斯くして確立された一致和合を必然に攪乱する」（本書〔初出本を指す〕136頁）など。先述したジードも、いくつかの過去の共同村の試みの成否に家族の有無が関係していたと結論づけている。つまり独身者のみの修道院に比べると、家族で住む共同村では家族それ自体が村以前の連帯の単位となり、他の単位と闘争することになって失敗するというのである（ジード前掲書、68〜69頁）。また各家庭で食事を調理して食べる事が共同精神に反するとも述べている（同右、298頁）。相互扶助の社会と家族（一夫一婦にせよ、一妻多夫にせよ）との関係は、今日のエコロジーやフェミニズムの議論の中でも最も難しい問題となっている。今日の社会が成文法とともに押し付けている夫婦単位の家族やイエの意識の枠が取り払われ、様々に共同生活形態を選び取れる自由が保障されることが望ましいのではないか、と今の私は考えているが。

「蒙昧人」の相互扶助については、クロポトキンも引用しているが、西欧世界の人々がいわゆる未開の地を探索するにつれて報告が多数出たようだ。ルクリュ（1830〜1905）の『地人論』（石川三四郎訳、黒色戦線社、1978年、原著は1905年）は第1巻「人祖論」しか訳されていないが、そこにも『相互扶助論』と同様な社会生活のありさまが、もっとダイナミックに展開されている事を付け加えておきたい。

クロポトキンの叙述は、やがて中世・近代へ入る。ここで思い出されるのが最近の歴史研究の動向である。フランスのアリエス（1914～〔1984〕）を嚆矢とする「アナール」派の研究以来、〈今日我々が生きている社会は普遍的な生活様式ではなく、近代以降独自のものであって、「子ども」や「家族」などの今では当り前の存在も中世にはよほど異なる性格をもっていたこと〉が、様々の資料によって明らかにされてきた。この諸成果を用いてI・イリイチ（1926～〔2002〕）が中世から近代に至る男と女の役割の変化を展開するなど、多方面にわたって歴史の見直しがなされつつある。日本でも「社会史」の研究が数年前からブーム（?）になってきたようだ。

注目すべき事の一つは、かつての歴史研究でもっぱら注目されていた政権の推移や統計数字で表わせる事柄だけでなく、当時に生きていた人々のあり方に目が向けられてきた事である。クロポトキンは次のように歴史記録の偏りを指摘している。「年代記者は、其の同時代人を悩ましたどんな小戦争でも、どんな小災難でも、必ず書き漏らすことはなかった。しかし民衆の生活には何等の注意をも払ふ事がなかった。然るに此の民衆の大多数は、僅かに少数の人々のみが互ひに相戦ひつつあった間にも、猶ほ平和に労働して生活してゐたのだ」（本書〔初出本を指す〕、140頁）と。事件や戦争を並べた歴史と人々の日常を描いた歴史とでは、おのずから人間観が異なって来るだろう。クロポトキンが示唆するように、人間の行為のうち闘争を基調と考えるか、相互扶助を基調と考えるかの違いに通じる。以前からクロポトキンらのアナキズム思想にふれていた私は、社会史ブームが到来した頃に、なぜ今になって出てきたのかといぶかりながらも、アナキズムが再認識されたような思いを持った覚えがある。

もう一つは、かつて「暗黒時代」の烙印を押されていた中世が書き改められてきた事である。ルネサンス・宗教改革を評価する余り、あたかも神の奴隷であったかのように語られていた中世の人間像は、その時代社会の中で喜び悲しみ考える人間像に変わったのである。クロポトキンは、中世都市が農業をゆるがせにした非を厳しく指摘しつつも「歴史上のいかなる時期も、第十世紀及び第十一世紀以上に、民衆の建設力をよりよく例証したものはない。」（本書〔初出本を指す〕、188頁）と百年近く前に述べたのであった。

中世といえば、高く評価したのはクロポトキンだけではない。私の管見の中では、たとえば社会主義者で工芸家のウィリアム・モリス（1834〜96）は当時の労働者の自由度という点を考慮した上で中世芸術を高く評価していた。そのモリスの『ユートピアだより』は数少ない自由のユートピアとしてアナキズムの立場から高い評価を受けているが（マリー・ルイズ・ベルネリ『ユートピアの思想史』太平出版社、1972年、原著は1950年）、中世評価とアナキズムの関連は偶然ではないと思われる。

中世や、あるいはもっと昔の原始の生活を評価し憧憬するのは近代批判・現状批判の一方法であり、この方法を用いた人々は少なくない。クロポトキンは、どちらかといえば歴史の進行とともに社会は進歩すると考えていたようだが、共同意識や農業社会を理想とする人々の多くが現代を憂い過去を理想化していた。たとえば日本では都市や工業が急激な発展をみた1910〜20年代に、田園生活や直耕生活がさかんに実行され、それと関連してクロポトキンやカーペンター、モリス、ラスキン、トルストイらがさかんに紹介されたが、彼等には、過去を懐かしむ傾向があった。大雑把にいえば近代文明に対する批判の動きであったといえよう。その後、歴史の流れを資本主義から社会主義へと直線的に捉え、農民よりも工場労働者を、自然よりも人為を重んじるマルクス主義が知識人の間に隆盛を誇るに至って、アナキズム勢力は衰え、近代文明批判は、後で触れるような〝右〟へ接続したものを除いて断たれる。

近頃共同体や自然に即した生活や国家によらない自主的自治などの考え方が復活しているように思う。ここで私はエコロジー運動や各地の住民運動を念頭においているのだが、今回は前回とは比べられないほどに科学技術信仰の破綻や国家権力の比重増大の恐ろしさの認識など、近代批判の実体的条件がととのってきている。こうした動向をアナキズムと関連させる必要は全くなかろうが、アナキストの著作のいくつかに触れたことのある私は、どうしてもそこにアナキズムの影をみてしまうのである。近代に対する批判という点で共通しているからだろうか。つまりアナキズムには西欧で発展した科学や個人主義や資本主義や産業主義を含む文明批判の面があるからだろう。

ここで批判される近代とか文明とかの内容が問題となる。一時期アナキストとして活動し、のちに天皇信仰へと移った加藤一夫（１８８７〜１９５１）は「農を基調とした共同社会」の理想を説く１９３３年の著書において、次のような対立を考えている。

西洋文明（ギリシャに発し科学による物質文明）…智的、唯物的、活動的外展的、支配階級的文明、権力思想、政治と結びつく、国家重視、都会……

東洋文化（支那に発する）…生活的、精神的、沈潜的内向的、民衆的文化、王道思想、政治を排除、社会重視、農村……

（『農本主義　理論篇』、『農本社会哲学』より）

こうした、近代批判＝西洋文明批判＝東洋的なるものへの思い入れの中へ、天皇信仰はなんの抵抗もなく受け入れられたと推測される。天皇は権力者・支配者とは考えられていなかったのだから。神秘思想や民俗学への関心が高まり共同体主義がさかんに論じられる今日、新しい動向の中に天皇かあるいは別の何かがはいるスキがあるように思えて、加藤まで筆をすべらせてしまった。今は戦争の前夜ではないかという私の危機感の表われでもある。

話を人間観にもどそう。人の喜びを我が喜びとし人の悲しみを我が悲しみとするのは古今東西普遍的な事象で、それだからこそいついかなる時にもどこにでも相互扶助のかけらはあると信じていた私は、先日の新聞の文章に考えさせられてしまった。親の得は子どもの損という経験が、いじめを楽しむ事につながっているという指摘である（朝日新聞1986年9月3日付「『いじめ』をほぐす」）。いじめの原因に親の態度を過重視している様でちょっとひっかかったが、考えてみれば競争では勝利者が喜ぶ時に敗者が悲しんでおり、商売・貿易では得をした者が喜ぶとき損をした者が悲しんでいる。国家観、団体間、個人間すべて喜びと悲しみがセットになっていて共に喜び悲しむことの難しい場合が多い。たとえ人間に相互扶助の本能があっても、人々がその本能を発揮しようとした時、今の社会はそれを押し潰すようにできているようだ。各自の心掛けも必要ではあるが、それ以上に社会のしくみに目に向けて、相互扶助の本能が自然に行動に発現され得るような社会の形に改める事を放棄してはならないだろう。そしてそんな社会を追求することが〝アナキズム〟なのではないだろうか。

（1986年9月）

V　農村青年社

戦前アナキズム運動の農村運動論――その１　自連派――

【初出…１９８５年３月『京都大学教育学部紀要』第31号】

はじめに

「農本主義」という語は、歴史用語として権藤成卿、橘孝三郎、加藤完治らの特定の思想をさす狭義の用法以外に、文字どおりに農を本とする思想という広い意味でも使われている。丸山真男氏が「農本主義」の特徴とした「反都会的、反工業的、反中央集権的傾向」[*1]もかなり広義である。二つの用法の区別が曖昧なまま、国家主義的な「農本主義」と「農業見直し論」や「共同体見直し論」等が重ね合って連想されたり、「農本主義的」思想内容の範囲の拡張が行われているのが、農本主義理解の現状である。

さて、アナキスト石川三四郎に対して綱沢満昭氏は「農本的なる」という形容を冠した上で、「農本主義的アナーキズム」といったものが存在可能かと問い、「あらゆる権力を拒絶しようとするアナーキズムが、天皇制と結果的には癒着する運命をたどるしかなかった農本主義と結合するなどということは論理的にはまったくあり得ないことではある」[*2]と断定する。ここには現状の農本主義概念の曖昧さが露呈されている。と同時に、石川の反商工的＝「農本主義的」思想がアナキズム中で異質に感じられたのは、今日の一般的アナキズム理解が幸徳秋水や大杉栄周辺の狭い範囲に限られているからではないか。

しかし、農本主義を農を本とする意味で用いるならば、アナキズム思想史上にはほかにも「農本主義的」な思想が少なくない。石川の師のカーペンター[*3]やトルストイ[*4]ら西欧の思想家のみならず、日本

＊1　増補版『現代政治の思想と行動』１９６４年、46頁。
＊2　『農本主義と近代』１９７９年　１８４〜１８５頁。
＊3　石川三四郎『哲人カアペンター』１９１２年（『石川三四郎選集』第5巻　１９８３年所収）参照。
＊4　鑓田研一「トルストイの重農主義」『農民』１９２７・10参照。

でも本稿でとり上げる自連派をはじめとして反都会的反工業的色彩の濃厚な人々は多い。戦前のアナキズム系詩人の多くがアナキズムと「農本主義」の未分化の内にあったともいわれる。[*5] ここに左翼思想のアナキズムと、広義の農本主義との深い関連が推測されうるのである。

本論の意図は日本のアナキズム運動中の農村運動論を明らかにすることによってアナキズムと農本主義の関連を探るにある。ただし紙数の関係で、今回は諸派中の自連派（全国自連残留派）のみを扱い他派については別の機会にゆずる。

自連派は歴史上次のような位置を占める。[*6] 日本労働運動史上のアナルコサンジカリズム全盛期は1921～22年であった。その後1923年の大震災後に大杉栄を失い、普通選挙法成立等の自派に不利な情勢下で、アナ系（アナキズム系）の運動は衰退への道を歩みはじめた。この頃テロリズムが頻用される。それに対し、従来は単なる反総同盟的結集であったアナ系組合では、その中のアナキズムを明示する組合の全国的連合を進め、1926年5月、ついに全国労働組合自由連合会（全国自連）を成立させた。成立後1～2年で全国自連は二派に分裂して一派が脱退し、分裂は思想運動や文学運動に至るまでアナ系の運動全体に及び、以後数年間、闘争エネルギーの大部分が内部対立に費やされることとなった。

二派中の一つが本稿で扱う自連派で、純正アナキズム派、観念派とも称され、全国自連分裂の際の残留組とそれに賛同する人々をさす。「純正」と自称したことにも窺われるように、アナルコサンジカリズムをマルクス主義とアナキズムの混合物と見て否定し、純粋のアナキズムたらんとした。彼らの理論によると、階級闘争説と労働価値説はマルクスによるもので否定すべきであり、労働組合の対資本家闘争は山賊の親分子分による分け前争いと見做され否定される。小作料減免等の生活難に発する具体的な問題は、労働運動以外の分野でも軽視乃至否定視された。一方で、クロポトキンの描く無政府共産の理想の正当性・普遍性、アナキズム革命の必要性が鼓吹され、「思想は力である」[*7]といった傾向がみられる。分裂当時は多数派であったが、その後の運動は衰微に衰微を重ねていった。

この自連派に対立していた人々の主張は多様であるが、一応代表的団体である日本労働組合自由連合協議会（日本自協、1931年11月に、自由連合団体全国会議より改称）の名をとって自協派と呼んでおく。自協派中のサンジカリスト（白井新平、江西一三ら）が従来からのアナルコサンジカリズムをとり闘争を重視する一方、農民派（犬田卯、鑓田研一ら）は主に雑誌『農民』（第1～5次、1927・10～33頃）に拠って農業の工業に対する本質的優位性を主張し、のちに日本村治派同盟、農本連盟に加わる者もいた。自協派の代表的人物と見做された石川三四郎は農民派の傾向を持つと共にサンジカリズム擁護に努めた。

両派共にやがて分裂状態への反省が生まれ、1933年に文学団体の合同、翌年には全国自連と日

＊5　秋山清「ある農本主義との論争」『黒の手帖』第3号（1967・9）参照。
＊6　日本アナキズム史については小松隆二『日本アナキズム運動史』1972年、秋山清『日本の反逆思想』1977年増補版等を参照。
＊7　八太舟三『階級闘争説の誤謬』1929年　30頁。『八太舟三全集』1981年では230頁。

本自協の合同を果たしたが、まもなく１９３５年末に始まったアナキストの全国一斉検挙によって運動はほぼ潰滅を見た。

第１章　自連派の農村運動論

前述したようにアナ系の分裂で自連派が一派として成立したのは１９２８年頃であったが、ここでは分裂以前のアナキストによる農村問題への取り組みも自連派として一括して扱うことにする。分裂前に農村に強い関心を持ったアナキストの多くが自連派に属したため、農村運動論は分裂前後で途切れなかったからである。以下、時代に沿って概観しよう。

〈農村への関心（1921〜22年）〉

大正期後半アナ系の代表的雑誌『労働運動』（第1〜5次、１９１９・10〜２７・10）を見ると、農村関係記事はその年の小作争議急増を反映して１９２１年より登場する。内容は小作争議や小作制度調査関係の報告が主で、「今迄の社会運動者は一向農村を顧みませんでした。今後は……農村にも宣伝下さるよう」[*8]との農村からの投書に見られるように、アナキストの農村への取り組みはまだ行なわれていなかったようである。

初めて農村運動用に発行された雑誌が１９２２年2月発行の『小作人』（のちに第1次とよばれる）で、発行元の小作人社は古田大次郎らの若いアナキストによって農村地帯の埼玉県蓮田に結成された。演説会や座談会等の計画は厳重な尾行・警戒によってつぶされ、一回の雑誌発行に終わらざるをえなかった。誌面は主に小作人の決起を促す文章と各地の争議報告で埋められたが、次のような主張が目を引く。小作人は地主と金持ちから、農村全体は地主と都会から搾取されている。都会は贅沢品や不必要品を生産したり必要品を命の親（食糧）の生産者である農民に高値で売りつけるところであるとする論旨で、これはアナ系の反都会論の嚆矢であった。

〈農村運動同盟の時代（1922～24年）〉

農村運動同盟は前述の小作人社の一部に新同人を加えて結成され、機関紙『小作人』（第2次、1922・10～24・4）を発行した。1923年からはアナ系の有力団体労働運動社より和田久太郎らが加わっている。結成にあたっては「小作人運動は、ただ一筋に、小作人諸君の自主自治的精神を以て発達せねばならぬ」[*9]という方針を掲げ、その年の春に有名指導者を集めて創立大会を開いた日農（日本農民組合）との対抗意識を表明し、アナキズム独自の農村運動を目ざした。実際活動では『小作人』発行以外に、地方行脚や地方支部の結成を行なっていた。

日農と類似する小作争議報告や小作調停法関係記事は略し、『小作人』の特徴的な主張を見てみよう。基調は農民の困窮の原因を「内においては地主、税金、商人に、外においては都会に搾取されている」ことに見る点で、ここから「都会は農村を搾取することによって、生命を維持し発達して文明を築く」[*10]という都市批判が生まれたのである。その背景には当時の顕著なシェーレ（農産物と工業製品

＊8　『労働運動』1921・2・1　5頁。
＊9　『小作人』1922・10　1頁。
＊10　同上　1924・2　4頁。

の鋏状価格差）があったことが想起されよう。都市批判は工場労働者をも含むもので、都市労働者は「彼等の主人たる雇主や資本主の手足となりて、彼等の掠奪搾取を助長し、完成する職分を為すも」[*11]と、山賊の子分にたとえられていた。

また農村のもつ運動上の重要性を次のように強調している。まず農村は「都会に比して更に多くの自主自治の美風に富む」[*12]地域と認識され、将来社会の構成員に好適であると見做された。また「長屋に居る工場労働者の方が、吾々よりももっとよい生活をして居ます」[*13]といわれるように、最被搾取階級は労働者でなく農民であるという認識もあった。こうして国民の多数を占める農民の自主自治的運動によって地主や資本家をなくすと共に、「都会自らをして農村に降参せしめ」[*14]るべきだとする方向が示された。運動方法に関しては農民組合の必要を認めると同時に、組合の組織よりも相互扶助の人間性を信頼して自発的な協同にまかせる方針も提起されている。

この頃よりA・ベルクマン[*15]の報告をはじめ、ロシア革命後の実態がしばしばアナキスト間に報道された。革命政府による農民の自家用食糧の徴発、服従しない農民の銃殺、外貨獲得のための徴発食糧の輸出など、農村の被支配、被搾取を物語る内容で、アナキストに都市と農村の関係を考えることの必要性を一層痛感させる役割を果たした。

〈農民自治会との提携（1926～27年）〉

農民自治会（農自）は下中弥三郎、渋谷定輔、石川三四郎、中西伊之助を中心に1925年末に創立され、一時は長野・埼玉を中心に全国的に運動が展開された。[*16]自連派に比べ、農自の主張はより明確に都市を否定し、都会文化に代わる農村文化樹立の必要性を高唱するものだったが、基本的にはよく似ている。機関紙『農民自治』(1926・4〜28・6)の編集者竹内愛國らは、農自はアナキズム(黒色)ではなく「農民自治主義」(緑色)の団体であると主張したが、創立以来多数のアナキストが参加し、反マルクス主義、反都市、自主自治の運動方針を掲げ、内外からアナ系の農民運動と見做されていた。

自連派でも当初は農自をアナキズム運動と見做して応援した。全国自連機関紙『自由連合』(1926・6〜35・2、1928年9月に『自由連合新聞』と改題)には両団体の茶話会や祝電の交流などが見られる。全国自連に属する関西自連、全国印刷工連合会、関東自連のそれぞれの大会で、この時期に農自との提携が可決された。

労働運動を中心とする『自由連合』と平行して、『小作人』(第3次、1926・10〜28・10)が木下茂らの小作人社によって発行された。[*17] 農自・自連派提携時代の『小作人』の主張を一瞥しよう。前と同じく「都会は農村を搾取する」という意見が基本で、小作人と地主、労働者と資本家、と同様に「都

＊11　同上　1922・12　6頁。
＊12　同上　1923・4　3頁。
＊13　同上　1922・2　7頁。
＊14　11に同じ。
＊15　(1870〜1936) ロシア人アナキスト、革命後の1919年末から1921年にロシア滞在。
＊16　大井隆男『農民自治運動史』1980年、渋谷定輔『農民哀史』1970年等を参照。
＊17　『小作人』1926・11、1頁の表題ほか。

会と農村との利害も反対である」[18]とされる。都会では「大概の人は無くても差支えのない様な物を作って居るか、何一つ生産しないで食って贅沢をしている穀つぶし」[19]であって、「吾等は都会に頼らなくて完全に自主自治の生活が出来る」[20]とされている。一方「美しき相互扶助の精神、自主自治的精神が農村には可成り漲って居り、それが都会に遠ければ遠い程資本主義に毒されず未だにその美風を厳存してゐる」[21]とされる。結局農村が自由連合すれば理想的新社会が現出すると考えられていた。[22]それに対して都市労働者はどうすべきか。必要品生産従事者以外の「職工さん達の大部分は、現にやってゐる職業を自分自ら一日も早く壊す様にすべきである」[23]というのである。総じて前段階より主張は明確になってきている。実際の運動については、この時代は農村運動連盟や埼玉小作人組合によって、若干の演説会や小作争議支援がなされていた。

〈農自批判へ(1928〜29年)〉

農自への態度は1928年初めより一転して批判的となっていった。農自はなお非政党同盟等の具体的戦術を展開していくが、そこから自連派アナキストは手を引く。ちょうど全国自連の分裂時期と合致する。自連派の農自批判は、農自幹部の個人批判に加え農自の「改良主義的妥協的」[24]「協調的実利主義」[25]的態度へ向けられた。日常闘争全面否定の理論が農自評価にも及んだと解釈しうる。今や闘争よりもアナキズム理論の徹底を重んじる自連派は、農村の現実の中で実際に運動を展開しようとする農自の方向を許容できなくなったのである。相変わらず、自連派は農民を「真の人間運動をやる代表的素質の人格を備へている」[26]とか、「美しい純真なる人情」[27]を持つと讃え、農村での建設的運動と都市労働者の破壊的自己否定的運動の協同を唱えて「社会革命は、農村革命であらねばならない」[28]、「都会運動は農村運動に附随する関係」[29]と論じていた。だが実際運動はどうか。1928年から1929年は常磐一般労働組合の農村宣伝活動、筑北農民組合と南予自主農民組合の誕生が『自由連合新聞』に見える程度で、低調きわまりなかった。理論の大枠は変化しないが実際運動を放棄する方向に進んでいったといってよい。

以上のように運動は終始低調であった。都市の労働運動もこの間一貫して衰退を続けるが、農村では初めから存在しなかったに等しい。それにもかかわらず、「アナキズムは本質的に、その理想に

＊18 同上 1927・5 1頁。
＊19 同上 1927・5 1頁。
＊20 同上 1926・11 1頁。
＊21 同上 1927・8 6頁。
＊22 18に同じ、ほか。
＊23 同上 1926・11 3頁。
＊24 『自由連合』25号（1928・7）復刻版 202頁。以下も『自由連合（新聞）』では復刻版の頁を示す。
＊25 『小作人』1928・2 5頁。
＊26 同上 1928・7 3頁。
＊27 同上 1928・7 9頁。
＊28 同上 1928・2 3頁。
＊29 26に同じ。

おいて、実現においてより農村に矛を向く可きである」[30]と農村が重視されていた。本章のおわりに1929年頃までの彼らの農村運動論を整理しておこう。

① 都市の労働者を含めて、都市が農村を搾取しているとする。
② 革命運動の主力部隊を農民に見、将来社会の基礎も農村に見る。
③ 自給自足を指向し、それによる都市の廃滅を期する。

第2章　農村運動論の動揺

〈農民自由連合時代（1930年）〉

『農民自由連合』（同年6月と8月）は、小作人社、農村運動連盟の運動を引き継ぐ形で、同名の団体から発刊された。ここで主張にやや変化が起こる。従来の「都会は農村を搾取する」が否定されるのである。農民が唯一の非搾取階級であることを否定し、「非常に複雑な搾取の網」の下で「万人が万人を搾取する」[31]のであって農民も例外ではなく、農民生活も「他のあらゆる産業と同様に、分業的組織の所産たる不具的存在でしかない」[32]とされた。今や都会と農村、農民と非農民を対立的に論じるのはマルクスの資本家・労働者の対立図式の援用で、都会労働者と農民の共闘を妨げる論だと決めつけ、両者の共闘で都会を解体し、搾取の根源である分業と資本主義を廃止しようと主張する。要約すれば、従前どおり都会を否定し、都会の運動の目的を都会解体におくが、農民と労働者を対立視する部分を消去し、相互協力をとなえたのであった。

以上は農民派の「農民自治主義」批判に関連して述べられた主張である。農民派は農自の系譜も加えて以前から自連派より明瞭に都会と農村の対立や農業の優越性、農民の革命性を論じていたが、1930年に最盛期を迎え、『婦人戦線』『解放戦線』等の友誌が並び立ち雑誌の発行部数も増加した。農民派隆盛に対する自連派の対抗意識が、自らも従来論じていた主張を否定する結果を招いたものだろう。

なお農民自由連合の時代には、実際の農村運動は正しく皆無であった。

〈農村青年社（1931〜32年）〉

農村青年社（農青）といえば、1935年に大検挙の始まる農村青年社事件、とくに「所謂信州暴動計画」が有名であるが、彼らの農村運動論はどのようなものであったろうか。[*33]

農青の理論――農青イズム――は1931年2月の農青成立に先立って登場した。『黒旗』同年2月号付録、添田晋（宮崎晃の筆名）の「農民に訴ふ」[*34]が農青イズムの根幹であり、宮崎の提唱に賛同

＊30　『自由連合新聞』32号（1929・2）　232頁。
＊31　『農民自由連合』1930・6　6頁と13頁。
＊32　同上　14頁。
＊33　農村青年社運動史刊行会『農村青年社運動史』1972年参照。司法省刑事局の『「農村青年社」資料』1936年は、鈴木が検挙後に書いた手記が多く、取扱いに注意が必要である。
＊34　1930年5〜6月号の添田晋の同表題論文は別の一般的啓蒙的内容で当時の自連派農村運動論の典型の一つである。

した星野準二、鈴木靖之、八木秋子ら（いずれも自連派）が農青結成を決定したのであった。「農民に訴ふ」の新しさは、農民自身による自給自足、共産、相互扶助の実行を三大眼目とする具体的な経済的直接行動の提唱にあった。農民の手で金の不要な社会を作ろう、物々交換もせずに村で自給し、塩等の不可欠品のみ村々間で融通しよう。たとえ一時的に原始手工業の時代にもどっても、やがて都市労働者の帰村で農村工業が整備されるだろうという。納税や小作料納付、借金返済は行なわない。当然支配階級が暴圧をかけてくるだろうが、その時は民衆が立ち上がり防衛するだろうと述べられている。

農青イズムは、自連派の現状に対する厳しい批判の面もあった。当時の自連派、特にその中の黒連（黒色青年連盟）メンバーらの純正アナキズム高唱に安んじ、他の主張を否定して暴力的にそれらを排除しようとする独善的態度に対して、農青は「結成主義」と呼び、セクト化した自連・黒連の解散と全村運動の必要を訴え、思想宣伝から実践への転換を提起したのである。[*35]

長野地裁予審調書では農青イズムは「運動形態を分散連合の自主行動におき、農村へのアナキズム思想の浸透を通じて、アナキズム革命へ動向づけ自主的、自給自足の実践たる全村運動に誘導し、烽起単位たる各地理区画の緊密なる連絡のもとに、建設的暴力によって同時烽起にまで昂揚し、都市アナキストをして、都市焼却の役割を演ぜしめつつ、各地理区画に自由村落の自由連合により、現政治権力等一切の強権および現経済機構の壊滅したる社会を建設すべしとなし[*36]」とまとめられている。その実現可能性はともかく、画期的な点は机上理論にとどめず実際に計画を進めようとした事である。

農青イズム普及のための文書の配布や地方行脚、各地方での以前からの活動家による支持者拡大運動が精力的に行なわれ、長野では青年団報に「農民に訴ふ」が掲載された村もあり、多くの青年を引きつけたといわれる。日常闘争に関しても、従来の全面否定から積極的評価へ転換した。

当時『自由連合新聞』紙上には、農青が批判していた黒連のメンバーによって、「不純分子の徹底的掃蕩を期す[*37]」といった非難がいくつか登場したが、農青が運動の現状を批判し新たに実践活動に踏み出したことがアナキストの一部にインパクトを与え、この後、安住から模索へ、方向転換へと進ませる原因のひとつとなったことは疑いない。

第3章　自連派の方向転換

〈八太舟三《はったしゅうぞう》の転換（1932年初め）〉

自連派内の反省と論調変化をよく示すものに、岩佐作太郎とともに自連派の理論家的存在であった八太舟三の最後の文章「現下の問題[*38]」がある。1930年には「根本的に間違った社会では、部分的

＊35　特に『最近運動の組織及び形態に就いての一提案』（1931・8）と『如何に為すべきか』（1931・7）の小冊子を参照。

＊36　33の144頁による。宮崎はこの要約を「農青運動の本質をきわめて端的に示している」と評価している。（152頁）

＊37　『自由連合新聞』66号（1932・1）350頁。

に、一時的に、何をやっても真の救済にはなりません[*39]」とすべての運動を否定するが如き論を述べ、真の共同社会をいかにして建設するかの問題については発言がなかった。ところが空白期間をはさみ、1932年には「今は資本主義の時代である。……一切は商的行為である。……故に我々も商的行為をなして、民衆の中に這入り込み、商的行為を通して民衆の中に這入り込むべきである[*40]」、「今や民衆運動へ向って行くより外この国では力は得られない[*41]」と述べるに至る。八太の方向転換の裏には「この国のこの有様では何をやっても共産党のごとくに精鋭分子を失うばかり[*42]」という認識に窺われる左翼大弾圧の衝撃等もあったであろうが、それ以上に自連派の衰微状況への反省があると考えられる。

〈**農本主義批判（1932年より）**〉

八太の「現下の問題」の頃から、次のような新しい論議が『自由連合新聞』に登場する。1930～31年に同じくアナ系の農民派の「農民自治主義」「重農主義」への批判がなされたことは前章で少し触れた。1931年末頃に農民派は分裂し、ある者は農民優位主義を撤回し、ある者は日本村治派同盟や農本連盟に加わり、「農民自治主義」を標榜する集団としての農民派は消散してしまった。代わって1932年初めより自連派が批判の対象とした「農民自治主義」は、同じ名称ではあるがアナ系の主張ではなく右派のそれであった。

1931年11月、多様な農本的傾向の人々の大同団結で日本村治派同盟が成立し、翌年3月にその中の農民運動を志向する者が農本連盟を結成、4月には農本連盟内の政治運動進出派の長野朗らが自治農民協議会をつくった（もう一派の岡本利吉らは先駆者同盟となる）。農業恐慌下の1932年春より、自治農民協議会を中心に農村モラトリアム等の施策を求める請願運動が大規模に展開され、農村窮乏対策のために開かれた第62、63両臨時議会に向けて集まった署名は、それぞれ5～6万人、10万人[*43]に達し世間に注目された。この運動はその後も議会開会のたびに署名運動、議員訪問、米作者大会等を続け、五・一五事件への農民決死隊の参加と共に、農村窮乏問題のクローズ・アップに一役を買った。

自連派の「農民自治主義」「重農主義」「農本主義」批判は、日本村治派、愛郷会、自治農民協議会、千葉農民自治連盟、茨城農民自治協議会等一連の団体を対象とし、「反動的」と決めつけるだけでなく、それらとアナキズムを混同する世間の誤解を解くために両者の相異点の説明も行なった。たとえば「宣言」の中に「わが建国の精神」、「皇室を捧持」、「わが国体の基礎[*44]」といった語が頻出する自治農民協議会をはじめ、それらの団体は皇室・国体の存続発展を願う事を前提とした点で、自連派とは全く異質である。しかし、都会否定や農民自治の高唱は共通していたし、また皇室や国体に関して特に言及

＊38　同上　66号（1932・1）348頁。『八太舟三全集』では148頁～149頁。
＊39　『農民自由連合』1930・6、『八太舟三全集』では64頁。
＊40　38に同じ。
＊41　38に同じ。
＊42　38に同じ。
＊43　長野朗『昭和農民総蹶起録』1966年、29頁と36頁。内務省の『社会運動の状況』では1万8887名と4万2500名になっている。
＊44　長野朗前掲書　21頁。

していない団体もあったから、混同されるのも無理はなかった。アナキストを自称していた者でこれらの団体へ加わった者があったことも混同の原因となったであろう。*45

自連派による農本主義者との相異点の説明をまとめれば次のようになる。（　）内が自連派の「農本主義」批判と主張である。*46

①　彼らは農業を原生産としての特別の地位と見做し、工業は加工生産と規定する（これは農工分離の肯定である、農業は土地以外の生産手段も必要とし工業と本質的に異なるものではない）

②　社会変革の主体と将来社会の基礎を農民のみにおく（懐古的復古的思想で近代的工業の機械生産を退化させ農民と労働者の連合を妨げる考え方である、農工に上下はない）

③　都市と農村の対立を強調し都市民衆が農民を搾取するという（現在では事実だがその原因は資本主義であり、農労の連合は可能）

④　変革手段では権力肯定、政治運動進出を唱える（自治をいうなら議会に頼らず自分たち自身で実現すべきである、政治・権力は排撃すべきだ）

⑤　共働農場や消費組合を設けて自給自足主義によって都市を廃滅しようとする者（岡本利吉派――三原）もいる（これは弥縫策であり資本主義をなくさねば解決しない）

以上の農本主義者の主張とされるものの中で、④はアナ系が常にその否定を前提としてきた項目であるから除くとして、他を見ると、①はアナ系の農民派（とりわけ鑓田研一）が長く論じてきた主張で、自連派も1929年までは農業生産の特殊性を肯定してきた。②③は自連派の農村運動論そのものであった。⑤も自連派が長く暗示し、農青の掲げた方向と類似する。要するにここに至り自連派はかつての自らの主張を否定したことになる。批判を展開した論文が他にないので詳細は不明だが、少なくとも産業における農業、職業における農民、地域における農村を特殊な優位にたつべきものとする考え方や、農民・農村の相互扶助的精神を評価して都会を、労働者を含めて敵視したかつての主張を放棄したと見られる。残るは、政治運動によらない農労連合による資本主義打倒運動という抽象的方向性のみで、何ら具体的な方策はない。

〈新方針（1933年より）〉

1933年1月号から『自由連合新聞』の紙面はがらりと様相を変えた。編集部が全国自連から独立して自由連合新聞社となったという形式的変化もさることながら、従来の運動放棄的態度が一転して、実際運動への強烈な志向が現われ、「日常闘争」がさかんに奨励されるようになったのである。「日常闘争」は、機関紙や講演会による思想宣伝と異なり、生活難等具体的問題に対する闘争で、農村では小作料問題が代表的な課題である。

まず従来の運動を自己批判し、内部間闘争に精力を集中して「現実的な社会の諸問題に対する無政

＊45　村治派、農本連盟へ加藤一夫、犬田卯ら、自治農民協議会へ宮越信一郎らが参加した。
＊46　『自由連合新聞』71号（1932・6）364頁の「農本主義の正体」と75号（1932・11）372頁の「無政府主義と農本主義を／ゴッチャにする……」を中心にまとめた。

府主義者としての積極的な闘争がなされなかった」こと、特異な生活態度によって目立つだけの「看板」的存在となって弾圧を蒙り、日常的諸問題に対しては批判観察するのみであったことを認めた。[*47]そして今後は農民組合等の大衆団体を「大衆自身が今日の窮乏せる生活を改善したり維持したりする為めに組織せるもので……一個の思想によって規定されることは不可能[*48]」と認めた上で、大衆運動を積極的に評価し、アナキストはそこに参加することによって人々に「闘争の中にのみ勝利があるの信念を抱かしめると同時に、農民の意識水準を絶えず無政府主義に迄昂揚すべく力を致さねばならぬ[*49]」とされた。旧来の自連派は大衆運動ぬきで少数のアナキストによる働きかけを構想していたが、今度は「アナキズム運動は無政府主義者の鼓舞による大衆運動[*50]」であると両者の役割が規定され、日常闘争―大衆運動の重要性が一挙に高められたのである。

戦術面では全農や全農全会派その他の小作人組合、青年団、処女会等に「潜入」して働きかけることが奨励された。長野県北佐久で農自、農青以来の活動家、南沢袈裟松らが全会派系組合内での運動を進めるなど、各地で「潜入」が実行された。

こうした方向転換の結果、やがて1935年には「(以前の誤りが)ここ二、三年の農村同志の農民闘争への参加に依る体験で漸次克服され、現在では積極的な農民大衆への喰込み、大衆運動への参加がなされ、地方小作人組合の設立、全農や他の農民組織内のフラクション活動が果敢に行はれている[*51]」と、多少明るく見通されるに至った。

自連派の思想宣伝路線から日常闘争第一主義への転換には日本無政府共産党(当初は日本無政府共

産主義者連盟、以下党と略す）との関係もあった。[*52] 党結成に働いた相沢尚夫は1933年1月より『自由連合新聞』の編集責任者となり、全国自連の活動家も数人が党に参加した。党の結成は同年11月末であるが、それ以前、紙面一新の頃から相沢らの党構想が紙上に提示されたと見てよいだろう。『自由連合新聞』は党結成後に党の準機関紙となったが、その前から「アナーキスト団体」の語が頻出し、それは党をさしている。

党は自連派アナキストを中心に、中央集権的組織をもったアナキスト秘密結社としてつくられた。一般に党的存在を嫌忌するアナキストが革命後の社会建設に関するクロポトキンのオプチミズムを問い直した結果、革命を強権的な結果に終わらせないためにはアナキストの強力な指導によって国家を廃止する必要があると考えて、革命運動において大衆団体をひきいる党の存在の必要性を認めたのであった。党の「テーゼ」[*53]の内容はレーニンの革命論に近く、「テーゼ」自身が、レーニンとの相異は国家が死滅するか積極的に廃棄すべきか、プロレタリア階級が農民を指導するか両者は同列に並ぶか、

＊47　同上　76号（1933・1）374頁。
＊48　同上　79号（1933・4）384頁。
＊49　同上　85号（1933・10）407頁。
＊50　同上　78号（1933・3）380頁。
＊51　同上　97号（1935・1）452頁。
＊52　相沢尚夫他『日本無政府共産党』1974年参照。
＊53　52に所収、筆者は相沢尚夫。

の二点であると説明している。

全国自連等の大衆団体は党の指導下におかれるが、その運動の活性化は当然革命にとって重要となる。前述の日常闘争第一主義への転換は、党の方針が表明されたものであろうが、その背景には沈滞状態打破の必要を痛感する多くのアナキストの姿があったろう。

方針転換によって、農村運動の活発化と同時に論の上では農民や農村への思い入れが消えたように見える。実際に耕作する農民をほぼ一括して論じた旧状と異なり、農民層をマルクス主義理論によって分類して「運動の主体を農業労働者、小作農民に置かねばならない[*54]」とし、自作農は「腰のさだまらぬ層[*55]」と評された。都会批判は姿を消し、農村困窮の原因分析も見られない。「民衆の安定な生活の確保を叫ぶアナーキストはたとへ資本主義社会に於ける一時的な安定のためにしろ積極的に闘はねばならぬ[*56]」、「一切の農民闘争を通じて農民大衆の結集、我々の組織確立へ！[*57]」と、ひたすら日常闘争をアジるのであった。

その後、日常闘争路線とは別に進められていた党の資金獲得活動が独走し、1935年に殺人事件、銀行襲撃事件によってメンバーが逮捕され、農村青年社事件も発覚して全国のアナキスト検挙に及び、運動はほぼ壊滅した。

終章　アナキズムと農本主義的傾向

自連派農村運動論を概観して、いわゆる農本主義が台頭するまでの約10年間の自連派は、実際活動の都会偏在にもかかわらず、理論と志向において農民・農村を重要視し、しばしば激しい都会憎悪を示したこと、その後1932年頃より農を重んじる姿勢を放棄し、さらに日本無政府共産党と共に日常闘争第一主義へ転換して農民・農村への思い入れを失い、理論的にはマルクス、レーニンに依拠するに至ったこと、が明らかになった。

1932年以後の変化については次のように考えうる。まず右派的体制的に映ずる農本主義運動と混同されることを拒絶し、農本主義との相異点や自らの思想の性格を明らかにする際に、運動が衰退を極めたあせりの中で根本的相異を確認することなく、安易に共通部分と見倣されやすい点を否定したのである。さらに楽観主義の批判克服をはかってアナキストが否定してきた党の結成を一旦認めたのちは、運動理論の細部にわたっても過去の方針を全面的に非とし、代わって「ボル」と批難していた理論を借用するに至ったのである。二段階共に、根本的な再考のゆとりがないままにその場しのぎの安易な進路をとったといえよう。既に1930年の農民派に対する対抗の仕方にも見られたことである。

それでは修正以前の自連派の農村運動論といわゆる農本主義の「根本的相異」とは何か。まず共通

＊54 『闘ふ農民』（『自由連合新聞』付録）1933・10　復刻版　461頁～462頁。
＊55 同前。
＊56 同前。
＊57 『自由連合新聞』97号（1935・1）452頁。

主張としては、①、都市の農村搾取、②、農民への期待、③、都市の廃滅の3点があると考えられるが、この問題を考えるとき、自連派の理論形成期には反都市反工業反中央集権的意識が広く見られたことに注意しておく必要があろう。

鈴木正幸氏は「大正期農民政治思想の一側面」[*58]において「農村中間層の農本主義的運動が出てくるのは、昭和恐慌による農村解体の結果である」とする従来の説への疑問を解くために農村中間層、「亜インテリ層」の青年の意識解明を試みている。大正前半期、日露戦後の農村窮乏によって次第に増大する〝向都熱〟に対して、それを批判し農村衰退を憂い、自ら救済にあたろうとする農村青年が出現した。彼らの意識形成には農業関係ジャーナリズムの「農本主義的」主張が影響している。大正後半期、農村衰退の危機感は一層深刻化する。恐慌によるシェーレの拡大や小作争議激化による農業一般の危機の認識によって反商工主義・反都会主義的意識が現われ、同時に農村衰退に手をこまねく「商工偏重の政府・既成政党への反発」が起こる。こうして普選実現が迫ったこの時期に、青年らは農村救済のための農民党結成、議会進出へと進んだという。

日農の機関紙『土地と自由』（1922・1〜24・2）を見ても、初めの頃は「近代の都会中心文明」「物質文明」への批判や都市への反感が散見され、大震災による東京市街の被災は都市文明に対する天罰だとする論さえあった[*59]。日農設立は当時盛んだったアナルコサンジカリズムの農村への進出を危惧し穏健な組合運動の進展を意図したもので、当初は協調主義を掲げ、のちになってから小作争議の現実的教訓とマルクス主義の活動家の増加によって反地主の理論が形成されていったのである。理論形成以前の初期日農の都会への反感は当時の農村にそうした意識が存在したことを示すものだろう。

自連派の人々はまずこうした意識の中にあったが、同時に彼らにはアナキズムの問題がある。日本のアナキストの中でもとくに彼らが重んじたクロポトキンの主張を見よう。

まずクロポトキンは地主・国家・銀行家のほかに商工業者も農民を搾取すると述べている。[*60] 農村衰退と都市繁栄の対照的事実を前にした自連派が都市の農村搾取という理論を展開するにあたって、クロポトキンを援軍としたことは十分考えられることである。また彼は消費経済において生存に不可欠の食物供給を最重要視し、農業を「場末の暗い工場」と対照的な「一番愉快な」職業と描き出した。[*61] また相互扶助的社会生活の場も現在より過去に、都会より農村に見ていた。[*62] 自連派の人々がこうした農村観に自分の美化されがちな故郷の思い出を重ね合わせて農村を描き出しても不思議ではない。さらに彼は物の交換の多くを無用・有害として、各地方での自給の有利性、都市労働者の帰村、革命後に一人が農工両方に従事する必要性を説いている。[*63] マルクス主義を拒否するが故に工場労働者への階

＊58 『日本史研究』 173、174号（1977・1～2）所収。
＊59 21号（1923・9）の仁科雄一「農民問題」。
＊60 『麺麭の略取』岩波文庫版1960年 263頁等。
＊61 同上 267頁等。
＊62 『相互扶助論』『倫理学』参照。
＊63 『麺麭の略取』261頁、251頁、111頁等。

級的期待や生産力発展志向を持たない自連派が、クロポトキンの主張と当時の現実から都市の農村搾取と都市廃滅の必要性を論ずるに至ったことはごく自然であったといえよう。

しかし、クロポトキンには都市への怨みや労働者への反感といったニュアンスは見られない。彼にとっては都市も労働者も反感情を投ずるまでもなく、革命の暁には必然的に廃滅される存在であった。革命で都市への食糧供給が減少した時、労働者はどうするか。彼は信ずる、「店倉が空になれば、民衆は土地から其食物を得やうとするに違ひない[*64]」、労働者は「市街を去って田野に行く！[*65]」。自連派の人々の感情的都市批判については当時の反都市反商工的意識の影響が大きいのであろう。

もう一点、クロポトキンが工業と農業の技術的発展に楽観的な展望を持ったのに対し、自連派にはそれが見られない。彼は現体制下でさえ工業は電力利用によって集中分業から分散に向かい、農業では温室等の利用で集約農法と機械使用が進んでいること、農工の合体が必然的な方向であることを多数の実例をあげて論じた[*66]。自連派における進歩的展望の不在は共同体志向と相俟って回帰的傾向を付加したことも否めない。

以上にみたようにクロポトキンは反都市反商工的傾向を否定するよりも助長する役割を果たしうるものである。

自連派のよって立つ基盤が明らかになったところで、それでは根本的相異点はどこにあるか。農本主義では常に天皇との関連が指摘されるが、自連派は皇室や国体の破壊を意図しこそすれ存続発展を願うようなことはない。反国家反政治はアナキズムの大前提であり、これこそ彼らがいかに農へ傾斜してもアナキストである限り譲ることのできない点である。農民の村落における自治を理想とする場合でも、アナキストは皇室等の国家機関の不在を想い、いわゆる農本主義者は自治社会を基礎としてその上に皇室等が栄えることを想うという違いがある。それが根本的相異点ではないだろうか。

しかし、その後のアナキストの転向のいくつかは、「反政治」の間隙を縫って、一見非政治的存在に写る天皇や一見自然な生成体に見える日本国家に足をとられたのであった。反国家を掲げるアナキストの陥ったこの問題については、他日改めて論じたい。

＊64　同上　253頁。
＊65　同上　281頁。
＊66　『田園・工場・仕事場』参照。

農村青年社について

【初出…1994年12月発行『農村青年社事件・資料集III』(黒色戦線社)】

ここ数年間、私は大杉栄虐殺以後のアナキズム運動の歴史を調べてきた。その中で次第にアナキズム運動史における農村青年社運動の存在が大きく見えてきたように思う。考えてみるに、それは農村青年社の持つ二つの面に関連しているようだ。

その一つはアナキズム運動史における農村運動史を調べている中で痛感したことで、農村青年社が実行のための具体策を持っていたということである。

大まかにいうと、日本のアナキズム運動陣営は1928年頃から三つのグループに分かれた。①純正アナキズムによる人々、②サンジカリズム派の人々、③雑誌『農民』に拠る人々である。②は農村に対する関心が薄く、③は文筆活動がもっぱらであった。

運動の主流は①の純正アナキズムの人々である。1922年の『小作人』発行以来、1931年の農村青年社の登場まで、彼らは一貫してアナキズム運動における農村や農民の重要性を主張しつづけた。当時優勢に向かっていたマルクス主義勢力は、労働者階級の優越性を主張し、彼らの革命構想は都市主導的な色彩を帯びており、また農村運動では階級闘争として地主に対する小作争議を指導していたが、これに対して、①のアナキストは小作争議を応援するとともに、都会と農村の対立や農民の都市労働者に対する優越性を主張したのであった。しかしながら、実践的活動はあまり活発ではなかった（詳しくは拙稿「戦前アナキズム運動の農村運動論——その1　自連派——」（『京都大学教育学部紀要』第31号、1985年所収〔本書所収〕）を参照されたい）。

農村青年社運動の発端であり最重要資料である「農民に訴ふ」は農民中心の活動を提起しているが、この構想は以上のような農村重視の思想系譜の延長上にあり、決して突然現われた独創的革命論ではない。しかし、従来のアナキズム運動は思想の宣伝の必要性を認めるばかりでほとんど活動らしい活動をしていなかったし、活動と言っても印刷物によるアナキズム思想の宣伝くらいにとどまっていたのであった。当時の農村窮乏が深刻化する事態を受けて、敢然と実行へ向けての行動を開始した功績は、農村青年社のものである。また、同じように実行の必要を訴えると言っても、従来はほとんど掛け声ばかりであったのに対して、農村青年社は理想社会を実現するための非常に具体的な方法を明解に提示した。この具体策を伴う実行ということが、実践例に乏しいアナキズム系農村運動史の中で異彩を放っている。

もう一つはアナキズム系の労働運動史を調べてわかったことで、農村青年社は数少ないアナキズムという思想を貫いた運動であったということである。

アナキズム陣営の分裂後の労働運動は、先にあげた①と②の二派によって闘われた。まず②のサンジカリストたちは、フランスのサンジカリズム理論を基礎として、労働組合に革命的役割を期待し、労働争議に力を入れていた。しかし情勢の悪化につれて労働組合の革命的性格に対する疑問が生じ、1931~32年には労働組合とは別個に革命指導団体を設ける必要性が認められるようになっていた。

①のアナキストは、相互扶助の行われる理想の社会を、その目的に反しない手段で実現しようという理想主義的な考えから、経済的利害がからむ組合というものに対して否定的だった。労働組合は労働者の自己利害のための闘争の機関であってアナキズム革命運動の主体とはならない、と軽視したのであった。組合は山賊の親分（資本家）と分け前を争う子分であると見なす者もいた（農民は常に被害者と考えられていた）。そうした理論の下では労働運動の衰退は必至で、火が消えたも同然となっていった。1930~31年頃のことである。やがて沈滞の中から、農村青年社運動などによる衝撃を経て、1932年からは運動再興の機運が生じ、思想を重視し組合を軽視する方針から、労働組合を筆頭とする大衆運動を重視する方針へと、一八〇度の大方向転換を遂げた。ここでも大衆運動を指導するアナキストの団体が前提とされていた。

こうして互いの主張に大差がなくなった①と②は1934年初めに合同を成し遂げた。合同の直前頃から活発に動き出したのが、アナキズム運動の指導者を自認する秘密結社「日本無政府共産党」である。日本無政府共産党は、大衆運動を指導する非合法の革命家集団であり、従来のアナキズム団体とは性格が異なり、「中央執行委員会」や「特務機関」を置いたことに窺われるようないわゆる組織らしい組織であり、「党テーゼ」に表れた革命構想もレーニンの『国家と革命』に多くを負っていた（拙稿「一九三〇年代のアナキズム労働運動（上）（下）」（『労働史研究』第3、4号、1986、1987年所収）を参照されたい）。

なぜアナキズムの労働運動の活発化を望んだ人々が大衆と指導者を分離する構想に至ったのか。アナキズムは万人が他者から強制されたり指導されないという原則を持つはずではなかったか。状況の厳しさは理解できるとしても、アナキズム運動はアナキズムの原則を裏切ることなく実際運動を発展させることができないものなのか。あれこれ考えるたびに脳裏に浮かんだのが、労働運動の経過とは対照的な農村青年社であった。日本無政府共産党も農村青年社も、ともに治安維持法を適用され、ともに資金獲得にからむ事件をともなった運動である。しかし、両者の革命思想は全く質を異にしている。一方は組織的な党の指導の下に革命勢力が権力を奪い取ることを考え、もう一方は徹底した「自主分散」による「全村運動」式の闘いによって自然的境界に囲まれた区域を国家の支配から解放することを考えた。この相違はどこに由来するのだろうか。一方の理論が都市の労働運動に源を発し、もう一方の理論が農村の共同体に源を発していたからではないか、と私は考えた。

都市の労働者は都市の機能のみによっては最低限の生活も不可能である。都市は食糧を生産しないからである。労働者の解放のためには、生存のために食糧生産地域の存在が不可欠であろう。また、食糧を輸送するための流通のことも考慮せねばならない。こうして都市を中心に革命を考えた場合、どうしても生産と流通と消費の大きな単位を考える必要が出てくる。その時国家単位で考えられがちである。そこまで規模が大きくなると、諸事項の決定や連絡には整った組織が必要となる。

農村では、といっても今日の農村ではなくて、住民の食糧程度なら自給できる数十年前の農村を念頭においているのだが、その地域の内部で基本的に経済的自立を果たせる可能性が大きい。文化も農村固有のものを産み出すことが可能だろう。住民はその地で生産と消費の両面にわたる生活をしているから、都市労働者に比べて（戦前は都市労働者もかなり集住して生活地域的まとまりがあったが）、地域内のつながりが深い。各人の生活での物品の必要量と仕事の可能量は互いに知れるから、画一的な計画や命令がなくても、融通をきかせた物品や仕事の配分が可能である。国家ほど大きな単位でなくとも、農村青年社の「地理区画」程度の規模の革命で独立した運営が可能である。小規模ならば連絡や決定のための立派な組織は不必要である。互いに勝手を知る地域では運営計画は住民本意のものとなりやすいだろう。

いささか極端な対比に過ぎるかも知れない。しばしば村落共同体の問題点として指摘される、排他性や内部の固定的な身分関係などの問題を捨象した議論であることを私自身も認める。しかし、アナキズム労働運動の転倒した結末を見るとき、アナキズムの農本的な面に惹かれて勉強を始めた私はやはり、こうした対比の上で、農村を運動の展開地域とした農村青年社に強い共感を覚えたのであった。

こうした思い入れを持っていた私にとって、次のように考えている者がいるというのは驚きであった。この筆者は農村青年社の当事者による『一九三〇年代に於ける日本アナキズム革命運動　資料農村青年社運動史』（1972年）を読んだことが明らかなので、なおさらである。

「農民自治会は、現存する当時の日本の農村社会から出発し、それを農民の自治によって理想の村として改善していくものであるが、農村青年社は、農村に基盤を置いても、現存する農村社会はいったん破壊し、そこに農工合体の新しい区域を建設し直すというものである。……農村青年社は、農村と農民に運動の基盤を置いたとはいえ、その運動の中味は、都市労働者の無政府主義運動の思想をそのままあてはめたものであった。農民に呼びかけながらも、その運動の直接の対象は、ごく限られた農村の知識青年、とりわけ左傾化した『マルクス青年』であり、農民層全体を把握しようとは考えていなかった。」（室山百合子「農村青年社」、『教育の世紀社の総合的研究』1984年所収）

この筆者は農民自治会を理想視した、また、従来のアナキズム運動イメージにわずらわされて、「アナキズム」の農村青年社と理想的な農民自治会とを対照し、農村青年社を否定的に捉えようとしたのだろう。

しかし、農村青年社は、個々の農民や組合に働きかけて組織者や支持者を獲得する方向ではなく、むろんそれも戦術として行なわれたが、むしろ既存の共同体という単位をまるごととらえようとする方向をとったのであって、このような捉え方は誤っている。宮崎晃は「農民に訴ふ」の中で、新しい社会建設のために現存の社会組織を崩壊させる必要はなく、「要は、農民自身の自主と発案で自給自足を中心とする村を作ればよい」と述べた。農民運動論の系譜から見ても、理想社会像に関して農民自治会と農村青年社はともに村落共同体に肯定的であり、「農工合体」は農を本として自ずから成るものと考えていたように思われる。両者ともに農村共同体の否定的側面を問題にしなかったことこそ問題ではないのかとさえ思われる。

「マルクス青年」を運動の直接的対象としたというのも、農村青年社の、マルクス主義の農村青年はイデオロギーの選択の結果として運動しているのではなく、農村の危機的状況下での切迫感によるのだから、ロシアの真相を暴露すれば農村青年社の側に獲得できる、との主張によるのだろうが、これはあくまで戦術の問題である。

農村青年社の資料をこのように読む人もあるのだから、人はそれぞれの解釈で読むのだろうが、私なりに各資料間の簡単な整理をしておきたい。とくに農村青年社事件の官側の資料が活動当時の農村青年社の主張とのズレを示し、像を誤らせているので、その点の整理だけは必要だと考える。

農村青年社運動のバイブルというべきは宮崎晃の「農民に訴ふ」（1931・2）である。自給自足・共産・相互扶助の三大経済行動など農村における運動方針を具体的に簡潔に示して同志を立たせ、東京以外の地方の同志にも強く訴え、のちには『大門《だいもん》時報』や『富県《とみがた》時報』に転載されて村の人々にも読まれた。農村青年社の発足はこの論文発表後まもない2月12日であるが、「農民に訴ふ」によって行動が開始されたのである。

さらに運動組織や取り組みの留意点についての細かい事項が、鈴木靖之による「如何に為すべきか」

（1931・7）と宮崎による「最近運動の組織並びに形態に就ての一提案」（1931・8）によって示された。後者でなされた自連・黒連の「結成主義」に対する痛烈な批判と解散要求は、批判された者たちからの非難を招いた。

8月15日に東京でいわゆる「信州暴動計画」の会合が行われた後、農村青年社の主張は次第に切迫感を強めていくことが、『農村青年』3～5号（1931・12～1932・3）、パンフ「吾国に於ける革命の完行に就て」（1931・12）によって窺われる。会合では、長野県の蜂起の際に軍事施設などの爆破・重要都市の焼却が必要であることが合意を見たが、その後まもなく長野県内の同志間連絡が完成して、蜂起の可能性が一挙に高まったからであった。革命単位である「地理区画」の樹立が運動の重要目標となり、テロルをともなう革命の間近いことがあおられた。

宮崎の筆による「吾国に於ける革命の完行に就て」は「今日に於いての吾々の責務は、民衆への力の確示である。即ち、テロルを重点とする運動の諸発展である。それは全く時宜に適するものである」、社会テロルのためのグループは「既に結束されつつある」、と緊迫感を表わし、「農民に訴ふ」にはなかった激しい息づかいが聞こえてくるようである。農村青年社運動の意気が最も高揚した時期である。

在京主要メンバーは資金獲得のために窃盗を始めた（1931・10～1932・4）。この時鈴木は居宅を雑誌の発行所とし、発行人となっていたから非合法活動から除かれていた。1931年は、9月には満州事変、10月には十月事件が勃発し農村の危機がますます深刻化しつつある時代状況にあり、長野県の同志の活動報告は、蜂起を有望視させるに十分であったろう。

「信州暴動計画」の謀議に加わっていなかった鈴木は、後日宮崎から計画を聞いて、「情勢分析の相違から批判的であった」という（星野準二「鈴木靖之・その片影をたどる」、『日本無政府主義運動史第二編』1979年所収）。1932年の1月と4月に主要在京メンバーが窃盗事件のために奪われたあと、東京に残ったのはこの鈴木と、彼の周辺にいた舟木上（幾政）、草村欽治らであった。長野のメンバーと同様、鈴木らも運動を中断することなく継続し『農村青年』、『黒色戦線』、『黒旗』の諸雑誌を発行した。舟木は1934年に至っても資金獲得やダイナマイト入手の協議をしていたという（舟木の判決文による）。

鈴木の主張は、宮崎のように「テロル」を煽動することなく、1931年当時から、自主行動や分散組織、各地区間連絡、青年団などに対する同志獲得の必要性を述べる程度にとどまっていた。その趣旨は32年9月に書かれ33年9月に発行されたというパンフレット「何を為すべきか」に至っても変わっていない。つまり同志の逮捕の前後で鈴木の主張には変化がない。33年6月発行の『氾濫』第2号に至っても、鈴木は『次から次へ』平坦に網の目の如く組織される自由連合体」や「自由コンミュン」の必要性を語っている。実行への意欲がうかがえないものの、その趣旨は農村青年社最盛期の主張と同方向にある。また33年9月には前述のパンフレットを発行したのであった。文字を使った活動は長くやまなかったといってよい。

それでは、1932年9月27日付けで発表された鈴木らの解散声明の意味するところは何か。声明書でなされている非難は、とりわけ方針の「飛躍」に向けられており、現在の自分が過去の農村青年社の急進性とは無縁であることを強調するものとなっている。鈴木はもともと農村青年社運動の蜂起の面については批判的で、あまりに急進的印象を持たれてしまった農村青年社を解散することによってその急進的な面と手を切り、農村青年社の中核的理論（自給自足の実行や自主分散組織など）の面のみを継承して理論的発展に努めようとしたと言えるのではないか。鈴木にとって解散の声明書は、農村青年社運動の実行の部分を放棄し、理論活動へ戻る宣言だったと考えられる。

この成果が、後に参考書なしで連日書き続けたという膨大な鈴木の獄中手記となった。鈴木にとって、これらの手記は農村青年社理論のさらなる体系化・深化の成果をまとめたものであったろう。農村青年社理論はこのような形に発展させる可能性も秘めていたということができる。『特高月報』や長野地裁検事局調「農村青年社の全貌」（1936・4）では、「自治民権」「自治民産」「自治民道」の三原則などの用語を用いて整然と体系化した鈴木理論をそのまま農村青年社の主張とし、官側の編集による『農村青年社資料』はその大半を鈴木の手記にあててしまった。農村青年社は鈴木の理論に立ってなされた運動ではないから、これは明らかに官側の誤りである。鈴木は暴動計画に関与せず、本来ならば主要メンバー中もっとも軽い刑で済むところを、「農村青年社組織者にしてその理論構成を担当したる鈴木靖之」（「農村青年社の全貌」）とされて宮崎と並ぶ重い刑を受けた。鈴木が獄中手記として理論を文章化したための誤解であったとも言える。

解散声明後の東京以外の地方の行動については『一九三〇年代に於ける日本アナキズム革命運動資料農村青年社運動史』に記されていること以上にはわからないが、解散声明が他地方の運動の終息を意味したのではないことだけは強調しておく必要があると考える。

ところで、今から百年余り前の１８８４（明治17）年、松方デフレの打撃をまともに受けた埼玉の秩父地方は、谷間の部落間の連絡を進め、武装蜂起し、短期間ではあったが独立の区域を守った。農村青年社運動の主舞台となった山中の村の様子や、同志が峠道によって連絡したことは、この秩父事件を連想させる。農村不況の打撃を受けた長野の村々もまた、秩父事件と似た蜂起の条件のいくつかを満たしていた。私は農村青年社の「信州暴動計画」は単なる机上の空論でなく、当時実現可能性があったのだろうと考える。

今日の農山村の大部分は、半世紀前と様相を一変させた。都会と同様の、売り買いなしには生活できない商業経済の枠に組み込まれ、生活の中の金で売り買いする部分はますます拡大し、自給的な部分はますます縮小されつつある。聞くところによると自動車の普及と自動車道路の発達によって部落間を結ぶ峠道はさびれつつあるそうだ。生産の場と消費の場は遠く隔てられ、国民の生活水準はかなり高くなったが、それは非常に脆弱な基盤の上に営まれている。生産や流通、政治などが安定しなかったらたちまち生活は破産してしまう。心の深いところを不安が流れ、現在の生活を維持しようと、その善し悪しはさて置いて現体制の維持が志向される。もはや日本全体は、世界的に見て一つの都市の機能をするようになり、農村機能を他国に頼っているかに見える。そして農村機能を受け持たされた国の多くではモノカルチャー化が進んで自給経済の持つ強みを失ってしまっている。

今日の日本の村はもはや農村青年社運動の舞台とはなりえないだろう、もはや同じ戦術は通用しないだろう。しかし、私は思うのだが、そうした現代の構造のあり方そのものを、農村青年社は鋭く告発しているのではないだろうか。(1986年10月)

〔筆者付記　本書〔初出本を指す〕の企画がもっと簡略な形の資料集であると想像されていた頃に、その解説として書かれたものである〕

農村青年社と現代

【初出…1988年1月発行『農村青年社 その思想と闘い』（広島無政府主義研究会）】

紹介していただいた三原です。今、司会の方が、農村青年社を中心に研究していると紹介して下さいましたが、農村青年社を中心にしているわけではなく、日本のアナキズムの歴史を研究する中に、農村青年社も入っているという事です。農村青年社資料を全部読んでいるというのではありませんから農村青年社について語るのはおこがましいのです。あらかじめお断わりしておきます。ただ、アナキズムの歴史の諸運動の中で、私は農村青年社を高く評価しています。

なお、私の話には「農村青年社と現代」というテーマが与えられていますが、農村青年社に限らず、アナキズム運動史全体についても、単に古い歴史を好事家的に知りたいというのではなくて、現代の問題として研究しているつもりです。

私の辿ってきた道

さて、私は農村青年社を高く評価しますが、それについては、私の自分史と深い関りがあると思いますので、まず、そこから話していきたいと思います。

私は全共闘より後の世代で、直接、アナキズムの運動に触れて、そういう勉強をしようと思ったわけではありません。まず私の中学時代は、公害が次々と明るみに出て強い衝撃を受けたり、成績で人格まで判断され進路指導で輪切りにされることに憤りを感じたり、金に困らない皇室の生活を疑問視したりという時代でした。高校時代は、家が経済的に苦しかったこともあって、自分の出身階層のために何かしなければならないという使命感のようなものを持つようになりました。また、教師やら、県教委やら、権威・権力に対する猛烈な反感を抱いていました。

こうして何かしら問題意識は持っていましたが、進学後大学に溢れていたマルクス主義的な思想には、最初からついて行けませんでした。いろんな話を聞き、読みましたが、どうにもそれらには賛同できなかったのです。今にして思えば、公害の問題、核兵器の問題、資源の問題、女の解放の問題、組織の在り方の問題などで引っかかったのではないかと思います。

進学して私が一番ショックを受けたのは、被差別部落との出会いでした。京都へ来て初めてその存在を知ったのです。それから被差別部落に限らず、民族や人種や性の差別に関する本を読んだり、集会に出て行ったりするようになりました。差別のない社会を、というのは私の原点のようなものです。

こうして私の問題意識の中で徐々に二つの方向性がはっきりしていきました。ひとつは、人間と人間の関係は無支配・無差別であるべきだという事です。

アナキズムという言葉を知ったのは、そんな頃です。アナキズムという言葉を知るまでは、自分の胸の中で、問題がモヤモヤしていました。そして、私は変わり者なのだろうか、とも考えていました。ある時『中国女性史』(小野和子著、平凡社)を読んでいて、登場するアナキストの女性たちの感性が、私にピッタリだということを発見しました。ああ、この「アナキズム」という言葉を手掛かりにして行けば、私と同じような考え方の人が見つかるんだなと思いました。それが私の「アナキズム」との出会いでした。

以後、「アナキズム」が書名に入っている本、広告で知った黒色戦線社のパンフなどをむさぼり読むようになったというわけです。「アナキズム」というのは随分範囲の広い言葉なのだという事もだんだんわかって行きました。無支配・無差別の社会のあり方を「アナキズム」を手掛かりに考えていこうということになりました。

もうひとつの方向性というのは、人間と自然の関係は「農」を基本にするべきではないかという事です。「農本主義」と一応カッコつきで使いますが、これは歴史的な用語としては垢にまみれた言葉で、たいていは右翼のイメージを持たれるので、私はちょっと違う使い方で使っていると言いたいからです。公害や核の問題、エントロピーの問題などを考えた結果、私は「農」を基本にする社会の在り方という意味での「農本主義」が望ましいのではないかと考えるようになりました。でも従来の「農家」「農村」には、女として素直に認めがたい、社会的に女性を抑圧する性格が含まれている様に思いました。これは、先程の、差別・支配のない社会を目指す方向性とは矛盾するわけです。

実は私は、大学院に入るまでは、ある程度、決まったコースを進もうと思っていました。大学院を出て、大学の教員になって経済的に独立するというコースを。その為に、オーソドックスな「研究」をまじめに男以上にしなくてはいけないと思い込んでいました。次第に、本音の自分のやりたい事、つまりアナキズムや農本主義に対する関心と、優等生でお決まりのコースに進もうとする自分との間にギャップがあり、自分の体が引き裂かれるような思いをするようになりました。今思えば、女の経済的自立にこだわり過ぎていたし、「研究」と運動を関連させるためのいろいろな方法だってあったのですが、ともかく結果的に世間の認めるような道をご破算にして、自分の生きるべきだと思う道、つまり運動や「アナキズム」の研究を取りました。今では、いざとなれば食っていくくらいはなんとかなるわ、と開き直って自分を生きています。

先ほど言った二つの同時並行していた関心事、アナキズムと農本主義が一本になったのは、石川三四郎のおかげです。偶然に読んだ綱沢満昭という人の文章の中で「農本的アナキズム」という言葉を見つけ、そこで始めて、石川三四郎という人を知りました。(『農本主義と近代』雁思社)。

明治時代の平民社の石川三四郎は教科書に出ていたかもしれませんが、しかし、「農本的アナキズム」という、二つのものが統合された形で私の前に登場したのです(1980年1月)。私の生き方・人間の行くべき道を探る上で、これこそ導きの星ではないか、これを絶対にやってみようと、休学していた大学院に戻って図書館を利用して石川三四郎について勉強を始めました。石川三四郎と石川三四郎に関わる周囲のことを手探りで調べましたが、彼はスパッと書いてくれないし、彼の思想を把握するのは難しい作業でした。

そうしている内に彼の周囲のこと、つまりアナキズムのことが余りにも研究されていない事に気付きました。石川をもっと知りたいと思ったら、石川の周辺のことがわからないと難しいのです。そして又、石川の問題とは別に、アナキズムという思想が現実の運動の中でどう闘われてきたのか、実践されてきたのか、を知りたいと思うようになりました。以来、アナキズムの運動史、思想史の資料をあさるようになりました。

まず、アナキズムの農村運動に関して調べました。加藤一夫、犬田卯、鑓田研一ら、農本主義とアナキズムの境界線あたりにいる者たちについても調べました（１９８３～８４年頃）。そのうちの自連派の農村運動については「戦前アナキズム運動の農村運動論――その１　自連派――」（『京都大学教育学部紀要』第31号、１９８５年3月〔本書所収〕）に書きました。石川三四郎はサンジカリズムの重要性を強調しますが、それでは現実に闘われた労働運動はどうだったかについて知る必要があり、次に労働運動史の勉強をしました（「１９３０年代のアナキズム労働運動――合同と無政府共産党――（上）（下）」、『労働史研究』第3号、第4号所収、１９８６年、８７年）。その後は石川三四郎の天皇制の問題、共同体の問題、人間の自由の問題などについて勉強しています。

また並行して、運動史研究の実習というわけではありませんが、生活者、女として市民運動に関わって、運動というものの難しさ、楽しさなどを肌で味わってきました。

こうした中で農村青年社にも出会うことが出来ました。私はずっと一貫して、①人間と人間の関係、②人間と自然の関係、という二つの問題意識を持ってきました。②の問題があるからこそ、農村・農業にも農村青年社にも強い関心を持って来たと思います。では本題に入って、農村青年社について、見ていきたいと思います。

農村青年社運動のあらまし

1931年という年は、9月に満州事変が起こった年です。その数ヶ月前に農村青年社は決起しました。満州事変後もまだ日本国内の国民生活は戦争へ、戦争へという雰囲気ではありませんが、政治状況は次第に戦争の泥沼へ落ち込んで行った、そういう時代です。

当時のアナキズム運動の状況を少しお話ししますと、主に自連（全国労働組合自由連合会）についての話になりますが、理論の面でアナキズム運動に大きな影響力をもっていたのは八太舟三と、岩佐作太郎でした。彼らはクロポトキンの影響を深く受けています。革命というものについては非常に楽観的で、大雑把に考えていました。つまり革命が起こりさえすればとにかく無政府の状態が出来るんだと考えていたように思えます。だから細かい事柄、革命の時の防衛の問題や自給自足コミューンの問題などについては、ほとんど論じられませんでした。1930年、31年頃の無政府主義関係の雑誌を見ると、どの団体も抽象的なアナキズムの宣揚といった内容で運動報告が少なく、一番おもしろくない時期です。大雑把な論のみで実際運動をさぼっていたのがこの頃のアナキズム運動の特色と言ってよいのではないかと思います。

一方当時農村は大恐慌で、それに比較し、都市はそれほどではないという時代で、農村と都市の経済的落差が大きかったわけです。農村は理論どころではなく、食う問題で切羽詰まっていた、そんな状況にありました。

その年の2月に宮崎晃さんの「農民に訴ふ」というパンフレットが出ました。このパンフは農村青年社にとって非常に重要な意味を持っています。その重要な点というのは、農民は支配・搾取されているると叫ぶだけの従来のアナキズムのパンフと違って、農民自身による自給自足・共産・相互扶助を三大眼目とする経済的直接行動を、これなら出来ると思わせるような形で具体的に示したことだと思います。農村の苦しい生活の中で、現状を打開する道を具体的に提示したのですから、当時のアナキズムの状況の中では画期的なことでアナキストの間に反響があったのは当然だと思います。自給自足の眼目ひとつを例にとっても、漠然としたものではなく、塩が不足すれば隣の村から借りてくればいい、というふうに具体的、現実的な内容を提起していました。

この少し前に同じく農村青年社に加わる鈴木靖之が「農村青年に訴ふ」というパンフを出していますが、それは、従来のアナキズム流の抽象的な内容で、宮崎晃の書いたパンフに比べれば、人を立ち上がらせる力はずっと弱い。

このパンフ「農民に訴ふ」によって多くの青年が立ち上がったわけです。「農民に訴ふ」は農村青年社のバイブルと言っても過言ではないと思います。宮崎晃、星野準二、鈴木靖之、八木秋子らが会合を開いて農村青年社をつくり、さっそく全国各地に情宣に行きます。「農民に訴ふ」の文章は、『富県時報』『大門時報』のような村の公共的な新聞にも転載されて村人に読まれました。各地方へ出かける他に、『農村青年』などの機関誌も発行されました。長野では、一村丸ごと農村青年社が影響力をもつ村も出来ました。

夏になると運動組織や取り組みについての細かい事柄が述べられた発行物が出ました。鈴木靖之の「如何に為すべきか」と宮崎晃の「最近運動の組織並びに形態についての一提案――自主行動の強調」です。前者は「民衆との結合」「全村運動への準備」「日常的諸問題への対応」「全村運動の動向」などの章を立てて、具体的な農村運動のやり方を論じています。

後者はアナキズム運動陣営内で問題になったパンフです。「自主行動について」「分散について」「自主分散の強調」「結成主義の誤謬、黒連、自連の解散」という項目がもうけられていましたが、どこが問題になったかというと、「結成主義の誤謬、黒連、自連の解散」のところです。当時アナキズム運動のおもな団体といえば全国労働組合自由連合会（自連）、黒色青年連盟（黒連）だったのですが、「俺達が自主活動の分散に徹したならば、最早、集中組織は無用の長物である。」「黒連、自連、その他の同形の一切の組織結成の解散を提唱する」と書いたからです。

8月15日には、いわゆる信州暴動計画の決定がされました。同志も多く、地勢上からも長野県が最も革命の可能性が高い所と判断されたのです。蜂起の際には軍事施設などの爆破・重要都市の焼却が

1932

・3.13	『農村青年』第５号、３月号
・3.14《批判》	「大阪の一同志へ」「再び悪傾向に言ふ」（『自由連合新聞』第 68 号）
・4月	星野、八木らも逮捕
・4.20	『農村青年』第６号、５月号
・4.20	『信州自由連合』第１巻第１号
・5.1《批判》	「所謂自主分散派を僕は斯く見る」（『民衆の解放』）
・6.20	『信州自由連合』第１巻第２号
・9月	『無政府主義研究』第１巻第２号……資料未見
・9.27	「農村青年社及び機関紙「農村青年」の解散に就いて」（鈴木靖之）
・10.10《批判》	「清算して再出発　農青態度声明す」（『自由連合新聞』）
・11.18	南沢、佐久全農事件で検束

1933

・1.10《批判》	「小児病者を排撃しろ」『自由連合新聞』）
・1月	平松出所
・5.23	「無政府主義の話１」（鈴木靖之）『氾濫』１―１
・6.15	「無政府主義の話２」（鈴木靖之）『氾濫』１―２
・7.10	「全農会議派の批判とアナーキストの動向」（南沢袈裟松）（『自由連合新聞』第 82 号）
・9.7	『何を為すべきか（1933 年版）』（鈴木靖之）

1934

・1月	星野、望月、和佐田、出所
・3月	南沢・鷹野原、信州アナキスト連盟結成
・6.5	「地方通信　信州より」（編集部）（『自由連合新聞』第９１号）
・10.22	十月事件（長野、特別大演習前の一斉検挙）

1935

・8.26	宮崎出所
・12.25～	農村青年社メンバー検挙

1936

・6月	『日本無政府共産党関係検挙者身上調査書』（刑事局）
・8月	『「農村青年社」資料』（刑事局思想部）

1937

・1.11	農村青年社事件記事解禁
・3月	『農村問答』（刑事局思想部）、（鈴木靖之手記）
・4.12	農村青年社東京側一審判決（長野地裁）
・4.14	農村青年社長野側一審判決（長野地裁）……資料未見
・10.26	農村青年社第２審判決（東京控訴院）
・12月～翌年2月	『続農村問答』１、２、３（刑事局思想部）（鈴木靖之手記）

1938

・12.9	草村欽治・船木上・大日向盛平第一審判決

農村青年社 年表

＊資料名『雑誌・パンフ』「論文」（筆者）

1931

・2.6	『農民に訴ふ』（宮崎晃）
・2.12と2.20頃	宮崎、星野、鈴木、八木、会合→農村青年社成立
・2月より	地方行脚
・3.20	『農村青年』第1巻第1号、3月号
・4月	『富県時報』第2号～第6号（1932.1）「農民に訴ふ」転載
・4.25	『農村青年』第1巻第2号、4月号
・6.1	『大門時報』第33号　「農民に訴ふ」転載
・6.20	『農民の友』第1巻第1号、6月号
・7.1	『大門時報』第34号　「農民に訴ふ」転載
・7.8	『如何に為すべきか』（鈴木靖之）
・7.20	『黒旗』廃刊に就ての声明書（旧黒色戦線社）
・8.1	『最近運動の組織並びに形態についての一提案―自主行動の強調―』（宮崎晃）
・（8月）	『協同組合はいいか悪るいか』（宮崎晃）
・8.15	いわゆる信州暴動計画の決定　→8.23　松本会合
・8.29	『パンと自由』第1巻第1号
・8月	『革命新聞』第1号……資料未見
・9.1	『農民の友』第1巻第2号、9月号
・9月	『革命新聞』第2号……資料未見
・10月～	窃盗活動（1932年4月まで）
・10月	『茨城県愛郷塾の再批判――日本村治派同盟を排撃せよ――』（鈴木靖之）
・11月	『全国情勢報告』（宮崎晃）……資料未見
・12月	『吾国に於ける革命の完行に就て』（宮崎晃）
・12.23	『農村青年』第1巻第3号、12月号

1932

・1.1	『無政府主義研究』第1巻第1号
・1.1	『黒色戦線』第2巻第1号、1月号
・1月	宮崎晃ら逮捕
・1.10《批判》	「現下の問題」（八太舟三） 「迷蒙主義者に与ふる書」 「不純分子の徹底的掃蕩を期す」（『自由連合新聞』第66号）
・2.1	『黒色農民新聞』（『農民の友』改題）
・2.1	『農村青年』第4号、2月号
・2.10《批判》	「吾等が老人岩佐作太郎氏を囲んで物を訊ねる座談会」『自由連合新聞』第67号）
・2月	『総選挙に際して青年諸君に訴う』（八木秋子）…資料未見
・3月	「自主行動の強調」（李ネストル）（『黒旗』）……資料未見
・3.10《批判》	「僕はかう考へる　追記」（木下茂）（『黒旗』3月号）

必要であることも合意されました。ここから運動の進行は急に駆け足になり、まもなく「吾国に於ける革命の完行について」と「全国情勢報告」が出ます。後者の資料は見付かっていませんが、どこどこで革命的情勢が進んでいるという、各地の報告を発表したもののようです。これも自連、黒連から猛烈な批判を受けました。「自分達が秘密にしていたことを公に暴露したものだ、農村青年社はスパイか！」というわけです。また前者は革命の時期が今すぐそこに迫っているという書き方をしています。つまり、ある地方で、これはもちろん長野を指していますが、そこで、自給自足のコミューンが出来ようとしているという内容です。そのあたりの文章を見てみますと「……全国三府四十三県それに散在する七百の同志は多くは過去十年間の無政府主義運動の多難なりし歴史過程を踏んで来た所の人々である。ことに晩近数県数地方に於ける動向は確実に革命を今日の問題として把握せる直接革命運動の様態が看取せられる。」「今日に於いての我々の責務は、民衆への力の確示である。即ち、テロルを重点とする運動の諸発展である。それは全く時宜に適するものである。」と切迫感が感じられます。信州の計画が実現間近であると考えていたことが窺えます。

この頃の自連派の人達による農村青年社批判を見てみましょう。「一つの運動が新に力を得る為に一番大きな妨げは大言壮語である。」（32・1八太）、「無責任極まる戦線情勢の報告と煽動文書を発行し、身、自身は洞ヶ峠に安閑と立ち篭もり煽動の結果をフカンするスパイ的存在。」（32・1）、「自己に対する自惚れと排他的傾向に急であつて、慎重な吟味検討とそれの影響についての深遠な顧慮はいささかも発見することが出来なかつた。ただむやみに黒連自連の連盟体を集中主義の権化であるかの如く誹ぼうし、…」（32・1木下）、「実行力のない者ほど、文書に口に勇敢なコトバを吐くものだ。」（32・2）、「農青社の諸君の農村解剖など、多分に、僕は見解を同じくしているが、実践行動に対する意向中には賛成しがたい点が相当にある。…諸君達の闘志が旺盛の余り、…」（木下）、「…地方情勢、××の完行とか云ふインチキ物を出版したこと、その他政府認可の農青紙上に麗々しく内容を官報的に公表したこと自身が運動の無知…」（32・3）などなど、手厳しい。大阪あたりでは受け止め方が若干異なっていたようですが、東京のアナキストの多くは批判的でした。

信州暴動計画以後、「社会テロル」の為に必要な資金を調達するため、農村青年社の人達は窃盗活動を始めます。資金源がそれしかなかったのですね。その為に数ヶ月後には東京のメンバーのほとんどが獄に捕われていきました。

機関紙発行など社会との接点をになっていた鈴木靖之は信州暴動計画の際にも加わらず、後で報告を聞いただけでしたが、窃盗活動にも加えられていませんでした。そこで、主要な在京メンバーの内で彼だけが捕まらずに残り、同志が獄中に繋がれている間も、彼は次々と文章を書き、全国に農村青年社の主張を訴え続けていきました。同志逮捕後の鈴木靖之の行動に対して宮崎晃は批判的ですが、後で触れましょう。

1932年9月、鈴木靖之らは解散声明を出しました。これは獄中の同志が知らない内に、勝手に出したものです。その中で、彼は自連や黒連の批判に対し、「一応反省すべき点はありはしないか」と言い、「一部分の主張によって……甚だしく飛躍的な運動の指針に突入したことは、各地の同志からの忠告によって遂にこれを廃刊するの止むなきに至った程異状なものであった」と農村青年社の運動が過激にすぎたと批判しています。今まで農村青年社がやったことを全面的に悪かったと書いているのです。

しかし、ここで鈴木靖之が転向して、農村青年社の活動を止めたかというと、そうではありません。解散声明を出した翌年の9月にも、彼はパンフ『何を為すべきか』の中で「一地理区画の意識的確立」とか「各地区の直接連絡」という表現を用い、従来の農村青年社の主張をほとんどそのまま展開しています。

鈴木靖之は解散声明で農村青年社運動を止めたというのではなく、もともと信州暴動計画に批判的だった彼が、そうした行為については明確に否定を表明し、それ以外の農村青年社の理論的な財産はそっくりそのまま受けついだということになると思います。

1935年の暮れに、アナキストが全国的に検挙されてしまいますが、その時に捕まった鈴木靖之は、獄中で、資料もなしに、ものすごい量の手記を書きました。この人は、とにかく筆が速く記憶力の良い人だったようですが、それらの文章には、農村青年社の理論を整然と体系化したものが含まれています。「自由コンミュンの三原則」として「自治民権（自立自営・全村自治・万人平等等々）」「自治民産（自治自営・全村補充・村民共同等々）」「自治民道（自立自営・各村伝統・全村共同等々）」と表現したり、アナーキストの行動の種々相を分類して論じたりしています。

農村青年社の運動をしていたときには、とくに鈴木靖之以外の主要メンバーが逮捕されるまでは、そのような理路整然とした形の理論は存在しなかったわけですから、鈴木靖之が書いたものを「農村青年社資料」に含めることは、おおいに問題です。

ところが現在農村青年社の資料として残っているものの多くは、この鈴木靖之が獄中で、つまり、実際の活動から数年後に書いた手記によるものです。長野地裁の検事局の「農村青年社の全貌」は、「農村青年社組織者にしてその理論構成を担当したる鈴木靖之は」と捉えて、鈴木の手記をそっくりそのまま農村青年社の理論説明に使っています。司法省刑事局発行の『思想研究資料』特輯第32号「農村青年社資料」も、ページの大半を鈴木靖之の手記にあてています。そして、鈴木靖之は宮崎晃と共に二大首領として重い刑罰を受けました。暴動計画に関与しなかった鈴木靖之は、もっともっと軽い刑罰で済ませられたのではないかと思いますが、あれだけ大量の手記を書いたのですから、責任の半分は鈴木靖之にあるのではないか、という気がします。

東京の同志が窃盗罪で獄に繋がれている間も、東京以外の地方の農村青年社関係者は、鈴木靖之らの解散声明とは無関係に、自分の運動を着々行なっていました。たとえば、年表の1933年のところを見ると、南沢袈裟松、この人は、長野の人ですが、「全農会議派の批判とアナーキストの動向」という文章を『自由連合新聞』〈第82号―今回補足〉に書いていますが、そこには、農村青年社の運動が継続されていることが読みとれます。また「信州アナキスト連盟」というのを作ろうとして、地道な活動を続けていました。

長野では上伊那、北佐久、諏訪、小県が、農村青年社運動の盛んな地方でしたが、南沢さんの北佐久では全農全国会議派が盛んだったのです。全農全国会議派というのは共産党系の農民運動団体です。南沢さんは、そうした中で、アナキストのフラクション活動をしていたというわけで、全国的にも珍しい例だと思います。当時は既に、アナキズム独自の農民運動団体はなかったのですから、その他の農民組合の組織の中で、アナキズムの運動を展開していたのです。活動家として土地に根を張っていたと言いますか、青年団などとも深く関わっていて、要注意人物としてマークされていました。共産党系の中で、よくアナキズム運動をしていたと感心します。やはり、アナキズムの原理とか、理論の先行ではなく、生活者の必要とか生き方から発する運動だったから続けられたのではないかと私は思います。

１９３４年10月、「十月事件」が起こりました。群馬の特別大演習に天皇が来るというので、その前に権力が山を越えた長野の左翼活動家まで一斉に検挙しました。その時、南沢さん達も検挙されました。そのあたりで、農村青年社の運動は終息したと言っていいのではないかと思います。

しかし、東京の同志が既に獄中にあっても、その他の人々は自分達の生活の場で、ずっと運動を続けていたということが重要な点だと思います。これは、運動組織の性格によるところが大きいと思います。農村青年社に限らずアナキズムというのはそもそもそういう傾向があると思いますが、特に農村青年社では顕著です。つまり、一点拠点を作ってそこが潰れたら全部だめになるというような運動ではなく、各人がそれぞれの場で自発的に、状況に応じて闘いを進めることができるという形です。農村青年社の全員が検挙されたのが、１９３５年です。１９３７年には各地で、判決を受け、服役していきました。宮崎晃や、八木秋子らは、窃盗事件等の刑期を終えて出てきたところで、再び、数年前の農村青年社の件でやられたという形になりました。

農村青年社の一斉検挙は、日本無政府共産党事件が発端となってなされました。日本中のアナキスト関係者数百人が検挙され、その人達の身上調査書が復刻されています（『日本無政府共産党関係検挙者身上調査書（社会問題資料叢書）』東洋文化社）。この検挙された人の中には、ただアナキズムの新聞を読んでいただけの人も含まれています。

日本無政府共産党は、自連の機関紙『自由連合新聞』の編集者達によって1933年12月に結成された秘密結社で、1935年頃には、アナキズム労働運動でも強い影響力をもっていました。その機構や、革命構想には、アナキズムよりレーニンらの影響の方が大きいように思えます。それまでの八太舟三や岩佐作太郎のアナキズム運動論では、労働組合・農民組合などの大衆運動は非常に軽視されていましたが、それに対する反省から日本無政府共産党は大衆運動を重視し、それを指導するアナキストの団体として党を作ったのです。資金活動にからんでいろいろの事件が起こり、日本無政府共産党事件、さらには全国のアナキスト総検挙へと至ったわけです。この事件がなぜ農村青年社事件にまで繋がったのか、詳しいことは私にはわかりません。

（このあとで和佐田芳雄氏に伺ったところによると、東京で日本無政府共産党事件をあげたのを見た長野の検事が、こちらでも一つでかい事件をあげようという功名心から数年前の信州暴動計画などを持ち出して「事件」としたものであるらしい。長野地裁の予審判事は既に窃盗罪など確定判決が出ている事件であるから免訴にしようとしたが、検事は確定判決を受けていない分について内乱予備罪であげることが可能と考えて、特別抗告したという。結局治安維持法で起訴されたのである。）

先ほども触れましたように、多くのアナキストが農村青年社を「独善的だ」とか、「飛躍的だ」と言って批判しました。それは農村青年社が当時のアナキズムを痛烈に批判したことが第一の原因ですが、その時農村青年社が自連や黒連に対して使った言葉「結成主義」の最たるものが日本無政府共産党だと言えます。組織論、方法論において党と農村青年社はほとんど対照的な性格を示しています。両者共に１９３５年の大検挙で壊滅しました。

農村青年社の意義

まず歴史的に言って、アナキズム運動が大衆運動を失ってしまった時に、具体的で現実的な革命構想を示した功績は強調しすぎることはないと思います。しかもその運動方法が、国家単位ではなく一村・一地方単位で、「自主分散」といういかにもアナキズム的なやり方であったたし、そのために東京の運動がとだえても他の地方で継続出来たということがありました。また、自給自足・共産・相互扶助という生活の場のレベルでの直接行動として提示されていたことも、重要でしょう。大衆運動を失った状況を打開しようと登場した日本無政府共産党の行き方と異なり、農村青年社は、一般的にアナキズムと言われる運動原理に即して、具体的実践的な取組を行なったと言えます。

この点は農村青年社が革命運動の場を、農村という生産と生活を共にする場に求めたことに由来するように思われます。多くのアナキズムの農村運動論は、農村青年社ほどに明確ではないけれど、こうした傾向を示しています。農村青年社はそれを実際にやってみようとしたわけです。

初めに申しましたように、私はこれからの方向を考える上で、人間と人間の関係のあり方の問題と、人間と自然の関係のあり方の問題との二つの方面を合わせ考えていきたいと思っています。主に人間と人間の関係を論じるアナキズムの中で、農村青年社が農村を運動の場としたことは、「農」を基本にした人間と自然の関係をも考え合わせる上で非常に示唆に富んでいると思います。今日「アナキズム」という言葉を用いる人は極々少数ですが、「エコロジー」という言葉はかなり一般的になっているように思います。エコロジー運動と言われているものには、人間の自然に対する態度だけではなくて、人間と人間の関係、つまり社会関係に関する主張も重要な位置を占め、それが非常に「アナキズム」と近いところがあるように思います。農村青年社がエコロジー運動のさきがけだった、といったら言い過ぎでしょうか。農村青年社を知ることをきっかけに今日のエコロジー運動に対しても関心を持っていただきたいと思います。

しかし、私がちょっと水をさしておきたいのは、農村青年社も、それ以外のアナキズム農村運動関係者も、今日の一部のエコロジストも、現に存在するムラ・共同体について、手ばなしの賛美をする傾向があるということに対してです。農村青年社は革命運動における各個人の自主活動を非常に重んじていますが、生活の面でということになると、個性・個人の問題があやういような気がします。共同体というのは、一面では共同体構成員ひとりひとりより共同体秩序自体が優先すると言うか、個人の自由を抑圧する面があるわけです。そのことも考慮にいれた上で、共同体のあるべき姿を求めるというならともかく、そうでない場合には、私が女であるからそういうことに敏感にならざるを得ないわけですが、イエとかムラ志向にはどうしても躊躇してしまいます。

現在農村青年社に関する資料や研究書がほとんどないため、鈴木靖之の過大評価などを含めて、農村青年社について不正確な伝わり方や不当な評価が起こっているように思います。いずれ農村青年社に関する詳しい資料が刊行されますから、その時には研究する人がたくさんでてくることと期待しています。

私自身もこれからも、人間と人間の関係、社会について、アナキズムという言葉を手掛かりにしながら、実際の運動にかかわりながら、考えて行きたいと思っています。当時の活動家の方が出席されている中で私のような者が話をするというのは、僭越なことと感じながら、考えていることを話させていただきました。どうもありがとうございました。

第三部　書評

書評　アナキズムとエコロジーとの接点

『八太舟三と日本のアナキズム』ジョン・クランプ著／碧川多衣子訳　青木書店――6300円

【初出…1997年5月発行『社会運動』第206号（市民セクター政策機構）】

本書はアナキズム（無政府主義）の理論家八太舟三（はったしゅうぞう、1886～1934）の生涯と理論を中心に、背景となった日本とヨーロッパのアナキズム運動の思想と実際の状況をあわせて描いた書である。帯の宣伝文句には、「アナキズム思想の現代社会への視線」、「大杉栄後のアナキズム運動における中心的人物であった純正無政府主義の思想家・八太舟三。アナルコ・サンジカリズム、マルクス主義との対抗、そしてエコロジーへの視点など現代社会に通底する彼の卓越した理論・思想水準を浮き彫りにする。」と、現代社会、とくにエコロジーとの関連をうたっている。

原著 Hatta Shûzô and Pure Anarchism in Interwar Japan は1993年に発行された。著者は現ス

ターリング大学（発行当時はヨーク大学）の教授、ジョン・クランプ氏、訳者の碧川多衣子さんは彼のおつれあいである。ともに日英両語を使えるお二人が、細かいところまで相談したことを想像させるような、丁寧で読みやすい翻訳になっている。

八太舟三といっても、社会運動史研究者などを除けば、たいていの人は名前を聞いたことすらないだろう。そもそもアナキズム運動という分野自体、ほとんど存在すら知られていない。①なぜこのようなテーマをイギリスの研究者が採り上げたのだろうか。②八太舟三の理論とはどのようなものであるか。③「エコロジーへの視点」とうたわれているが、八太の理論はエコロジーとどのようなかかわりがあるのか。この三点について、本書を紹介しつつ述べていきたい。

①なぜ著者は八太舟三をとりあげたのか

長く日本の社会主義思想を研究してきて、『日本における社会主義思想の起源（英文）』などの著書もある著者は、日本の純正無政府主義を研究する意味を次のように説明している。

第一に、西洋における日本人の「イメージ」は、反革命的で秩序を重んじ、順応性に富むというものであるが、その「イメージ」に合わない、「もう一つの日本人」の存在を西洋の読者に示すことである（評者は、彼とは別の外国のアナキズム研究者から、同様の問題意識を聞いたことがある。特定の「日本人」像は、不幸にも、かなり普及しているらしい）。

第二に、外国の思想の翻訳ではなく、日本で消化され土壌に根づいた形で提示された思想であったことである。

第三に、理論のレベルが高いことである。クロポトキン（ロシア生まれのアナキズムの理論家・活動家、1842～1921）以後、ヨーロッパでアナキズムの理論が衰退した時期に、日本の純正無政府主義は、八太によってクロポトキンの理論のあいまいさを越えて展開された。アナキズム陣営で当時顕著であったアナキズム対アナルコ・サンジカリズムの対立の中で、八太は「アナキズム理論に潜在するサンジカリズムその他の異質要素を除去」（10頁）することに努め、それを達成した。有名な幸徳秋水と大杉栄は、西洋のアナキズムの理論の紹介、普及者であり、独創的な貢献をしたとは言えないという。

著者のもう一つの研究動機は、八太理論とエコロジーとの類似である。過去にエコロジカルな思想が存在していたことを知らせるのも研究の目的であるとしている。

②八太舟三の理論とはどのようなものであるか

八太以前の時代、西洋でも日本でも、アナキズムとサンジカリズムは渾然としていた。やがて両者は対立するようになり、八太はその一方の立場、つまりサンジカリズムを批判する「純正無政府主義」に立った。理論家の八太は、サンジカリズムの思想に含まれる「分業」や「階級闘争」などの考え方を批判することによって、アナキズム理論を純化し、農業と工業を組み合わせた、小規模で分散的な社会の構想を打ち立てた。分業も搾取もなく、「自分に要するものは自分で造り、自分達に要するものは自分達が造る」原則によって、生活維持に不可欠な「必需生産」は全員で、それ以外の「文化的生産」は必要な者たちが自由に生産する、基本的に自給自足の社会である。

この構想の土台には、人間には生物学的に「連帯性」の生理があり、資本主義のような病的社会は別として、連帯性の上に立てばすべての人々の充足状態を達成することが可能であるという人間観があった。また、欲求を充たす消費量を確保するために生産を組織するという、消費基本（生産基本ではなく）の考え方があった。

このような社会は、個人の自由と、人々の共同団結と、そして経済的な充足という尺度で評価した場合、十分に現実的であると、著者は論じている。単に望ましい夢物語ではなく、達成できうるものであったのである。

③エコロジーとどのような関わりがあるのか

著者は「環境破壊の脅威に直面して、エコロジストの間で、分散的で大体は自給自足のコミューンという考えが復活した」（231頁）、「純正無政府主義者の無政府共産主義ビジョンは、エコロジー的にバランスのとれた社会を達成しようという最近の訴えを先取りしていた」（232頁）と述べる。今日のエコロジストが、数十年前のビジョンの存在を知らなかったにもかかわらず、なぜ八太との合致点が多いのかについては、紙数や主要テーマの関係であろうか、本書では述べていない。

評者自身、かつてアナキズムの研究に入ったきっかけは、アナキズム陣営の中で八太とは対立的な立場であった理論家・石川三四郎の思想が「農本的アナキズム」であると紹介されていたことによるくらいで、アナキズムとエコロジーの関連には強い関心を持ってきた。「生産力向上＝進歩」などの理論から自由になって、生活で必要とされる条件を根本から考えてみようとする時、似たような構想に到達するのかもしれない。

なお、別の観点から本書を批評した拙文がある（『歴史学研究』１９９７年8月号〔本書所収〕）。そちらをあわせ読んでいただければ幸いである。

書評　ジョン・クランプ著、碧川多衣子訳、渡辺治解説『八太舟三と日本のアナキズム』

【初出…1997年8月発行『歴史学研究』第700号（歴史学研究会）】

I

本書は純正無政府主義の理論家、八太舟三（1886〜1934）の生涯と理論、ならびに同時代の日本のアナキズムの状況を描いている。原著はHatta Shûzô and Pure Anarchism in Interwar Japan, St. Martin's Press, 1993、著者は今年よりスターリング大学（発行当時はヨーク大学）教授のジョン・クランプ氏、訳者の碧川多衣子はクランプ氏のおつれあいである。（以下、敬称を略す）

著者と訳者が一つ屋根の下に住むことが、訳出にあたっての細かい配慮を可能にしたように思われる。全文を比較対照したわけではないが、たとえば、"a Sanjikarizumu Kenkyû Kai (Society for the Study of syndicalism)"を、当時用いられていた「センヂカリスム研究会」（50頁）と訳出し、『平民新聞』

の発禁について、"Most issues of this journal" を「四号を除いて毎号」(51頁) とするなど、著者に細部を問い合わせ、原資料に丁寧にあたったことが想像される。訳文はこなれており、翻訳であることを感じさせない自然な表現になっている。

なお、原著でも訳書でも、引用部分を除き、「アナキスト・サンジカリスト」と「アナキスト・サンジカリズム」が用いられている。従来のアナキズム関係の文献では、「アナルコ・サンジカリスト」「アナルコ・サンジカリズム」の語が一般的であった。

評者の問い合わせに対する著者の回答によれば、次のように考えての選択だという。まず、従来「サンジカリスト」には「アナルコ」、「コミュニスト」には「アナキスト」と、別の形をかぶせるのが一般的だったが、読者が両者のレッテルよりも中身の相違に注目するよう統一することにした。次にどちらを採るかということについては、八太自身が「アナルコ」を否定的な言葉と捉えて「アナキスト」を用いたことを、参考にしたということである。「アナルコ」に親しんできた評者には違和感が残るが、この書の刊行によって、今後「アナキスト・サンジカリスト」という語が広く用いられるようになるかもしれない。

Ⅱ

本書の章別構成は、次のとおりである。

はじめに

「序論」では、日本の純正無政府主義（代表的理論家が八太である）を研究する意味を述べる。ヨーロッパでアナキズム理論が衰退した時期に、八太はサンジカリズム批判を通じてクロポトキンを越え、無政府共産主義理論を高いレベルにまで構築したとして、幸徳秋水と大杉栄よりも高く評価している。

第1・2章では、八太以前の、まだアナキズムとサンジカリズムの違いが明確ではなかった時代の、ヨーロッパと日本、それぞれの運動と思想の状況が、第3章では、八太の生涯、第4章では黒連（黒色青年連盟）・全国自連を中心とする1920年代、30年代の日本のアナキズム運動状況が描かれている。

第5・6章では八太理論が紹介され、「分業」による「旧世界」を批判し、消費を基本とする、小規模で分業のない分散的コミューンを「新しい世界」像として描き出している。

第7章は八太以後の純正無政府主義者のその後、すなわち、自協との合同へ、農村青年社運動へ、日本無政府共産党結成への三方向を叙述している。

第8章は八太の理論の評価である。「個人の自由と共同団結がどの程度存在するか、個人の消費が社会への生産分担量から分離され、かつ、すべての人の経済的充足がどの程度達成されているか」を尺度として、著者は非現実的理論ではないと結論づけている。ただし「地域主義（ローカリズム）」＝「地域との強い一体感や地域への忠誠心が現れることによってもたらされる危険」（228頁）の問題があるとして、それを避けるための修正を2点提起する。すなわち、八太らによって農民の大多数はすでにアナキズムの生活を営んでいるとされてきたが、そうではなく、「大衆が新社会の性格と目的を理解していることが基礎となる」（229頁）こと。またコミューンの外からの供給によって欠乏品を補っても、分業に陥る危険性なしにやれるということ、である。

Ⅲ

さて従来、この分野においては、小松隆二、評者らの研究があるが、いずれも「運動」の観点からなされたものであった。クランプの場合は、八太の理論的な業績を高く評価するところから、その「理論」がいかなる状況の下で展開され、どの地点に達したのかという点を中心に叙述されている。

ところで、八太と同時代のアナキスト石川三四郎は、マルクス主義を批判しつつサンジカリズムを擁護し、無政府共産主義者のエリゼ・ルクリュもフランスのCGTも、ともに高く評価していた。その石川における渾然状態が、本書の鋭いメスによって整理されたように思われる。クランプは、八太の理論展開に注目することによって、アナキズム運動の思想の明快な像を結ぶことに成功している。

しかしその反面で、理論的な到達点に注目するあまりに生じたと思われる、理論家八太をひいきするようなところが気になった。いくつか挙げよう。

○八太は亡くなる2年前、それまで自ら先頭に立って非難してきた労働運動などの「商的行為」の中へ、今やすすんで入り込むよう説いた。この180度の変化をクランプは「彼が置かれた政治的絶望状態から説明できる」（84頁）と軽く流している。状況の変化でたやすく変わるような主張だったのだろうか。

○八太側の全国自連を「かなりの数の一般組合主義者を熱中させた」（110頁）と高く評価し（評者には事実関係について疑問がある）、対立したアナルコ・サンジカリストには「無政府主義を宣伝することを（全国自連と比べたとき）ややおおろそかにする傾向があった」（118頁）ときびしい。

○「現実」の問題が、理論の高みの前に軽視されすぎていないか。クランプは、八太の構想が非現実的ではないのに、その実現に失敗したのは、「彼らが戦った国家の権力があまりにも強大であったこと、彼らの主張見解に労働者と農民の十分な支持が得られなかったこと、そして彼らのメッセージを国際的に広めることが困難であったこと、などに拠る」（227頁）と述べるが、甘さを感じる。大衆の「理解」「支持」の成否は運動における重要課題であるが、理論のレベルが高いからといって、大衆が選択することにはならない。「赤信号みんなで渡ればこわくない」もあるだろうし、旧慣から抜けられない心理もあろう。家庭事情の変化によって運動を退いた活動家も珍しくない。「現実」は重い。

Ⅳ

最後にエコロジーとの関連について。クランプは「純正無政府主義は最近『エコロジカル・アナキズム』という形でふたたびその生命を吹き返した」（231頁）、「純正無政府主義者の無政府共産主義ビジョンは、エコロジー的にバランスのとれた社会を達成しようという最近の訴えを先取りしていた」（232頁）と述べる。なぜ今日のエコロジストの主張が多くの点で数十年前のビジョンと合致するかについては明らかにされていないが（本書の主題をはずれるということだろう）、この問題に関してはマレイ・ブックチンや戸田清の著書が本書に紹介されていることでもあり、歴史の文献における問題提起の意味の大きさを評価したい。

（青木書店、1996年7月刊、A5判、298頁、6000円）

書評　保阪正康『農村青年社事件』

【初出…２０１２年10月『トスキナア』第16号（トスキナアの会）】

原稿の締切が迫ってきて、ようやく一読したその日（2月12日）、『山形新聞』に「近現代史の封印解く一冊」と見出しをつけた森達也氏の書評が出ていた。少し拾ってみる（原文の改行部分に／を入れた）。

「彼ら〔宮崎晃や八木秋子〕のもとに通いながら、保阪は事件の輪郭を少しずつ理解する。／その運動の根底には、疲弊した農村の現状を救おうとの理想があった。アナキズムを基盤に社会を改革したいとの情熱があった」。しかし、「彼らの運動は、功名心に焦る治安権力に利用される。／その意味で農村青年社事件の構造は、……大逆事件に、極めて近いといえるだろう。／ところがなぜかこの事件は、日本の近現代史においては埋没している。ならばスクープだ。でも保阪は、最終的に自らの取材メモを封印する。そして37年ぶりに、本書でその封印を解く。／つまり本書は、物書きとして独立したばかりの若き保阪の、青春の彷徨の記録でもある。／不安をあおるメディアと治安権力のフレームアップ。その構図は今も変わらない。より深刻になっているとの見方もできる。時代に選ばれた一冊だ。」

森達也氏の紹介に間違いはないだろう。しかし私は、そのようなさっぱりした文章を書くことはできない。あまりに私に関係の深い内容だったからである。気持ちに正直に、関係者を「さん」づけし、私事を記すことをお許し願いたい。

20代前半（1980年前後）、農本的な傾向のある石川三四郎に惹かれて日本のアナキズム運動や思想を調べ始めた私は、「農村青年社」という名称にも、農村を根拠地として起こすという方法論にも共感を覚えた。久しぶりに本棚の『一九三〇年代に於ける日本アナキズム革命運動　資料農村青年社運動史』（1972年刊）を手に取ってみたら、あちこち鉛筆で線を引いてある。関係する多くの人物がどのように動いたのかを把握するという基礎作業に努力していた跡である。

その頃、細かいいきさつは忘れてしまったが、千種駅近くにある星野準二さんのご自宅を訪ねた。名古屋の覚王山で毎年行なわれていた橘宗一君（大杉栄と伊藤野枝の甥）の墓前祭に参加するようになったのは、その時にいきなり「今から行こう！」とタクシーで墓地へ連れて行かれたのがきっかけだったような記憶がある。別居から離婚へという私の個人的な事情を心配してくださって、いつしか星野さんから美味しい物を毎年送っていただくのを息子と共に心待ちにするようになってしまっていた。星野さんは誠実を絵に描いたような人だった。そして、農村青年社のことを後々に残すために精力的に行動しておられた。「農村青年社」と聞くと、まずは星野さんのお人柄が思い出されるのである。ちなみに、準二の「準」は〝にすい〟だと念を押しておられた。ウェブサイトのほとんどが誤って〝さんずい〟の「準」を使っている。本書ではきちんと表記されていて、当り前のこととは言え、良かったと思う。

和佐田芳雄さんや南澤袈裟松さんからお話を伺う機会を得たのも星野さんのお蔭だった。私には星野さんと同じように、非常に知的で、非常に誠実に生きてきた方という印象が強い。私は南澤さんからも、最期までお心遣いをいただいていた。

その方たちの関わった農村青年社である。運動資金獲得のための窃盗を行なったことについて、私自身を納得させようと、関係者の志の純粋さや当時の時代状況を理解することに努めた。村単位の運動と蜂起計画のギャップも何とかして埋めたいと願った。やがて、何よりも生活に追われて体力も時間もぎりぎりという事情で、農村青年社運動の研究を放棄する形になった。それでもずっと気になってきた。

ようやく出版された本書は、生真面目な事件関係者たちの思いの重さや、私のような戸惑った経験のある者の複雑な思いに対して、しめくくりをしてくれたように感じている。素直に感謝したい。サブタイトルは「昭和アナキストの見た幻」と、いささか文学的な表現であるが、関係者からの取材、資料の読み込み、読み手をひきつける構成と、地道な作業によるものであり、事実と推測をしっかり書き分けてある。独断で決めつけることを避けようとする抑えた筆致にも感心した。寝かせてあった三十余年間を含めて、膨大な時間とエネルギーを費やした成果であろう。亡くなったアナキストたちへの「礼節」(321頁)は十二分につくされている。

私は『ちくま』の連載を読んでいなかったため、単行本ではじめて出会ったのである。事件の概要については知っているはずなのだが、最初から最後まで、次の頁をめくったら何が登場するのだろうとドキドキしながら読み進んでいった。

「第一章　昭和のアナキスト」、「第二章　農村青年社がめざしたもの」、「第三章　資金獲得という挫折」が、保阪氏の言う「第一幕」である。アナキズム運動が行き詰まった中で、宮崎晃、八木秋子、星野準二、鈴木靖之が中心となって農村青年社を結成し、農村を拠点としたコンミューン建設を目指して啓蒙活動を開始する。ところが、運動資金を獲得するために金持ちの家へ空き巣に入り盗品を換金する中、次々と同志が逮捕される。窃盗事件で宮崎や星野が捕えられている間に、鈴木は単独で解散声明書を発表した。こうした経緯を、宮崎、八木、星野へのインタビューノートや、文献資料を組み合わせて、時間軸を行きつ戻りつ丹念に描いている。

「第四章　序幕となった無政府共産党事件」を経て「第二幕」に入る。つまり、すでに活動を停止していた農村青年社が、無政府共産党関係者検挙を機に、特高課長や思想検事の功名心によって「前代未聞の事件」としてフレームアップ(でっち上げ)されるのだ。

「第五章　デッチあげの構図」、「第六章　法廷での人間模様」、「第七章　政治裁判の実態」では、まず予審において、すでに窃盗罪で裁かれて刑を終えた宮崎らに対し、「一事不再理の原則」によって江幡判事が免訴の決定をくだした。しかし、治安維持法違反が認められなかったことに不満な長野地裁の黒川思想検事は東京控訴院に特別抗告の申立てを行なった。東京控訴院の判事は、窃盗には生活費を稼ぐ目的もあったので窃盗事件と革命に関わる事件とは別であるとして免訴取消の決定を行ない、その結果、長野地裁で裁かれることになった。「私がでっち上げました」という思想検事の証言が残っているわけではないが、保阪氏は新聞に掲載された談話や官権側の資料によって、組織らしい組織の存在しないアナキストの運動をどのようにして治安維持法に引っかけていったかを探っている。

法廷の状況は信濃毎日新聞に連日にわたって詳細に報じられた。保阪氏はその記事を、裁判官、検事、傍聴席の様子と、当時の記者の眼差しとを窺うための重要な資料として活用している。被告たちはお互いの言動を見ながら、法廷戦術を計算しながら、陳述していく。そこに記事以外の資料も織り込まれていく。

「エピローグ」、最後まで保阪氏は読者を引っ張っていく。戦時下、フレームアップによって思想犯となった者たちはそろって、体制の終わりを予感した役人たちの浅ましい態度を見ることになった。そして戦後、「ことさらにアナキズム理論にこだわった生き方ではなかったが、しかし自らの信条を崩さないとの姿勢は貫いていた。」（318頁）。

私が直接出会った農村青年社メンバーの印象は、本書を読んでも結局裏切られることがなく、多くの資料とそれらを編み込んだ記述によって、さらに強まった。世の流れにおもねらず、不器用であるが、凛と背筋を伸ばして生きる人々。裏切られても、押さえつけられても、懲りることなく生きていく仲間たち。やはりアナキストというのは、「理論」よりも生まれついての「天性」によるものなのだろうか。

ところで、この数年間、私は酒田・鶴岡両市を中心とする山形県庄内地方の歴史について、真実を明らかにする活動に加わってきた。廃藩置県後も諸事情によって旧藩体制がそのまま続いた全国唯一の地で、旧藩主（酒井家）周辺と御用商人（本間家）にとって好都合な歴史――温情に満ちた賢い旧藩主や大地主と、それを慕う民の物語――が語られ流布してきた。支配層にとって都合の悪い事件は黙殺されたり歪曲されたりしてきた。不都合な真実の一つが「ワッパ騒動」であったが、二〇〇九年に顕彰碑が建てられて以来、今や史料の発掘や研究が急速に進みつつある。

そして昨年からは酒田出身の森藤右衛門の顕彰活動が始まった。明治の十年代に当代の「佐倉宗五郎」として全国的に有名な民権家だったらしいが、今日では地元でも無名で、数少ない実名小説では酒が強くて女癖の悪い男として書かれてきた人物である。顕彰碑の建立という目標ははっきりしている一方で、彼の生涯にはわからないことだらけだ。

そんな最中に本書を読む機会を与えられた幸運に感謝したい。保阪氏の大事業を知った今、明治初期資料を収集して消化吸収するという仕事に立ち向い、百数十年前の出来事をできる限り浮き彫りにしていこうという覚悟と意欲をいただくことができた。怖じ気づいていてはいられない。

解題・解説

出版までのいきさつ

長い間、「農本的アナキズム」という言葉を使ってきた。今回論集を作るにあたって、「農とアナキズム」というタイトルに決めた。「農業」「農村」「農民」等々、「農」のつく熟語はたくさんあるが、「農本的」の「農」とは何だろうか。最近宇根豊さんの本を何冊か読んで、経済的な価値を追求する「農業」と、大部分がカネにならない世界である「農」は異なるという考え方を明示されていることになるほどと頷いた。そこで「農」という言葉を使いたいと考えたのである。

しかし長年使ってきた「農本的アナキズム」という言葉は、過去に書いたものに染みついている。そこで研究史を説明する中では「農本的アナキズム」を使っていることを、初めにお断わりしておきたい。

不思議な出会い

2023年2月のある日、東京在住の若い研究者、蔭木達也さんからメールをもらった。「庄内地域史研究所」のサイトに「今までに書いたもの」のリストを載せてある。一部はリンクを貼ってPDFで読めるようにしてある。その中の「アナ系農本主義について」についての問い合せだった。サイトにはアドレスを明示してあるので、たまに問い合せをいただく。

「序章　農本主義研究上におけるアナキズム研究の必要性とアナキズム研究上における農本主義研究の必要性」、以下第1章から第6章まで、時代に沿って「前史――大正9年頃まで」から「萌芽期」「農民自治会と自連派」「農民派の全盛期」「運動再編成と路線転換」「農村運動論の考察」という章立てで全文が載せてある。目次があるのにタイトルがなく、注もなく、掲載誌も記されていない。その掲載元を尋ねるメールだった。蔭木さんのメールには、私の書いたものをもっと早く読んでいればいくつかの論文を「書かなくてもよかったのではないか」ともあった。

「アナ系農本主義について」についてはすっかり忘れていた。昔々まだ手書きだった時代に、本文だけで二百字詰原稿用紙369枚も書いたようだ。今回の刊行準備の過程で書棚を整理し、1984年春の執筆だったことが判明した。原稿用紙の束を捨てずにおいたのを、2017年になって、「戦前アナキズム運動の農村運動論――その1　自連派――」(今回の論集に収録)があるならば「その2」があるのかとメッセンジャーで問い合せをもらい、まだあったような記憶があってゴソゴソと探したら見つかった。「データ入力しましょうか」との親切な申し出に甘えてお願いし、いただいたデータを中身もろくに読まずにサイトの著作物リストに追加して並べておいたのだ。親切な入力者のお名前は木舟辰平さん、石川三四郎の評伝を書こうとして資料を集める中で、私のサイトを発見されたそうだ。

藤木達也さんはそうした経緯で貼られていたものを読まれたのだった。ちなみに、分量が多いこともあって今回は収録していないので、関心のあるかたはサイトからお読みいただきたい。どこに掲載しようという当てもなく、読み漁った文献で分かったことを一応まとめたもので、注も付けていない。必要ならば後で付けようと考えていたのかもしれない。藤木さんにはそのようにお答えした。藤木さんのような、かつての私と同じような問題意識を持つ研究者がいることに驚いた。もちろん嬉しいことだ。そこから私にとっては想定外の成り行きで、古屋《こや》さんも加わって、論集を出さないかという話に発展した。

近年、多くの研究論文がウェブで公開され、自宅パソコンで簡単に読めるようになった。たとえ自宅のパソコンで読めなくても、一度活字になったものは国立国会図書館等々を利用することによって入手することが可能である。そこで、わざわざまとめて一冊にしなくてもいいじゃないかと思っていた。プラスチック製品だけでなく、金属製品も、紙製品も、製造や廃棄はなるべく少ないほうが良いという個人的な志向もある。

しかし、問題意識が重なる研究者が、資料収集や整理や執筆など、かつて誰かが行った作業を時間をかけてもう一度繰り返すというのは、何とモッタイナイことだろうと思い直した。先行研究を参考にしたほうが、研究をずっと前へ進めることができる。また、今回の収集作業で痛感したのは、自分自身の書いたものでさえ集めるのに苦労するということだった。若い頃から走り続けてきたせいで、家の中の整理が全くできていない。データ化されたものさえ、古いデータが散逸していた。関心のある者が集めればよいと放置するのは無責任であるような気がしてきた。我が家の整理と並行しての作業となった。

不十分ながらも著作物リストを作ってサイトに上げていたのにはわけがある。何十年も前の話だが、ある歴史研究者が亡くなった後で整理に関わった人から、何よりも助かったのは本人によるリストが作成されていたことだったと聞いた。死後に整理しようという人がいるかどうかは分からないが、作っておくに越したことはないと思った。

私の場合はさらに二つの事情が加わる。一つは「アナキズム」という言葉を見ただけで怪しい人物と受け取られることが多かった時代、就職活動の提出書類に掲載しないようにしていた。そのため、本人でも数年前の物でさえ分からなくなっていった。後になってできるだけ把握したいと考え、指摘を受けたり、片付け中に発見したりするたびに追加訂正をしてきた。もう一つは発行年や雑誌の号数、掲載ページなど、知りたい時にサイトを見ればよいという、忘れっぽい自分のためのメモ代わりである。

木舟さんや蔭木さんと繋がれたのはサイトにアップしたリストのお蔭である。今後はまめに補足を心掛けたい。

「農本主義とアナキズム」研究以前のこと

社会について考える時に「アナキズム（無政府主義）」という言葉が手掛かりになると教えてくれたのは、小野和子『中国女性史―太平天国から現代まで』（1978年）で、「農本的アナキズム」という言葉を初めて目にしたのは綱沢満昭『農本主義と近代』（1979年）だったことは、収録論文の中で触れている。こうして、人間との関係（アナキズム）と自然との関係（農本主義）の二つの柱が立てられたのだった。なぜ「アナキズム」や「農本主義」について調べたいと思うようになったのだろうか。若い頃の自分を振り返ってみたい。

1955年生まれである。18歳までは名古屋市千種区で育った。戦前から大きな兵器工場があって、周囲も含めて焼夷弾で焼き尽くされた跡に住宅が建てられたという地域だった。初めてナマで水田を見たのは高校生の時だ。生まれた時から地域に下水道が完備されていたから、都会っ子と言っても間違いないだろう。自宅には一平米にも足りない地面があって、種を蒔いたり苗を植えたり、無料の園芸カタログをながめたりと楽しんだものだ。

本が全くない家だったが小さい頃から活字中毒だった。教科書から、学校の図書室や移動図書館の本、電信柱の貼り紙まで、ジャンルを問わず何でも読んだ。もちろん新聞も読んだ。貧富の差などの社会の諸問題については、生活体験と活字によって学んだ。天皇が「象徴」であることや、法制度上「平等」となったのに現実は不平等であることには、学校で習って以来ずっと引っかかっていた。雑多な知識は受験での得点や資料読みの素養として役立ったように思う。

その中でキリスト教に触れ、聖書を読むようになり、やがて教会に足を運ぶようになった。中学から大学まで通ったが受洗しなかった。しかし、新約・旧約聖書は一通り読み、後年キリスト教と縁の深い社会主義の資料を読んだり、賀川ハルの史料集を作ったりする際に、大いに役立った。今でも「地の塩・世の光」の教え（社会で役立ちなさいというような意味）や、「ソロモンの栄華」（一時期の豪華絢爛な様子）に懐疑的な見方が染みついているから、世間的評判とは無縁の生き方への志向が養われた可能性はありそうだ。いや、生まれつき異端者、少数派の性分だった可能性もある。

農本と関わる「自然」への関心が生まれたのは、1970年前後に連日のように報じられた「公害」問題の衝撃が大きかっただろう。人間の愚かさを痛感するとともに、人類が初めて体験するのかと思いきや、過去にも鉱毒事件や大気汚染があり、懲りることなく自然を破壊し人の命を粗末にしてきた歴史を知ってショックを受けた。地球上から人類だけが一人残らず消滅したら万物が喜ぶのではないかと考えたりもした。人間が生きて行くために不可欠なのは空気と水、そして食べ物である。狩猟採集時代はともかくとして、食べ物を生産する農の行為こそが、人間にとって最も本質的なのではないかと考えるようになった。

進学先の高校は進学校で、女子生徒は男子生徒以上に経済的に豊かな家庭の出身者が多かった。無産階級出身女性として、さまざまな問題を学んで解決に役立ちたいと、屈辱感より使命感を抱いた。さまざまな問題の一つである「教育」の研究を選んで大学に進学した。進学後の京都生活では、部落差別をはじめとする人権関係問題について視野が開けていった。

学生運動は私の大学入学前に最盛期を過ぎていた。教養部無期限ストの最後の経験学年である。やや静かになったものの、学内にはさまざまな党派が活動を続けていた。同級生の中には一身を活動に捧げた者もいる。良い社会にするためにはどうしたらよいのかを求めて、さまざまな党派の人に質問をぶつけたり読書したりしつつ自分の道を探していた。結局どこの党派にも入ることなく、合成洗剤や原発などの問題を扱う市民運動に落ち着き先を見つけることになる。

さて、こうした混乱状態から、人と人の関係、人と自然の関係という二つの問題があると考えるに至った。その中で出会ったのが、先述した「アナキズム」と「農本的アナキズム」の語である。まだ大学内ではマルクス主義が主流だった。悪名高い「アナキズム」は、本当によろしくないのだろうか。同じように悪名高い「農本主義」は、本当によろしくないのだろうか。両者を合体した「農本的アナキズム」はどうなのだろうか。

大学の学部までは近代日本の教育史を専攻していたが、大学院進学後、悩んで一度大学を離れた。もっとやりたいテーマである「農本的アナキズム」を研究したいと戻ってきたのだが、当時は籍を置かないと資料利用が難しかったからである。現在のように各図書館がオープンでウェブが利用できる状況だったら、戻らなかったかもしれない。この後の時期については、掲載した各論文に付けた簡単なコメントをご覧いただきたい。

今回は収録しなかったが、研究上の必要から日本のアナキズム運動史を整理する作業も行なった。元々さまざまな思想が未分化だった日本の社会運動から、１９２０年代にマルクス主義系の運動が独立し進展するのに対抗して、アナキズム運動は自他ともに反マルクス主義的な運動と認める運動になっていったが、やがて、息も絶え絶えとなり、そのなかから農村青年社と日本無政府共産党が生まれる。その過程がわからないと「農本的アナキズム」を理解するのは難しいと考えたからである。当時、先行研究の蓄積は不十分に思われた。

「農本主義とアナキズム」研究以後のこと

「農本的アナキズム」の私の研究は1990年代の半ばまでで終わった。後になってアナキズム関係の研究者が非常に少ないという事情の元で依頼を受けて執筆した書評があるが、ほぼプツンと切れてしまった。日本学術振興会の特別研究員の任期は2年間、1989年4月春から1991年3月までだった。応募の際の主論文は「『農本的アナーキズム』と石川三四郎」(今回収録)で、京大人文研に籍を置いた。「農本的アナキズム」研究を続けるつもりだったのだが、継続が難しくなった。その経緯については、2022年に「秋定先生、ありがとうございました」(『部落史研究』第7号と『回想の秋定嘉和さん』に同じ文を掲載、今回未収録)で告白したので、ここで繰り返したくない。関心のあるかたはそちらを読まれたい。

被差別部落の解放運動史や生活史に専門領域を移した。生活費をかせぐ日々を送る中、少しだけ研究らしきことをした。水平社を創立した1922年は、社会運動全般にアナキズムの色がかなり濃い時期である。当然のことだが水平社自体アナキズムと深い縁がある。それにもかかわらず、解放運動史研究の担い手はマルクス主義歴史学を研究してきた人ばかりだった。しかし、そろそろアナキズム系や融和運動系の研究も登場するという時期だったので、アナキズム系水平社運動についても書いている（今回はすべて未収録）。

２００1年、山形県酒田市に新しい大学が開学するのと同時に居を移した。それまでは社会運動史も社会思想史も教育史も被差別部落史研究も人権研究も中途半端で、良く言えば守備範囲が相当広い状況だった。今度こそ腰を据えてそれらを活かした研究をしたいと思った。まずは地元の事情を知りたいと、庄内（山形県日本海側の地域名、現在は鶴岡市、酒田市、遊佐町、庄内町、三川町の五市町）の地域史の文献を開学前から手当たり次第読んだ。学生の多くが山形県内をはじめとする東北地方の出身者である。山形県については、運動史・思想史関係で真壁仁、松田甚次郎など、若干の人物を知るのみだったから、地図を見たり車で出かけたりしながらの勉強だった。

ショックだったのは、明治初期の「学制」といわゆる「解放令」（賤称廃止令）が未実施だったと知ったことである。大学や短大で教育史や被差別部落史について講義をする際に、北海道や沖縄は別として、全国一律に実施されたように教えてきた。ところが庄内では実施されなかったらしいのだ。どうやら私は長年間違いを教えてきたらしい。いや、私が参考にした文献では、庄内に触れられていなかったのだ。

庄内を管轄する第2次酒田県（1871～1875年）では、県役人が上から下まで全員旧庄内藩の士族で、中央政府の方針を無視して、旧藩と変わらず独自の統治を続けていた。学制も解放令も、後に三島通庸県令が東京から来るまで放っておかれた。明治初期の「ワッパ騒動」は一時期一万数千人の農民が参加した大規模な百姓一揆であり、しかも途中から自由民権運動の性格を持つ大事件であったのに、長くタブーとされていた（他にもタブーとされる諸事象がある）。一方で旧藩主は上京せずに地元で「殿《との》」と呼ばれ続け、藩治を賞揚する物語が誇らしげに語られていた。明治期から敗戦までの大日本帝国で記紀神話が実話であるかのように語られていたのに近い。

新設の大学は地元自治体と共に、特異な歴史に関わるネタを美談化して、「公益のふるさと」という名前のキャンペーンを行なった。大学の一員であるからこそそれに加担したくない。資料の保存・活用、解釈、普及など、見直していくべきものが多すぎる。地元事情を知るための読書のつもりが、どんどん深入りしていった。

というわけで、いつの間にか、もっぱら地域史について調べるようになった。早期退職後に玄関に「庄内地域史研究所」の表札を掲げ、講演などの活動ではこれを肩書に使っている。被差別部落関係については、関西と東北では歴史も現状も全く異なるので、一切書かなくなった。山形県は満洲への農業移民送出数全国2位（1位は長野県）である。親類縁者に関係者がいる人が非常に多い。それなのに関心が持たれていないというので、そっちへも手を出した。取り組むべき材料が山のようにある。一戸建ての家を建てたのはよいが、庭が広すぎて、生き物たちとのふれあいも十分にできていない。

ここ数年は風力発電の建設（首都圏へ送るための電源基地化事業）に異議を唱える運動にも関わっている。かつての公害問題では大気や河川を汚染する有毒物質の問題が主で、濃度規制から総量規制へと少しずつ法制度が整えられていった。風力発電の場合は主に、低周波音等による健康被害と自然環境・景観破壊の問題である。低周波音による健康被害は研究の緒についたばかりで、推進する国や業者は被害を認めたがらず、巨大風車のある景観は観光資源になるとさえ宣伝する。

初めにも書いたように、宇根豊さんの何冊かの本にあった「農」をカネにならない世界とする考え方は示唆的だった。風景や自然環境はカネにならない、カネに換算することができないのである。人間の健康などの暮らしの質も換算が難しい。風力発電問題への取り組みでは、現在の世界の枠組みの中だけでなく、新しい枠組みを提起していくことが必要なのではないかと思ったことであった。

最後に、謝辞を述べたい。今年11月で69歳になった。母が逝った年齢である41歳を数十年も超えた。今日までなぜか生きてこられて、多くの人々と出会った。今ここですべての方々のお名前を挙げて感謝の気持を述べるのは不可能である。天地のいのちあるもの、いのちあったもの、すべてにありがとうと言わせていただく。

初出情報と若干の回想的コメント

各掲載ページのタイトルの横に初出年月と原題を示したが、ここでは、我が半生記を兼ねている関係上、本書の掲載順ではなく公表順とし、初出情報を再度示した上でコメントを述べたい。

一、「石川三四郎とカーペンター、ルクリュ」〈本書82頁〉

◎初出…1983年7月発行『石川三四郎選集 第5巻 哲人カーペンター、エリゼ・ルクリュ思想と生涯』（黒色戦線社）

「黒色戦線社」は大島英三郎さん（1905〜1998年）によるアナキズム専門出版社である。今でもお姿を映画『ゆきゆきて、神軍』で拝見することができる。私が「黒色戦線社」を知ったのは、若い頃から購読していた『婦人民主新聞（現在『ふぇみん婦人民主新聞』）の広告欄によってだった。毎号のように数百円で買えるパンフレット類などのタイトルがびっしり並んでいたような記憶がある。

初めのうちは注文して郵送してもらっていたが、やがて東京に行ってお目にかかったり、代金なしで本をいただいたりするようになった。生活の資に困っていた時には、ワープロ入力の仕事もさせていただいた。

石川三四郎の著作を集めた『石川三四郎著作集』（全8巻、青土社）とは別に、単行本の復刊として刊行されたのが『石川三四郎選集』（全7巻）だった。修士論文「石川三四郎のアナキズム」を元に書いたものである。解説は二編あり、望月百合子氏「二人の真人について」も掲載されている。

二、「クロポトキン『倫理学』によせて」（原題「『倫理学』によせて」）〈本書244頁〉

◎初出…1983年9月発行、P・A・クロポトキン著『倫理学 その起源と発達』（黒色戦線社）

「あとがき」に、大島英三郎さんが「本書は一九二八年春陽堂発行のクロポトキン全集第十三巻（八太舟三訳）を参考に、修正・増補したものです」と書いておられる（正しくは第十二巻）。黒色戦線社は、戦前の旧い文体を読みやすく直して発行することに熱心だった。私もいくつか手伝った記憶がある。『倫理学』は完全に新字、新文体になっている。解説はごく短い。なお、同じ1928年に平凡社の『社会思想全集』でも平林初之輔と時国理一の訳で刊行された。

三、「石川三四郎の歴史哲学」（原題「執筆動機と背後にある歴史観について」）〈本書88頁〉

◎初出…1984年3月発行『石川三四郎選集 第4巻 西洋社会運動史』（黒色戦線社）

『石川三四郎選集』第5巻に付けた「一、石川三四郎とカーペンター、ルクリュ」と同じように、第4巻に付けたものである。『西洋社会運動史』は何度も新しい版が出たが、これは戦後の版である。解説として大沢正道氏、望月百合子氏、小松隆二氏、そして私が書いている。私が本文にルビを付けたようだが、良く覚えていない。

四、「戦前アナキズム運動の農村運動論——その1　自連派——」〈本書260頁〉

◎初出…1985年3月『京都大学教育学部紀要』第31号

大学の紀要である。大学院生は一度だけ掲載を許されたように思うが、記憶が曖昧だ。修士論文では石川三四郎を扱い、その続編として、「農本的アナキズム」は石川三四郎だけではないことを示すために、アナキズム運動内路線の一つ「自連派」について取り上げた。それ以外の路線については後日に書くつもりでタイトルに「その1」と入れたが、「その2」はない。「出版までのいきさつ」で書いたように、投稿先の当てなしに、主に「農民」派について書いた続編「アナ系農本主義について」が「その2」に当たるが、今回は収録していない。

五、「クロポトキン『相互扶助論』と現代」〈原題「解説『相互扶助論』と現代」〉〈本書248頁〉

◎初出…1987年5月発行『大杉栄伊藤野枝選集　第8巻　相互扶助論』〈黒色戦線社〉

大島英三郎さんは『大杉栄・伊藤野枝選集』〈全14巻〉を発行された。大島さんの「あとがき」に、「人々の心の田畑にアナキズムの種を蒔き、種が芽を出し成長活動して、資本主義制度と国家権力によって破滅しようとする人類社会を救うのを願い、この選集を刊行いたします。また偉大な大杉・野枝さんらを若い人たちの中に更生するためです」と書いておられる。その第8巻が『相互扶助論』である。明記されていないが、原本は1926年発行の『大杉栄全集』第6巻で、漢字表記をひらがなに改めるなどして読みやすくなっていて、解説は私と大沢正道氏の二人である。

六、「農村青年社について」〈本書286頁〉

◎初出…1994年12月発行『農村青年社事件・資料集Ⅲ』（黒色戦線社）

本文の末尾に「本書の企画がもっと簡略な形の資料集であると想像されていた頃に、その解説として書かれたものである」と付記してある。ここで「本書」というのは全3巻の『農村青年社事件・資料集』のことである。書かれたのは「1986年10月」と記してあり、刊行の8年前だった。

著者は「農村青年社運動史刊行会 代表星野準二」とある。星野準二さんは、広島の和佐田芳雄さんや長野の南沢袈裟松さんらとともに、熱心に資料を集めておられた。初めて名古屋市の千種駅に近い星野さんのお宅を訪ねた際、「まだ行ったことがないのか、それなら今から行こう」とタクシーを呼び、覚王山日泰寺の橘宗一君（大杉栄と伊藤野枝の甥）のお墓へ連れて行ってもらったことが忘れられない。

なお、本書の293頁に「信州暴動計画」が合意を見たとあるが、資料集の刊行により、合意とは言えないことが明らかになっている。ここで訂正しておきたい。

七、「農村青年社と現代」〈本書298頁〉

◎初出…1988年1月発行『農村青年社 その思想と闘い』(広島無政府主義研究会)

本文中にあるように、1987年3月に広島で開催された「農青決起55周年記念研究集会」の講演記録である。初めに研究会代表の吉岡文春氏の「発行にあたって」があり、私の講演記録の後に、農村青年社のメンバーだった和佐田芳雄氏の「農村青年社を語る」があって、史料として添田晋(宮崎晃)の「農民に訴う」が付いている。

既に簡単に紹介した、私がなぜアナキズムと農本主義の研究をするようになったかについても、語られている。六、「農村青年社について」と共に、『農村青年社事件・資料集Ⅲ』に掲載された。305頁に「信州暴動計画の決定がされました」とあるが、六、「農村青年社について」と同様である。

八、「加藤一夫の農本的アナキズム」〈本書126頁〉

◎初出…1987年12月発行『加藤一夫研究』第2号(加藤一夫研究会)

戦前は文筆家として著名だった加藤一夫であるが、戦後は「私は貝になりたい」の原作者で知られる加藤哲太郎の父親と言ったほうが分かりやすいかもしれない。一夫の娘の加藤(内海)不二子さんが顕彰活動に熱心で、『加藤一夫研究』という雑誌が出ていた。そこに書かせていただいたのである。

九、「「農本的アナーキズム」と石川三四郎」〈本書102頁〉

◎初出…1988年3月発行『本山幸彦教授退官記念論文集　日本教育史論叢』（思文閣出版）

タイトル通り、京都大学教育学部の本山先生の教え子たちによる論集である。研究室の小山常実先輩が添削してくれたのを覚えている。日本学術振興会特別研究員に応募する際にはこの論文の概要を添えた。

十、「加藤一夫の思想――アナキズムから天皇信仰への軌跡――」〈本書140頁〉

◎初出…1990年10月発行『社会思想史研究』第14号（社会思想史学会）

加藤一夫という人物は、思想的な振れ幅の非常に大きい人物である。先述した八、「加藤一夫の農本的アナキズム」では、アナキズム→農本主義→日本信仰と紹介したが、二年後の本論文では、本然生活・民衆芸術→社会運動→農本主義→日本信仰・天皇信仰と、詳しくなっている。

ところで、加藤一夫研究が盛んになることを願っていた娘さんは、神国日本の戦争を賞讃するような時期の父親が扱われることを望んではおられなかった。心中察するに余りがあるものの、歴史研究者としては避けるわけにはいかなかった。

十一、「江渡狄嶺の二つの時代　実行家から社会教育家へ」〈本書164頁〉

◎初出…1991年8月発行『論争』第5号（土佐出版社）

江渡狄嶺については本文を読んでいただきたい。当時狄嶺会が『江渡狄嶺研究』を発行していた。研究会に参加してみたことはあるが、狄嶺を畏敬するお弟子さんたちが多くて、居心地が悪かった記憶がある。『論争』は大沢正道氏の雑誌で遠慮なく書けたから、「社会教育家」という皮肉めいたタイトルを付けても良かったのである。

十二、「学校無用論と教育運動――下中弥三郎と江渡狄嶺を中心に――」〈本書196頁〉

◎初出…1991年10月発行『日本の教育史学』第33集（教育史学会）

私は教育学研究科の教育史研究室の出身なので、可能ならば社会運動史・社会思想史とは異なる教育史らしい論文も書きたいものだと考えて応募した論文である。「教育史」と言っても農本的アナキズム界隈の人物を扱ったものである。「学校無用論」は、近年増加の一途にある「不登校」を考える上で、関係があるようなないような、戦前のインテリによる行動と見てよいだろう。

下中弥三郎は百科事典で知られる平凡社の創設者でアナキズムとは縁の深い人物であるが、活動範囲も交友範囲も非常に広く、没後に彼の思想をまとめるのは不可能と、多数の項目が五十音順に並ぶ『下中弥三郎事典』が刊行されたというエピソードがある。

なお後日、1995年に論説資料保存会の『教育学論説資料』第11号（第一分冊）に掲載されたとの連絡があった。

十三、「日本におけるクロポトキンの影響について」〈本書224頁〉

◎初出…1991年10月発行『労働史研究』第5号（論創社）

『労働史研究』に書くことを勧めてくださったのは小松隆二氏である。他に、同じ雑誌の第3号と第4号（1986年と1987年）に、「一九三〇年代のアナキズム労働運動─合同と日本無政府共産党（上）（下）」を掲載してもらったが、長いのと農本主義から離れるのとで今回は収録しなかった。

戦前はクロポトキンが広く読まれていたし、一部のアナキストは著作を「バイブル」的に扱っていたにもかかわらず、戦後はほとんど知られることがなくなった。そこでまとめてみようと思ったのである。これに続いてトルストイやタゴールを扱えたら良いと思ったが、果たせなかった。

十四、「大杉栄と『道徳』」〈本書24頁〉

◎初出…1993年9月発行、大杉栄らの墓前祭実行委員会編『自由の前触れ　関東大震災七〇年・大杉栄・伊藤野枝・橘宗一虐殺記念誌』

1923年9月の関東大震災後に大杉栄と伊藤野枝、そして甥の橘宗一《むねかず》君が虐殺された。宗一君の実家は愛知県にあり、死の4年後に覚王山の日泰寺の墓地に墓が建てられた。草むらに埋もれていた墓が戦後に発見され、墓石に刻まれた「大杉栄　野枝ト共ニ　犬共ニ虐殺サル」の文字が知られ、以来毎年9月に墓前祭が開催されてきた。

最近は行かなくなってしまったのだが、京都在住時代はなるべく参加するようにしていた。これは墓前祭関係者によって関東大震災70年の年に発行されたパンフレットである。大杉栄について思うままに短文を書いた。

十五、「アナキズムの〈イメージ〉と私の考える〈アナキズム〉」〈本書6頁〉

◎初出…1993年12月、1994年1月発行『リベルテール』205号・206号

橘宗一君の墓前での集まりの後、場所を移動して講演をするのが恒例となっていた。1993年9月は私が依頼を受けた。参加者にはアナキズムや人権活動、文学研究の関係者が多く、「私のアナキズム」という話を聴いていただいた。

十六、「「農本主義的アナキズム」の再検証」〈本書30頁〉

◎初出…1996年1月発行、西村俊一・木俣美樹男編著『地球環境と教育』〈創友社〉

編者である東京学芸大教員〈当時〉西村俊一氏から声を掛けていただいた。「まえがき」に、この本が文部省の科学研究費の報告書であると書かれ、研究経過が記されている。1993年10月に足尾鉱毒事件の現地視察と研究会があったとあり、石川三四郎らと足尾鉱毒事件の関係について報告した記憶がある。

十七、「書評　アナキズムとエコロジーとの接点」〈本書318頁〉
◎初出…1997年5月発行『社会運動』第206号（市民セクター政策機構）
十八、「書評　ジョン・クランプ著『八太舟三と日本のアナキズム』」〈本書323頁〉
◎初出…1997年8月発行『歴史学研究』第700号（歴史学研究会）

ジョン・クランプ（John Crump）さんはイギリスの研究者。専門が日本史であり、おつれあいの碧川多衣子さん（当該書の翻訳者）は日本の出身だから、お目に掛かる時に英語を使う必要はなかった。時々日本にいらしていて、「アナキズムの研究者は非常に少ないので、横断歩道を渡る時も十分に注意しなければならない（身体を大事にせよ）」と何回か言われたことを思い出す。

1993年に出た雑誌の『Anarchist Studies』の「日本における現在のアナキズム状況（英文）」（今回未収録）は、私が日本語と英語を交ぜて書いたものをクランプさんに英語にしていただいたものだ。1995年夏、生まれて初めての海外旅行でイギリスとベルギーに行った。その時、ヨークのご自宅に二晩泊めていただいた。カーペンターハウスやクロポトキンゆかりの書店訪問を含めて「イギリス・ベルギー歩き回り記」と題して『リベルテール』に連載したことがある（1995年12月〜翌年9月、今回未収録）。そういったご縁から書評を依頼されたのだろうか。

十九、「書評　保阪正康『農村青年社事件』」〈本書329頁〉
◎初出…2012年10月『トスキナア』第16号（トスキナアの会）

酒田に来てからは忙しくて送っていただく郵便物を開封するゆとりすらなくなってしまった『トスキナア』である。たまたま書評原稿依頼を目にしたのだろうか、いきさつを覚えていない。依頼があってもなくても読むつもりだったので、軽い気持ちで引き受けたのだろうか。

〈解 説〉

21世紀に「農とアナキズム」を読み直す——三原容子論集に寄せて

蔭木 達也

「農とアナキズム」とは何か

自然と共生する民主主義社会の実現を考えるとき、近代日本史上でとりわけ密接な関係を持ち、かつもっともラディカルな思想として行き当たるのが、本書で中心的に論じられている1920年代から30年代における「農とアナキズム」の思想と運動である。そこで議論されていたのは、近代の都市社会・工業社会を全面的に解体・再構成して、脱中央集権の民主的な新社会を建設するという構想であった。さらには、一部の農本的アナキズムがファシズムと接続、それと融合して農村経済更生運動や満州開拓移民を支えたという過程が、その道行きの隘路をも指し示す。「農とアナキズム」は、気候変動や食糧問題が顕在化し、持続可能な人類社会の実現が叫ばれる21世紀にこそ、学ぶにふさわしいテーマである。とはいえ多くの読者にとって、「農とアナキズム」という言葉は幾分とっつきにくい印象を与えるかもしれない。なにが「農」で、「アナキズム」がどういうものか。これは何らかの限定がないと、いかようにも解釈できてしまう。

三原の考えるアナキズムの特徴は、第一部所収「アナキズムの〈イメージ〉と私の考える〈アナキズム〉」で三原が述べている通り、「連帯・相互扶助」といった「人間本来のあり方を一番大事にしようということ」と、それを「そこなうものに対して、反抗、抗議、破壊という闘いに立ち上がること」の2点にある。同じく第一部所収の「大杉栄と「道徳」」は、既に大杉など著名なアナキストについて知っている読者が三原の立ち位置を理解する上で参考になろう。

第一部の最後に収録されている「「農本主義的アナキズム」の再検証」に挙げられている主要な人物を辿れば、本書における「農とアナキズム」の像をさらに絞っていくことができる。すなわち「土民思想」を掲げたアナキスト石川三四郎、東京郊外で百姓生活を営みつつ独自の農村社会論を提起した江渡狄嶺、「民衆芸術」からアナキズムを経由して「農本主義」「天皇信仰」へと進んだ加藤一夫がいる。また、第二部Ⅴ農村青年社の冒頭に収録された「戦前アナキズム運動の農村運動論——その1　自連派——」によって説明される、農村コミューン建設による革命を目指した農村青年社は、30年代はじめに「農とアナキズム」の理想を具現化しようとしたアナキスト団体として重要だ。

これらの人々が活動した時代はどのような時代であったか。第一次世界大戦後の都市化・工業化の進展と技術の発展を背景として、1920年前後の都市労働者の間では労働組合とその連合を通じて労働者の権利獲得と自由な社会を目指すアナルコ・サンジカリズムが広がった。次いで農村では小作争議や農民運動が高揚し、1922年に日本農民組合が設立され、農民組合や普選の実現を通じて「農民」の解放が目指された。農村の支配構造や搾取を取り除き、競争や対立のない平和な社会を夢見る論者たちは、トルストイやクロポトキンを参照しつつ、日本における理想の「農村」のあり方と「アナキズム」に基づくコミューン連合のアイディアを融合して、新社会の構想を様々に提案した。石川三四郎は田園生活の拠点として「共学社」を立ち上げ、江渡狄嶺は百性《ママ》愛道場で10年以上に亘り実践を積み重ね、加藤一夫は個人雑誌に『大地に立つ』と銘打った。しかし1930年代に入ると、世界恐慌と金解禁を背景とした昭和農業恐慌によって農村経済の深刻な荒廃が進み、五・一五事件などのテロが頻発、1932年の救農議会を経て経済更正運動へと展開していった。こうした状況の中で厳しい弾圧の対象となったのが農村青年社の人々であり、逆に「農本」から「天皇信仰」と進んで旺盛な執筆活動を続けたのが加藤一夫であった。こうした当時の状況のわかりやすい見取り図を示してくれるのが、第二部I石川三四郎に収められた「「農本的アナーキズム」と石川三四郎」である。そこでは1930年代初頭のアナキズム団体・農本主義団体の特徴が「農業・農村本位」「自治・共同」「国体重視」「日本優越視」の四軸からまとめられており、対立の所在や転向の過程が俯瞰的に理解できる。

研究史における「農とアナキズム」と三原論の意義

本書には、「農とアナキズム」を支えたものとして、これまであまり知られていない人物や団体について詳しく論じたものも多く収められている。研究史を辿ってみれば、これらの論文の意義が小さくないことが理解されよう。

　戦前日本の「農とアナキズム」をめぐる運動・思想史の継承に大きな役割を果たしたのは、農民自治会の発起人の一人であり、『農民哀史』（勁草書房、1970年）を書いた渋谷定輔である。渋谷の貢献は二つあり、一つは、1955年に犬田卯の原稿「大正昭和農民文学運動史」を発見して出版を働きかけ、『日本農民文学史』（小田切秀雄編、農山漁村文化協会、1958年）として実現させたこと。もう一つは、安田常雄や林宥一に直接的影響を与え、農業史研究の分野にこれを歴史研究の題材として提供したことである。森武麿が『戦時日本農村社会の研究』（東京大学出版会、1999年）の序章で整理している通り、安田『日本ファシズムと民衆運動』（れんが書房新社、1979年）や林「農民自治会論」（初出1978年、『近代日本農民運動史論』日本経済評論社、2000年所収）などは、栗原百寿の規定した方法論を踏まえつつ、西田美昭、鹿野政直ら同時代の経済史・民衆史研究などとも絡み合う形で、1970年代に「農民運動史」という研究分野を開拓した。しかし、唯物史観を足場として資本主義化の必然的経路の一段階として小作争議を捉え、それがファシズムにむかう隘路として農民運動史を位置づけるという図式の強い時代にあっては、「農とアナキズム」は農本主義の前座的役割と理解されるのが通例であった。いっぽう、同時代の戦前アナキズム論は都市労働者の運動を中心に年代記を組み立てており、秋山清『日本の反逆思想』（現代思潮社、1968年）や小松隆二『日本アナキズム運動史』（青木書店、1972年）では、「農とアナキズム」の歴史がまだほとんど扱われていない。

こうした状況が変わってくるのが１９８０年代後半からだ。本書に収められた三原の石川三四郎論、加藤一夫論が登場して「農本的アナキズム」の系譜を明らかにし、岩崎正弥も石川や江渡狄嶺、岡本利吉を取り上げて「農本思想」の展開を辿った（『農本思想の社会史』京都大学出版会、１９９７年）。両者とも、「農本主義」の思想的可能性を問うた綱沢満昭の研究に刺激を受けながら、２０年代から３０年代にかけての「農本主義」にとどまらない「農」の思想の展開を追求した。とりわけ本書に収められた三原の諸論は、舩戸修一が「「農本主義」研究の整理と検討」（『村落社会研究』16巻1号、２００９年）の中で「「アナーキズム」としての農本思想」（17頁）という文脈で評価している通り、「農本主義」という括りで研究されてきた人々を「アナキズム」の文脈から位置づけ直すことで、当時の思想と運動の展開を２０年代の多様な社会運動との関わりの中から解明している点に特徴がある。アナキズムや農本主義といった個別の範疇で問われてきた思想の横断的な広がりを示す点で、経済史から社会運動史まで様々な分野における研究に新たな切り口を与えるものだったといえる。

こうした多様な論点の登場は、資本主義化に向かう段階として、あるいはファシズムを生み出した根源として農民運動史を捉える、という硬直的な図式を掘り崩した。一方で、そうした大きな歴史的見取り図を喪失することで、人々にわかりやすく訴求しうる研究の建前も失うこととともなった。農本主義研究は舩戸が２０００年代まで細々と引き継いでいるが、三原が開拓した「農とアナキズム」研究は誰からも注目されることのないまま30年以上のあいだ停滞しており、加藤一夫に至っては９０年の三原の『社会思想史研究』掲載論文（第二部Ⅱ加藤一夫に所収）がいまだに最新の研究文献といってよい状況だ。その間に出た重要文献が、第3部の書評で取り上げられているジョン・クランプ『八太舟三と日本のアナキズム』（碧川多衣子訳、青木書店、1996年）と保阪正康『農村青年社事件』（筑摩書房、2011年）であるが、この2冊についても、三原による書評以外にはめだった論評が見当たらない。

なぜいま「農とアナキズム」か

長く日陰におかれ、注目を浴びてこなかった「農とアナキズム」の思想と運動を、なぜいま読み返す必要があるのか。三原はそのことを、論が書かれた90年代の時代状況と絡めて折々に触れているが、更に時代を下って、55年体制成立以来、初めて自民党が第一党の座から転落した2009年の民主党政権成立のあたりからそれを考えてみたい。2000年代前半の国政を担った小泉純一郎政権は、竹中平蔵を大臣に据えて道路公団や郵政の民営化、規制緩和、労働市場改革などの新自由主義的政策を推し進めたが、その後継となる首相が定まらないまま2008年のリーマン・ショックが日本を襲い、政権交代に至ったのであった。あの頃には、今思えば本当に大きな「民主主義」の社会的熱狂があった。小泉政権が掲げた「官から民へ」のスローガンは、国任せではなく自分たちでなんとかしようというスローガンに読み替えられ、下からの民主主義を目指そう、これから自分たちで社会を作り直すのだ、という機運が瀰漫した。「新しい公共」「コミュニティ・デザイン」が叫ばれ、Greenzや『ソトコト』といった環境系メディアが多くの人に読まれた。あちこちで「ワールドカフェ」「フューチャーセッション」が開かれ、マイケル・サンデルの『これからの「正義」の話をしよう』が飛ぶように売れた。米国オバマ政権と呼応する形で「グリーン・ニューディール」が経済政策の目玉となり、ロハス、半農半X、六次化産業という言葉が流行、「自然共生社会」が目指された。

そこに襲ったのが２０１１年の原発事故だ。東京で酒を飲みながら環境論をぶっていた人間は、深刻な反省を迫られた。自分たちが使っていた電気は、東京から遠く離れた土地の生活者の暮らしを一瞬にして吹き飛ばすリスクを負って作られたものだった。国会前の反原発デモに行けば、俳優が参加者と写真を撮りながら社会変化の必要性を雄弁に訴え、書店に行けば『社会を変えるには』と題された分厚い新書が売られている。自分も何かしなくては。半農半Xどころではない、現代社会を根本的に転換するような社会構想が必要だ、と思われた。

そうした文脈の延長で、２０１０年代前半には「農とアナキズム」にも通ずる問題意識に取り組んでいた人が少なくなかったように思う。しかし、政権が再び自民党に移り、しばらくするとそうした様々な活動は徐々に停滞、当時活躍していた人たちの名前もいつしか聞かなくなった。２０１０年前後にかなりの熱量で論じられていた、農や自然と共生する民主主義社会の実現という課題の重要性は些かも減じていないはずだが、折角の議論の蓄積にもかかわらず、その後の日本の社会状況においてそれが等閑視されてしまった憾みがある。その背景には、その時の議論が歴史的に位置づけられず、一過性のブームとして忘却されてしまったことがあろう。今日改めて「農とアナキズム」の議論の系譜を辿り直すことで、過去の研究蓄積と近年の議論とを相互に参照しつつ、新たな展望が得られるのではないだろうか。

「農とアナキズム」をめぐる論集として本書が出版されることで、この方面への関心が高まり、小手先の環境対策や農業支援ということではなく、現代の学知や文化の有り様を踏まえてどのような新しい社会像を描くことができるか、支配と服従を超えた人々の共同による社会、農村と都市との対立を超える社会、そしてその建設の展望ないしその課題と限界について先達から学び、人間が生み出しうる抜本的な社会変革の可能性について、多くの人が考えをめぐらすきっかけとなればと思う。

（かげき　たつや…近代日本研究）

・「風力発電の問題点」『アナキズム』第34号、2023.1、p.4
・「資料紹介　「空語集」の「芳賀家之訴訟」『ワッパ騒動義民顕彰会誌』第11号、2023.9.10、pp.41-47
・「捕虜の処遇：第一次世界大戦とアジア・太平洋戦争の違い」『酒田捕虜収容所・空襲』2024.3
・「酒田北港開発史研究序章」『飽海地域史研究』創刊号、2024.5、pp.66-75
・「私と庄内地域史研究――ワッパから拡がる多くの課題――」『ワッパ騒動義民顕彰会誌』第12号、2024.9、pp.2-17
・W.W.ケリー著、升川繁敏・佐藤利克との共訳『19世紀日本における服従と抵抗―山形県庄内地方の四つの集団抗議』文学通信、2024.10

・「『新編庄内史年表』書評　地域史にとって百人力」『荘内日報』2016.5.11
・『東北の近代と自由民権　「白河以北」を越えて』友田昌宏編著、日本経済評論社、2017.2（担当部分は第五章「山形県庄内地域の自由民権運動――ワッパ事件と三島県政との関連を中心に」pp.179-216
・「〈紹介〉下川正晴『忘却の引揚げ史　泉靖一と二日市保養所』」『佐賀部落解放研究所紀要』第35号、2018.3.30、pp.79-87
・「〈研究ノート〉満州開拓民送出と山形県――加藤完治の成功体験――」『山形史学研究』（山形史学研究会）第46号、2018.8.20、pp.51-63
・「〈史料紹介〉松本十郎と阿部正己による菅実秀の不正行為の記述」『ワッパ騒動義民顕彰会誌』第6号、2018.9、pp.33-43
・「〈資料紹介〉森藤右衛門顕彰碑の建碑趣意書の記事」『ワッパ騒動義民顕彰会誌』第6号、2018.9、pp.44-48
・「満州開拓民送出と山形県――加藤完治の影響力の源について――」『歴懇論集』（庄内歴史懇談会）、創刊号、2018.11.30、pp.88-98
・「歴史を取りもどすための庄内での闘い」『さようなら福澤諭吉』第7号、2019.6.30、pp.49-50
・「〈研究ノート〉酒田日満学校について」『山形史学研究』（山形史学研究会）第47号、2019.8.20、pp.46-57
・「史料紹介　森藤右衛門の元老院宛の建白書と裁判への提出訴状（現代語訳）」『ワッパ騒動義民顕彰会誌』第7号、2019.9.10、pp.25-37
・「地域史研究のすすめ」（社会文化学会編『学生と市民のための社会文化研究ハンドブック』、晃洋書房）のpp.104-105、2020.1.1.30
・「私の庄内地域史研究」（榊田清兵衛、鶴見孝太郎、松本十郎、森藤右衛門など）『山形県 県史だより』第16号、2020.3.31、pp.1-3
・（佐藤昌明、星野正紘と）「ワッパ騒動義民之碑建立10周年記念シンポジウム　「今ワッパ騒動を考える」」『ワッパ騒動義民顕彰会誌』第8号、2020.9.10、pp.2-36
・「風力発電のどこが問題なのか（上）（下）」『全国革新懇ニュース　山形県版』2020.12、2021.2
・「ある倉庫をめぐる攻防の歴史――観光スポットの知られざる一面」（地方史研究協議会編『日本の歴史を問いかける――山形県〈庄内〉からの挑戦（シリーズ地方史はおもしろい03）』、文学通信）のpp.93-104、2021.3.19
・「地域史研究と酒田の石碑」『酒田民俗』第8号、2021.5.31、pp.27-32
・「山形県満州開拓史研究の現状と課題」『山形史学研究』第49号、2021.8.31、pp.43-54
・「史料紹介　『両羽新報』連載小説「名も高き三山の下風」、歎願写手控帳」『ワッパ騒動義民顕彰会誌』第9号、2021.9.10、pp.10-29
・「秋定嘉和先生、ありがとうございました」（全国部落史研究会『部落史研究』第7号（2022.3.31）pp.69-73と秋定嘉和さん回想集編集委員会『回想の秋定嘉和さん』（2022.8.9）pp.45-49に掲載）
・「資料紹介　松本十郎は金井兄弟をどう見ていたのか」『ワッパ騒動義民顕彰会誌』第10号、2022.9.10、pp.48-54

・「(問題提起 10) 庄内地域史の検証と再構築——実証的研究への第一歩——」『地方史研究』第 352 号 (第 61 巻第 4 号)、2011.8.1、pp.36-39
・「(資料紹介) 山形県立自治講習所大正七 (一九一八) 年の第三期生「自治寮日誌」と短期講習生「日誌」」『東北公益文科大学総合研究論集』第 21 号、2012.1.15、pp.(7)-(55)
・「酒田の人・森藤右衛門の事績について」『東北公益文科大学総合研究論集』第 22 号、2012.7.25、pp.195-211
◎「(書評) 保阪正康『農村青年社事件』」『トスキナア』第 16 号、2012.10.13、pp.104-106
・「(資料紹介) 山形県立自治講習所 (第三回目) 大正八年～大正九年」『東北公益文科大学総合研究論集』第 23 号、2013.1.31、pp.(1)-(90)
・「(「私と読書」リレーエッセー 149) もっと若者に本を読んでもらうために」『荘内日報』2013 年 3 月 23 日 (2014 年 3 月発行『鶴岡は読書のまち　2』、pp.117-119 に転載)
・「賀川ハルの幸福な生涯に学ぶ私たちの生き方——絶望してしまいそうな社会の中で——」『東北学院大学キリスト教文化研究所紀要』第 31 号、2013.6.30、pp.41-62
・「(資料紹介) 山形県立自治講習所日誌 (第四回目) ——大正九年～大正十年」『東北公益文科大学』第 24 号、2013.9.20、pp.(1)-(79)
・「森藤右衛門の事績　これまでの研究成果と今後の課題」「写真で見る参考資料」(森藤右衛門を顕彰する会『自由民権の魁　森藤右衛門』2013 年 9 月 16 日発行の pp.18-26 所収)
・(資料紹介) 山形県立自治講習所の「大正十年度　労力記入簿」2013 年 10 月 8 日公開 (Web サイトで公開)
・「(資料紹介) 山形県立自治講習所 (第五回目) 大正十一年」『東北公益文科大学総合研究論集』第 25 号、2014.2.20、pp.(9)-(67)
・「「ケリー教授と語る会」と『顕彰会誌』第 2 号」『荘内日報』2014 年 2 月 25 日、p.4
・「賀川ハル」『人権歴史マップ　淡路神戸増補版』ひょうご部落解放・人権研究所、2014.3
・『部落実態調査の書誌的研究<人権問題研究叢書 10　研究第 2 部近現代・現状班共同研究報告書>』公益財団法人世界人権問題研究センター編集発行、2014.4.10、(1953 年「地方改善生活実態調査報告」、1959 年「同和地区の現況調査及び隣保館共同浴場運営状況調」、1985 年「昭和 60 年度地域啓発等実態把握—生活実態把握報告書—」を担当)
・「(民権ネットワーク) 山形県」『自由民権』(町田市立自由民権資料館紀要) 第 28 号、2015.3、pp.121-123
・「庄内地域史研究所を設立するに至った経緯について」『農村通信』2 月号 (2016.2.1)、pp.44-47
・「(民権ネットワーク) 山形県」『自由民権』(町田市立自由民権資料館紀要) 第 29 号、2016.3、p.118

・「公益考（三）――公益に関する題材の検討――」『東北公益文科大学総合研究論集』第 14 号、2008.6、pp.81 ～ 100
・「<私の視点>教員免許　更新制実施は見合わせよ」『朝日新聞』2009 年 1 月 27 日朝刊
・「「何もない所」ではない（やまがた見つけた　県外出身者リレーエッセー）」『山形新聞』2009 年 5 月 19 日夕刊
・「<書評>「家庭生活領域を政策の対象とする食育基本法の気味悪さ（池上甲一・岩崎正弥・原山浩介・藤原辰史『食の共同体　動員から連帯へ』ナカニシヤ出版、2008 年）」『東北公益文科大学総合研究論集』第 16 号、2009.6、pp.31 ～ 39
・「気持ちのよい家と庭（やまがた見つけた　県外出身者リレーエッセー）」『山形新聞』2009 年 7 月 14 日夕刊
・『賀川ハル史料集（全 3 巻）』緑蔭書房刊、2009.7
・「ビオラが趣味（やまがた見つけた　県外出身者リレーエッセー）」『山形新聞』2009 年 9 月 8 日夕刊
・「深まる庄内史研究（やまがた見つけた　県外出身者リレーエッセー）」『山形新聞』2009 年 11 月 17 日付夕刊
・「2009 年度歴史学研究会大会報告批判　近代史部会」『歴史学研究』歴史学研究会編集、2009.12、pp.39 ～ 41
・「ワッパ騒動研究史」『東北公益文科大学総合研究論集』第 17 号、2009.12、pp.149 ～ 159（『大地動く　蘇る農魂』（東北出版企画、2010 年 9 月 18 日）に転載）
・「変わり者の方針（やまがた見つけた　県外出身者リレーエッセー）」『山形新聞』2010 年 1 月 26 日付夕刊
・「もったいない　口癖に（やまがた見つけた　県外出身者リレーエッセー）」『山形新聞』2010 年 3 月 23 日付夕刊
・「『賀川ハル史料集』刊行について 1 ～ 3」『ちくま』第 470 号～第 472 号、2010.5.1 ～ 2010.7.1、各 p.80
・「山形県庄内地方の産業組合運動と満州移民送出運動の思想―皇国農民団を中心に―」『東北公益文科大学総合研究論集』第 18 号、2010.7、pp.163 ～ 184（論説資料保存会『中国関係論説資料』第 53 号（第 3 分冊（歴史・政治・経済 I）下）2013 に掲載）
・「ハルの幸い、社会の幸い」『賀川豊彦献身 100 年記念事業の軌跡　Think Kagawa ともに生きる』賀川豊彦献身 100 年記念事業実行委員会編、賀川豊彦記念・松沢資料館発行、家の光協会発売、2010.11、pp.76-87
・「多人数クラスにおける文章作成法授業―教員の労力を軽減して効果を上げる試み―」『東北公益文科大学総合研究論集』第 19 号、2010.12.20、pp.169-198
・「山形県庄内地方の農業倉庫建設運動と加藤完治」『農本思想の現代的意義に関する研究（課題番号 20580252）平成 20 ～ 22 年度科学研究費補助金基盤研究（C）研究成果報告書』2011.3、pp.73-88（「山形県庄内地方の農業倉庫建設運動と加藤完治）
・「（資料紹介）山形県立自治講習所第一期生日誌（一九一六（大正五）年）」『東北公益文科大学総合研究論集』第 20 号、2011.7.20、pp.(43)-(65)

2001.9、pp.74 ～ 75
・「学生に薦めるこの二冊」『東北公益文科大学総合研究論集』第 2 号、2001.12、pp.259 ～ 261
・「よみがえる「公益」の碑――「公益」の碑発見（？）物語」『現代と公益』第 2 号、2002.2、pp.13 ～ 23
・部落解放同盟兵庫県連合会『兵庫県水平運動史料集成』（共編著）、2002.11、解題（pp.621 ～ 648）も担当した
・小松隆二・公益学研究会編『市民社会と公益学』、不磨書房、2002.12、pp.22 ～ 37（「第 2 章　公益と人権」）
・「「公益」の碑後日談」『現代と公益』第 5 号、2003.3、pp.94 ～ 102
・大阪の部落史委員会編『大阪の部落史　第五巻　史料編　近代 2』（共編）、解放出版社、2003.3
・金泰泳、白石正明、中島智枝子、三原容子共編『新生涯学習・人権教育基本資料集』、阿吽社、2003.3
・「山形の文化を教育家の活動などを題材として考える」（『平成 14 年度山形の文化』報告集所収）、2003. 春、pp.65 ～ 79
・「学生にすすめる酒田関係の小説三冊」『東北公益文科大学総合研究論集』第 4 号、2003.12、pp.313 ～ 318
・「公益的視点から地域の歴史を考える～地域の石碑めぐりから～」『山形県地域史研究』第 29 号、2004.2、pp.1 ～ 19
・大阪の部落史委員会編『大阪の部落史　第六巻　史料編　近代 3』、解放出版社、2004.2
・「公益学的歴史学の方法について」『公益学研究』Vol.4 No.1、2004.7、pp.104 ～ 108
・「酒田と庄内の読書案内」『東北公益文科大学総合研究論集』第 8 号、2004.12、pp.261 ～ 264
・「大学改革の経緯と今後の方向性について」『これからの大学に求められるあらたな理念と教育サービスに関する研究　東北公益文科大学の未来をさぐる（東北公益文科大学奨励研究費助成研究報告書）』、2005.3、pp.5 ～ 17
・「まだ結婚に反対するのでしょうか」『府民だより』京都府、2005.7
・「地域における子どもの暴力防止活動と大学」（『大学地域論　大学まちづくりの理論と実践』、論創社、2006.5
・「公益考（一）――公益学と道徳教育――」『東北公益文科大学総合研究論集』第 10 号、2006.6、pp.69 ～ 93
・『古くて新しい暮らし方――私の家、私の庭――』2006.8　未公刊
・「私の公益論」東北公益文科大学公益研究会編『私の公益ノート』、2007.3、pp.22 ～ 23
・「公益考（二）――庄内地域史の取扱いについて――」『東北公益文科大学総合研究論集』第 12 号、2007.6、pp.87 ～ 107
・「（読書案内）公益幻想破壊を唱える本 2 冊」『東北公益文科大学総合研究論集』第 13 号、2007.12、pp.145 ～ 147

⑬“捨て育て”という方便　専業主婦の活動を奨励するために
⑭「現実大肯定」が基本　変えるのは社会でなく自分自身
⑮宏正会会員拡大の秘訣　主観的な幸福を求めるのが人間
⑯なぜフェミニズムではないのか　男に従う自己を完全肯定
⑰「妻の道」を説く団体はいっぱい　新しくは“幸福の科学”“野村生涯教育センター”
⑱わたしのフェミニズム「自分そして他人を大切にすること」　不自然な理想像に生きる彼女たち
⑲規格はずれの家族でも　一人ひとりを大切にしたい

・「水平社運動における「アナ派」について（続）」『世界人権問題研究センター研究紀要』第３号、1998.3、pp.217 ～ 251
・『わたしと小鳥とすずと』、『結婚と家族』などの紹介文、（『じんけんブックリスト』兵庫部落解放研究所）、1998.8
・「＜視点＞歴史の事実と評価について―アナ派水平運動史を材料として―」『大阪の部落史通信』第 15 号、1998.9、pp.3 ～ 6
・「＜書評＞井上摩耶子著　フェミニスト・カウンセリングへの招待」『ひょうご部落解放』第 84 号、1998.11、p.76 ～ 78
・「＜解放の視点＞若い受講生の胸に届きますように」『ひょうご部落解放』第 85 号、1999.1、pp.2 ～ 3
・「生徒指導における学校教育の役割―ルーズソックスと茶髪に関するアンケート調査をヒントにして―」『関西大学教職課程研究センター年報』第 13 号、1999.3、pp.205 ～ 213
・「差別克服に対する抵抗を越えて」『グローブ』第 17 号、世界人権問題研究センター、1999.4、pp.18 ～ 19
・「あるアナキスト活動家」（『続部落史の再発見』部落解放・人権研究所編）、解放出版社、1999.4、総ページ 264 中の pp.236 ～ 242
・「同和教育から人権教育へ――同和教育の成果を踏まえて――」『啓発リーダーのために　人権問題指導者養成研修会に学ぶ』、京都府、2000.3、pp.31 ～ 66
・「女たちが悩み闘う過程を知ること」（『ひょうご部落解放』「特集　解放運動の中の女性」）2000.5、pp.9 ～ 13
・「水平社運動における「アナ派」について」（『部落史研究３　部落民衆・国民国家論と水平運動』所収）、解放出版社、2000.7、pp.65 ～ 77
・「今後の人権啓発」（平成 12 年３月３日人権問題特別研修講演要旨）京都府職員研修所『研修情報』№ 981、2000.8、pp.10 ～ 14
・『部落問題・人権事典』の６項目（アナ・ボル対立、梅谷新之助、北井正一、全国水平新聞、農村青年社事件、山岡喜一郎）解放出版社、2001.1
・「群馬県水平運動における「融和主義」的路線について」『世界人権問題研究センター研究紀要』第６号、2001.3、pp.1 ～ 15
・「教育と公益――日本における喪失と回復――」『東北公益文科大学総合研究論集』第１号、2001.4、pp.67 ～ 89
・「＜書評＞『たたかう女性学へ　山川菊栄賞の歩み』」『ヒューマンライツ』第 162 号、

〜 133「「農本主義的アナキズム」の再検証」
・「水平社創立後の仕事と生活」（「大阪の部落史」編纂委員会編『新修大阪の部落史（下巻）』、解放出版社、1996.4）担当分 pp.165 〜 213
・「＜書評＞ウィメンズネット・こうべ 女たちが語る阪神大震災」『ひょうご部落解放』第 69 号、1996.5、pp.65 〜 66
・「戦前部落解放史におけるアナーキズムの果した役割（個人研究報告）」、『世界人権問題研究センター年報 1995 年度』p.81 〜 83、1996.6
・「＜書評＞婦人民主クラブ編 しなやかに女たち（婦人民主クラブ 50 年の歩み）」『ひょうご部落解放』第 70 号、1996.7、pp.67 〜 69
・「近代大阪の都市のあり方と部落」『部落解放研究』第 112 号、1996.10、p.2 〜 8
・『近代日本社会運動史人物大事典』の 18 項目（青木真子、青木てう、浅倉トクノ、伊福部敬子、大竹一燈子、神谷静子、久津見房子、白石清子、住井すゑ、高田慈雨子、逸見菊枝、宮嶋麗子、松木千鶴、松本正枝、宮山房子、八木秋子、鑓田貞子）、日外アソシエーツ、1997.1
・「部落解放運動を闘った大阪のアナキスト」『グローブ』第 8 号、世界人権問題研究センター、1997.1、pp.18 〜 21
・「波風を立てない「しあわせ」の生活—宗教類似の社会教育関係団体の問題点」『部落解放』1997 年 2 月号、1997.2、pp.103 〜 109　←実践倫理宏正会について書いたものです。
・「水平社運動における「アナ派」について」『世界人権問題研究センター研究紀要』第 2 号、1997.3、pp.29 〜 58
◎「＜書評＞ジョン・クランプ著　八太舟三と日本のアナキズム」『社会運動』第 206 号、1997.5、pp.28~29
◎「＜書評＞ジョン・クランプ著　八太舟三と日本のアナキズム」『歴史学研究』第 700 号、1997.8、pp.44~46
・「「最後の人の立場に」ということ」『グローブ』第 9 号、世界人権問題研究センター、1997.4、pp.18 〜 19
・「現代版女大学—朝起会に集う四百万の妻たち①〜⑲」『月刊家族』第 136 号〜第 154 号、1997.5 〜 1998.12
①戦前の「女子修身書」を推進する文部省
②「夫は機関車で妻は客車」「家庭は子どもより夫中心に」
③知っていますか？　宏正会は文部省認可社会教育関係団体
④「御上のお墨つき」で社会的信用と特典も
⑤「自虐史観」からの脱却を呼びかける会長
⑥初代会長は広島県出身　被曝半年後に実践倫理普及運動を
⑦知られたくなかった事実「師にそむいて宏正会を創立」
⑧一九二〇年代の思想の臭いも　体制に従順な国民をつくるために
⑨会友に保守系政治家がずらり　「道徳」の普及と選挙集票力に期待
⑩夫婦の理想像「妻は“無償の働き”に勤め夫は家長として君臨」
⑪『父性の復権』著者林氏は会誌の顔　“らしさ”は人間の理想と説く
⑫“フェミニストにだまされてはいけません”性別役割分担撤廃に危機感

◎「加藤一夫の思想―アナキズムから天皇信仰への軌跡―」『社会思想史研究』第14号、1990.10、pp.105 ～ 117
・「『アナキストクラブ』『無政府新聞』『無政府運動』解説」(『戦後アナキズム運動資料』別巻 1990.11、pp.187 ～ 191
◎「江渡狄嶺の二つの時代　実行家から社会教育家へ」『論争』(土佐出版社) 第5号、1991.8、pp.27 ～ 47
・「単校教育と武田武雄－複式学級の長所を発見した訓導－」『狄嶺会だより』第65号、1991.8、pp.1 ～ 7
◎「日本におけるクロポトキンの影響について」『労働史研究』第5号、1991.10、pp.127 ～ 138
・「<書評>田宮武編 新聞記事からみた水平社運動」『ひょうご部落解放』第44号、兵庫部落解放研究所、1991.9
・『わが街むかいじま』二の丸北学区自治会連合会発行（共編）1991.10
◎「学校無用論と教育運動―下中弥三郎と江渡狄嶺を中心に―」『日本の教育史学』第33集、1991.10、pp.120 ～ 134（論説資料保存会『教育学論説資料』第11号（第1分冊）1995にも収録）
・「解説」『クロポトキン小論文集』、黒色戦線社、1991.11、pp.224 ～ 233）
・「凡例、および『社会問題講座』について」(編集と解題)（『社会問題講座　アナキズム関係論文集』、黒色戦線社、1991.12、pp.350 ～ 361）
・「住吉水平社と純水平運動」『ひょうご部落解放』第47号、1992.6、pp.30 ～ 39
・「<書評>住井すゑ著 二十一世紀へ託す」『ひょうご部落解放』第49号、兵庫部落解放研究所、1993.1、pp.68 ～ 69
◎「大杉栄と『道徳』」『自由の前触れ　関東大震災七〇年・大杉栄・伊藤野枝・橘宗一虐殺記念誌』大杉栄らの墓前祭実行委員会編、1993.9
・「On the Present Situation of Anarchism in Japan」『Anarchist Studies』No.2、1993.10、pp.131 ～ 139
・部落解放研究所編『新編部落の歴史』共著、解放出版社、1993.12、担当分pp.218-265（近代の後半「4　水平運動の成立」「5　不況下の水平運動」「6　戦時体制下の運動と政策」）
◎「アナキズムの〈イメージ〉と 私の考える〈アナキズム〉」『リベルテール』205･206号、
1993.12・1994.1（1993年9月15日橘宗一君墓前祭記念講演記録）
・「<書評>渡部徹編 大阪水平社運動史」『部落解放研究』第97号、部落解放研究所、1994.4
◎「農村青年社について」(新稿)、『農村青年社事件・資料集Ⅲ』、黒色戦線社、1994.12、pp.115～121、pp.123～133(1988年の「農村青年社と現代」と共に掲載)
・「夫唱婦随の女の道―宗教類似の社会教育関係団体について」『日本社会教育学会第42回研究大会発表要旨集録』1995.9.23
・「イギリス・ベルギー歩き回り記」①～⑩、リベルテール舎（萩原晋太郎）『リベルテール』228 ～ 237（1995.12 ～ 1996.9）
◎西村俊一・木俣美樹男編著『地球環境と教育』、創友社、1996.1、担当分 pp.96

三原容子 著作リスト（年代順、◎は本書に収録）

（新聞の投稿などはほとんど不明です。それも含めて訂正や追加がありましたらご教示ください。基礎ゼミの学生レポート集に掲載した文章は省きました。）

・「明治期師範学校生と「学校騒動」」（卒業論文）1978.1　未公刊
・「石川三四郎のアナキズム」（修士論文）1982.1　未公刊
・「私の宗教的エコロジー」社会評論社発行『季刊クライシス』第５号、1980.10、pp.7 ～ 8
・「石けんとフィリピンのヤシ油」ロシナンテ社発行『月刊地域闘争』第 140 号、1982.8、pp.38 ～ 44
◎「石川三四郎とカーペンター、ルクリュ」『石川三四郎選集第五巻（哲人カーペンター、エリゼ・ルクリュ思想と生涯）』、黒色戦線社 1983.7、pp.1 ～ 6
◎「『倫理学』によせて」『倫理学』、黒色戦線社、1983.9、pp.488 ～ 489
・「アナ系農本主義について」1984.3 ～ 1984.4　未公刊
・『原発ってなあに？』（パンフレット）婦人民主クラブ京都協議会洗剤の会、1984.6、30p.
◎「執筆動機と背後にある歴史観について」『石川三四郎選集第四巻（西洋社会運動史）』、黒色戦線社、1984.3、pp.25 ～ 41
・「ガラス回収始末記」 使い捨て時代を考える会『果林』第 32 号、1985.1、pp.35 ～ 37
◎「戦前アナキズム運動の農村運動論─その１　自連派─」『京都大学教育学部紀要』第 31 号、1985.3、pp.95 ～ 106
・「一九三〇年代のアナキズム労働運動－合同と日本無政府共産党（上）」『労働史研究』（論創社）第３号、1986.2、pp.76 ～ 94
・「『日本の食生活全集』に学ぶ」農山漁村文化協会発行『日本の食生活全集 第２巻、月報』、1986.8、pp.10 ～ 12
◎「解説『相互扶助論』と現代」（大杉栄伊藤野枝選集第８巻『相互扶助論』所収）、黒色戦線社、1987.5、pp.307 ～ 317
・「一九三〇年代のアナキズム労働運動－合同と日本無政府共産党（下）」『労働史研究』（論創社）第４号、1987.7、pp.97 ～ 119
◎「加藤一夫の農本的アナキズム」『加藤一夫研究』第２号、加藤一夫研究会、1987.12、pp.5 ～ 12
◎「農村青年社と現代」『農村青年社 その思想と闘い』、広島無政府主義研究会、1988.1、pp.1 ～ 11
◎「「農本的アナーキズム」と石川三四郎」（『本山幸彦教授退官記念論文集　日本教育史論叢』所収）、思文閣出版、1988.3、pp.471 ～ 490
・（変名使用）「家族の航海日誌」 家族社『月刊家族』第 49 号、1990.3
・「「雲の柱」の教育論（『「雲の柱」別冊』所収）、緑蔭書房、1990.8、pp.40 ～ 46

〈著者略歴〉

三原 容子（みはら ようこ）

1955 年名古屋市生まれ。京都大学教育学部卒業、京大大学院教育学研究科博士後期課程修了。大学・短大の非常勤講師、人権問題の研究所・研究センターの研究員等、関西での生活を経て、2001 年の東北公益文科大学開学と同時に酒田に移り住む。2014 年に早期退職し「庄内地域史研究所」の表札を掲げる。

近年は明治初期のワッパ騒動、満洲農業移民送出など、近現代庄内地域史の検証や顕彰に関わってきた。地元の木と職人で建てた家に住み、47 歳で始めたビオラを趣味とし、巨大風力発電建設計画を問い直す活動にも関わっている。

農とアナキズム　三原容子論集

2024年 12月 5日　初版第一刷発行

著　者……三原《みはら》 容子《ようこ》

発行者……古屋《こや》 淳二《じゅんじ》

発　行……アナキズム文献センター
http://cira-japana.net/

発　売……虹霓社《こうげいしゃ》
静岡県富士宮市猪之頭 806
電話 050-7130-8311
http://kougeisha.net
info@kougeisha.net

装　　幀　……成田 圭祐〔IRREGULAR RHYTHM ASYLUM〕
編集協力　……蔭木 達也
編集／組版……古屋 淳二
印　　刷　……シナノ印刷株式会社

ISBN978-4-9909252-7-7

アナキズム文献センター

アナキズム文献センター(CIRA-Japana)は、アナキズムの思想・運動に関わる書籍・資料を収集・保管し、広く公開することを目的として、静岡県富士宮市に1970年に設立された文庫です。書庫に多くの書籍と運動関係の定期刊行物・パンフレットやビラ・チラシ等を所蔵しています。2005年からは文献のデータベース化をはじめ、通信やカレンダーの定期発行などに取り組んでいます。2022年には旧書庫を閉じて新たな書庫を作りました（会員の方は見学可能です）。

会員を随時募集中です。年会費は1口1000円、2口から入会可。詳細や入会希望の方は公式サイトをご覧ください。会員には定期通信やカレンダー等の特典があります。

http://cira-japana.net
